艺 术 体 育

高校学术研究论著丛刊

我国体育旅游产业发展之路研究

陈美红 王秦英 梁四海 黎 辉 著

中国书籍出版社
China Book Press

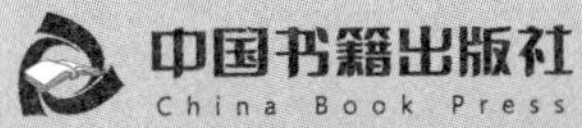

图书在版编目(CIP)数据

我国体育旅游产业发展之路研究/陈美红等著.—北京：
中国书籍出版社,2019.11
ISBN 978-7-5068-7608-7

Ⅰ.①我… Ⅱ.①陈… Ⅲ.①体育—旅游业发展—研究—中国 Ⅳ.①F592.3

中国版本图书馆 CIP 数据核字(2019)第 282386 号

我国体育旅游产业发展之路研究

陈美红 王秦英 梁四海 黎 辉 著

丛书策划 谭 鹏 武 斌
责任编辑 李 新
责任印制 孙马飞 马 芝
封面设计 东方美迪
出版发行 中国书籍出版社
地 址 北京市丰台区三路居路 97 号(邮编:100073)
电 话 (010)52257143(总编室) (010)52257140(发行部)
电子邮箱 eo@chinabp.com.cn
经 销 全国新华书店
印 刷 三河市铭浩彩色印装有限公司
开 本 710 毫米×1000 毫米 1/16
印 张 16.5
字 数 214 千字
版 次 2020 年 7 月第 1 版 2020 年 7 月第 1 次印刷
书 号 ISBN 978-7-5068-7608-7
定 价 80.00 元

目　录

第一章 体育旅游及体育旅游产业的发展概况

在新时代,广大群众的体育旅游热情持续高涨,体育旅游产业作为新兴产业呈现出了良好的发展势头。本章立足于宏观层面对体育旅游及体育旅游产业的基础理论和发展概况进行阐析,以期对体育旅游产业的良性发展提供帮助和指导。

第一节 体育旅游概述

一、体育旅游的概念

体育旅游作为体育和旅游有机结合的产物,发展至今已经成为体育界和旅游界理论研究的热点。因为专家和学者理解体育旅游的角度不同,所以截至当前关于体育旅游的概念依旧没有统一的说法,体育界和旅游界对体育旅游的理解存在很大差异。通常情况下,体育界对体育旅游的概念界定往往是从广义和狭义两个角度出发的,而旅游界对体育旅游的概念界定往往是从体育旅游者参与动机和体育旅游的“旅游本质属性”的角度来进行的。这里着重站在体育界的立场界定体育旅游的概念,具有代表性的概念见表 1-1。

表 1-1　体育界学者对体育旅游的概念界定

学者	对体育旅游概念的理解
史常凯、何国平	体育旅游就是指以旅游为目的，以参与体育活动或观赏体育活动为主要内容的一种特殊旅游形式
韩丁	体育旅游是一项融体育、娱乐、探险、观光为一体的专业性旅游服务产业。所谓体育旅游，是指旅游者在旅游中所从事的各种体育娱乐、健身、竞技、康复、探险和观赏体育比赛等活动及其与旅游地、旅游企业及社会之间关系的总和
翁家银	体育旅游是以参加各种体育活动为主要目的，使消费者通过旅游的形式体会体育活动带给人们的乐趣，满足各种人群的不同需求
王丙新	体育旅游是旅游者以参与和观赏体育活动为目的，或以体育为主要内容和手段的一种旅游活动形式。体育旅游除具有旅游的审美性、异地性、流动性等本质特征外，还具有重复性、参与性、专业性、挑战性、健身性等特征
于莉莉	体育旅游是人们为了满足和适应自身的各种体育需求，以一定的体育资源为依托、以具有体育意义的活动为主要目的或主要内容的一种旅游活动形式
杨月敏	体育旅游是指以参加游泳、滑冰、漂流、登山、徒步、探险、自驾车等康体活动为主要内容的旅游活动，旅游者通过观光、参与活动，可以了解体育运动的知识、享受体育运动的乐趣、体验民族风情和传统体育文化
胡春红、郭瑞	体育旅游是指为了满足和适应旅游者的体育需求，借助各种形式的体育活动，使旅游者的身心得到和谐发展，丰富人们业余生活的一种旅游活动
徐明魁	体育旅游是旅游业的组成部分，它是以一定的体育旅游资源和体育设施为条件，以旅游商品的形式，为旅游者在旅游过程中提供健身、娱乐、休闲、交际等服务的经营性项目群。从狭义上讲它是以参加各类体育竞赛、会议、交流等为主要目的的旅游；从广义上讲，是以各种球类运动、水上和水下运动、各类探险活动、康体休闲运动、越野、狩猎、武术等为主要内容的旅游，是旅游与体育交叉渗透而产生的一个新的旅游项目

续表

学者	对体育旅游概念的理解
陈绍艳、杨明	体育旅游从广义上讲是以体育资源和一定的体育设施为条件，以各种体育健身娱乐活动作为主要内容的旅游形式，即旅游者在旅游中所从事的各种身体娱乐、身体锻炼、体育竞赛、体育康复及体育文化交流等活动及其与旅游地、体育旅游企业及社会之间关系的总和，它是能为旅游者在旅行游览过程中提供融健身、娱乐、休闲、交际等各种服务于一体的经营性项目群。从狭义上讲，体育旅游是为满足旅游者的体育健身、娱乐等需求，借助各种形式的体育活动，使旅游者身心得到和谐发展的旅游形式
蔡永亮等	体育旅游是一种指向明确的特殊的旅游，体育旅游者从家中到目的地，再从目的地回到家中；在旅游地停留的住宿、吃饭、购物、看比赛等各种不同的活动，是各个不同产业领域共同提供服务。它是借助多种多样的体育活动，并发挥体育的诸多功能，使旅游者在旅游中从事各种身体娱乐、身体锻炼、体育竞赛、体育康复以及体育文化交流活动
王天军	体育旅游是以休闲度假、观光探险、康健娱乐为目的的，在一定自然环境中，从事以体育项目为主要内容的旅游活动。体育旅游是旅游市场中的一种新产品，是以体育资源为基础，利用各种体育活动来规划、设计、组合而引起旅游消费欲望，满足旅游者购物、娱乐的需求，并感受各种体育活动与大自然情趣的一种旅游形式
张培刚、郭立平	体育旅游是指参加者以游泳、滑冰、漂流、登山、徒步、探险、自驾车等身体活动为主要内容，以观看体育赛事、游览名胜古迹、参加体育娱乐活动为目的的旅游活动。或者说体育旅游是指旅游者以非赢利目的离开家庭所在地，前往某一目的地参与或观摩相关体育活动的主题旅游
昌晶亮等	体育旅游是指人们出于体育需求或体育兴趣等体育相关动机(健身、娱乐、休闲、增长见识、参加或观看比赛等)，离开其常住地前往异国他乡的旅行和逗留活动，以及由这些活动所引起的人、地、事三者之间的关系和由这些关系所引起的现象的总和

我国体育界的很多学者都针对体育旅游的概念进行了相对集中的解释，最具代表性的解释是杨秀丽在《社会主义市场经济条件下体育旅游产业经济效益的思考》一文中针对体育旅游概念做出的广义层面的解释和狭义层面的解释。从广义上讲，体育旅

游是旅游者在旅游中所从事的各种身体娱乐、身体锻炼、体育竞赛、体育康复及体育文体交流等活动及其与旅游地、体育旅游企业及社会之间关系的总和。[①] 从狭义上讲,可以将体育旅游理解成为了满足和适应旅游者的各种体育需求,借助各种各样的体育活动,并充分发挥其诸种功能,使旅游者的身心得到和谐发展,从而达到促进社会物质文明和精神文明进步、丰富社会文化生活的目的的一种活动。[②]

二、体育旅游的结构

体育旅游是体育与旅游结合的产物,但并不是说其是"体育"与"旅游"的简单相加。体育与旅游的结合都会在一定程度上与其他学科领域产生一定的联系,同时会形成一些新的结构,从某种意义上说,这不仅为体育旅游提供了更为丰富的内容,也为其提供了更为生动刺激的活动方式。单从旅游的活动方式这个层面来分析,"休闲"和"探险"与体育和旅游存在着尤为紧密的联系,这里有针对性地对这几个方面之间的联系和结构关系进行阐析。

从图 1-1 体育旅游关系图中可以看出,体育与旅游的橄榄形交集表示的就是体育旅游,而橄榄形又被分为三个部分,其中,参团体育旅游处于中间位置,它主要包括参与性参团体育旅游和观赏型的体育旅游。参与性参团体育旅游主要包括自行车骑游团、自驾车团,或者到目的地之后参与一些相对较为轻松的体育活动等。观赏型的体育旅游的活动内容主要包括参观体育场馆设施和观看体育比赛等。对于现阶段来说,以上两大类体育旅游项目是我国体育旅游的主要项目。这与当下流行的观光旅游非常相似,又被称为"传统体育旅游"。

① 闫立亮,李琳琳.环渤海体育旅游带的构建与大型体育赛事互动的研究[M].济南:山东人民出版社,2010.

② 同上。

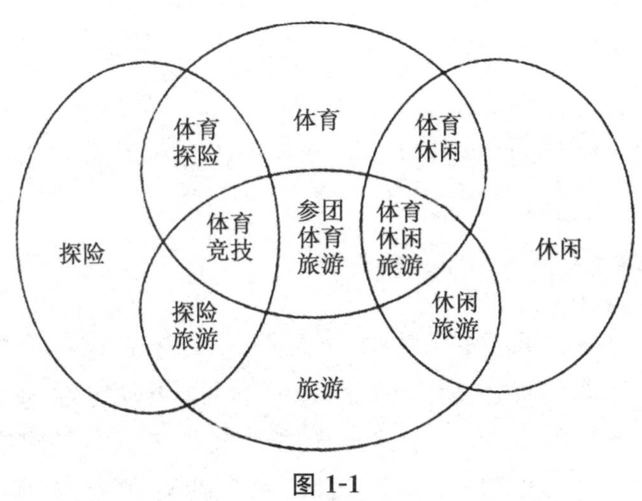

图 1-1

分析图 1-1 也能看出，在橄榄形的两端，体育休闲旅游和休闲最靠近。倘若站在休闲学的视角来分析，那么体育休闲旅游同样属于休闲体育的细分。休闲就是通过“玩”的方式度过空闲时间，即在闲暇时间里以非劳动、非工作的方式来有效调节身心，使身心放松，从而进一步达到身体保健、体能恢复、身心愉悦目的的一种业余生活。

与探险这一端相靠近的是具有探险性质的体育活动项目，其主要是指户外运动。在户外体育旅游中，活动场地主要是非人工的自然野外环境，较为常见的项目主要有障碍跑、越野跑、定向跑、攀爬、溜索、轮滑、滑草、自行车、漂流、划船、扎筏渡河等。这些竞赛项目有着较为显著的特点，主要表现为：无论是从心理还是生理方面都对参与者提出了较高的要求，需要参与者经受极限考验。通常情况下，户外竞技探险包括两种形式，一种是有竞赛规则，需要裁判员来进行评判的户外竞技比赛；另一种是没有竞争对手，也不需要裁判员，其目的是自我挑战，可以获得高峰体验，其中较具代表性的项目有溜索、速降、洞穴探险、难度攀岩和探险登山等。

综上所述，立足于不同视角分析往往会对体育旅游形成不同的认识，从根本上来说户外休闲体育和户外体育竞技探险都是相关人员立足于体育训练学和旅游学的视角对体育旅游形成的认识。

三、体育旅游的特点

(一)风险性

风险是指在某一特定环境下危险情况发生的可能性和后果的组合。风险具有客观性、偶然性、损害性、不确定性和可变性等特征。体育旅游中,部分项目具有向大自然和人类极限挑战的性质,故在参与时都存在一定的风险,如徒步穿越旅游、骑马旅游、登山旅游、滑雪旅游、野营旅游、自行车旅游、自驾车旅游、探险旅游以及潜水、漂流、攀岩、速降等活动,都有可能会遇到突发的危险并出现事故。造成事故的原因分自然因素、人为因素和综合因素。自然因素不可抗拒,我们要最大限度地减少由人为和综合因素造成的损失,所以说体育旅游活动对防范突发事故的要求十分高。

(二)消费性

以传统体育为比较对象,从事体育旅游需要的成本费用很高,在现代社会是一项高消费活动,具体原因如下。

(1)在参与体育旅游活动之前需要了解和大致掌握相关的知识,需要学习专门技术,这就需要进行一定的专业培训和专门的训练。

(2)许多体育旅游项目需要专用服装、工具和设备等,这些用品的价格较高。

(3)在参与体育旅游活动的过程中,往往需要雇用专业导游或专职教练,团队活动时还需要聘请有经验的专业向导、顾问和医生等。

(4)因为参与体育旅游活动的风险较大,所以参与者需要有相应的防范措施，如购买防护装备和意外保险等。

（三）体验性

在休闲时代，世界经济形态将从服务经济向体验经济过渡。在现代旅游业的发展过程中，旅游消费者对“体验”的需求也会空前高涨。休闲体育旅游不是走马观花，而需要旅游者参与到各种活动之中。体验式体育旅游是适应当前旅游市场发展需求的产物，它是以一定的旅游资源和体育资源为基础，以旅游商品的形式为旅游者在旅行活动中提供健身、娱乐、休闲、交际等各种服务，使旅游者在参与过程中获得更多快感、享受和独特的体验，亲身感受体育旅游的魅力。

（四）地域性

地域性是指体育旅游资源分布存在特定的地域范围，集地域差异和地方色彩于一身。除观战体育旅游有较强的地域性之外，其他体育旅游项目，如北方冬季的冰雪运动、沿海地区的海上运动、山区的登山运动和沙漠地区的沙漠探险等，地域性也十分明显。体育旅游爱好者们天生有求新、求异的心理需求，这促使他们会在一定的条件下跨越空间限制前往异地参与体育旅游活动。

四、体育旅游的类型

以相关学科的理论知识为依据，可以把体育旅游划分成不同类型。举例来说，以旅游学相关知识为主要依据，可以将体育旅游纳入参与型的自助旅游范畴；以休闲学的相关知识为主要依据，则可以将体育旅游纳入休闲体育的范畴；而以体育学相关知识为主要依据，则又可以将其大部分项目纳入体育竞技的范畴。体育旅游的类型结构如图 1-2 所示。

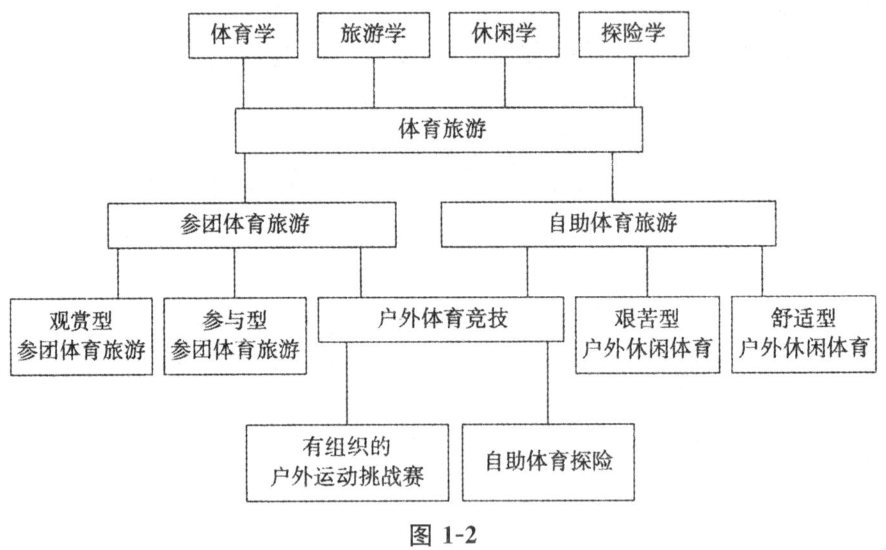

图 1-2

但如果把体育旅游的概念和属性当成主要依据，在此基础上和体育旅游实践以及特征充分结合在一起，则能够把体育旅游划分成参团体育旅游和自助体育旅游，而这两大类型又能细分出很多具体的类型。

（一）参团体育旅游

一般可以把参团体育旅游大体划分成观赏型、参与型以及竞赛型，这三种类型都有各自的特征和侧重点，具体如下。

1. 观赏型

在参团体育旅游中，观赏型的体育旅游主要是指个体通过自身的视听感觉器官来欣赏和体验体育活动、体育建筑场馆场地、体育艺术景点以及特色体育文化等，从中获得愉悦的感受是这一类型体育旅游的主要目的所在。一般来说，观赏型参团体育旅游的费用都是一次性缴纳的，参团人员的吃、住、行、游、参观场次和门票都是由体育旅游组织部门统一安排的，在行程和旅游内容上一般都较为固定。观赏型体育旅游方式的显著特征是方便舒适、时间安排紧张有序、个人自由度小、各项活动消耗的体能较小。

2.参与型(包括团队体育休闲)

参与型参团体育旅游与观赏型参团体育旅游有很多地方是基本相同的,比如,都是一次性缴纳费用,都由体育旅游组织部门进行统一安排等。但是不可忽视的是,它们之间也存在着一定的不同之处,主要是旅游内容上的差别,参与型参团体育旅游过程中不仅要看,还需要亲身参与,在体育旅游工作人员的帮助和指导下来完成一定难度且需要消耗一定体力的体育运动项目。需要强调的是,个体参与这些项目的主要目的还是以体验、感受和娱乐为主。参与型参团体育旅游的显著特征是方便但不一定舒适、时间安排紧张有序、个人自由度较小、各项活动消耗的体能较大。

3.竞赛型

竞赛型参团体育旅游是指以参加体育竞赛为主要目的而进行的旅游活动。从某种程度来说,这种旅游活动的团队行为是较为严格的,报名参加的形式为集体,对参与者的年龄、性别和团队人数都有一定的要求,并且需要裁判按竞赛规则判定竞赛的胜负。竞赛型参团体育旅游的显著特点是时刻强调团队,没有个人自由,时间安排紧张有序,在规定的时间内完成竞赛项目,具有较强的挑战性,参与者需要承受较大的身体负荷。

(二)自助体育旅游

自助体育旅游是现阶段十分盛行的一种旅游方式,其显著特点是通过自己的合理安排来独立完成体育旅游项目内容,很少借助体育旅游产业的帮助。通常会把自助体育旅游分为户外体育休闲和自助户外竞技探险,具体如下。

1.户外体育休闲

户外体育休闲是以体育活动为主要内容，较为自由、无拘无束的一种旅游活动。户外体育休闲包括三种类型的体育旅游，即度假型体育旅游、健身娱乐型体育旅游和保健旅游，每种体育旅游都有自身独特的特征。

(1)度假型体育旅游

度假型体育旅游是具有体育意义的旅游活动，将消除疲劳、调整身心和排遣压力作为主要目的。度假型体育旅游最大的特点就是假期出行，如在五一、国庆、春节等假期进行的体育旅游。

(2)健身娱乐型体育旅游

健身娱乐型体育旅游将进行娱乐性的体育健身、疗养以及体育康复等作为主要目的，其显著特点是在娱乐过程中有较为明确的健身目的。但相较于传统意义上的健身活动来说，它在奉行娱乐性健身理念方面是更为显著的。

(3)保健旅游

保健旅游有很强的目的性，其具有治疗疾病、恢复体力、强健身体的作用。通常可将保健旅游划分成两个方面：一方面是将按摩、药疗、气功、电疗、食疗、针灸等技术措施与矿泉、森林、气候等具有疗养价值的自然条件相结合，以帮助参与者治疗疾病和促进康复的疗养旅游，比较常见的有高山气候疗养、海滨度假等；另一方面是在自然条件下进行登山、滑雪、冰上活动、游泳、划船、打高尔夫球等旅游活动的体育旅游。

2.自助户外竞技探险

自助户外竞技探险的特点尤为显著，具体反映为张扬个性、挑战自我、挑战大自然。自助户外竞技探险和户外体育运动有很密切的联系。鉴于自助户外竞技探险的特点，其参与者往往都是极具个性、不愿被团队纪律束缚及善于表现自我的个体。他们在户外竞技探险过程中，以自己、大自然为对手，通过自我能力的展示和参与较大难度的运动来挑战自我，征服大自然。极具户外竞技探险意义的体育旅游项目主要有极限的登山探险、地下洞穴探险以及高空跳伞探险等。

五、体育旅游与社会相关要素之间的关系

社会经济、城市发展、社会休闲、生态环境等都是和体育旅游存在关联的社会要素。伴随着体育旅游的快速发展，其在社会经济、城市发展等领域发挥的作用越来越直观，对社会休闲、生态环境等方面的影响同样越来越显著。体育旅游与社会经济、城市发展、社会休闲这三项社会相关要素之间的关系如下。

（一）体育旅游与社会经济之间的关系

体育旅游经济之所以会产生，是由体育旅游者的旅游活动所引起的，具体是指体育旅游者与体育旅游企业之间以及体育旅游企业同相关企业之间的经济联系。它是将旅游活动作为前提，并将体育项目作为媒介，以商品经济作为基础，在各种利益的推动下，在体育旅游者与经营者之间发生的经济交往中表现出来的各种经济活动和经济关系的总和。体育旅游经济呈现出的显著特点是：第一，它是一种经济活动形式；第二，具有无形性；第三，追求人文关怀；第四，能促使资本朝着多元化方向发展。

体育旅游经济为社会经济的发展注入了强劲的动力，从某种程度上来说，体育旅游经济拉动了社会经济的发展。在社会经济发展中，体育旅游经济所发挥的作用主要体现在经济、文化、社会环境三个方面。

1. 经济方面

首先，体育旅游经济能够吸引资金流入，使外汇收入增加，对促进国际收支平衡起到很好的作用；其次，体育旅游经济对货币

的流通与回笼起到很好的调节作用；再次，体育旅游经济可以增加社会的就业机会；然后，体育旅游经济能对全社会产业结构产生优化作用；最后，体育旅游经济可以改善投资环境，有效加快经济的发展速度。

2.文化方面

从文化角度来看，体育旅游经济的作用是：第一，增进人与人之间的友谊，拉近距离，使人与人之间能够相互了解，友好往来；第二，拓展人们的视野，增长知识，促进人们身心素质和生活质量的改善和提高；第三，培养人们的爱国主义精神和爱国情感，更好地保护民族文化；第四，在体育科学方面，可以对体育科学研究和体育技术交流产生积极作用。

3.社会环境方面

体育旅游在社会环境方面产生的作用体现在以下几个方面。

(1)体育旅游经济发展的前提和基础是体育旅游健康发展，同时体育旅游的发展可以提供一种推动力，进而有效保护各类自然资源。

(2)体育旅游的发展能够促使其相关设施的数量和质量得到增加和提高。

(3)体育旅游的发展能够进一步改善旅游接待地的道路状况、交通运输、邮电通信等基础设施建设。

(4)体育旅游的发展能够使旅游接待地更加重视环境卫生。

(5)体育旅游的发展能够使一些古迹遗址和历史建筑得到良好的维护、恢复。

(6)体育旅游健康发展能对普通旅游的发展产生带动作用，由此使旅游接待地的规模得以扩大。

(二)体育旅游与城市发展之间的关系

体育旅游与城市发展的关系主要体现在体育旅游赛事、体育旅游活动以及体育旅游景观三个方面，这里着重对体育旅游赛事和体育旅游活动进行论述，具体如下。

1.体育旅游赛事与城市发展

举办体育旅游赛事有助于建立城市形象，主要原因如下。

(1)体育旅游赛事的开展有助于促进城市基础设施的建设与完善，促进城市魅力的提升。

(2)树立城市品牌形象，提高社会公共服务的质量。

(3)有助于政府管理水平的快速提高，提升政府形象。

(4)重视体育旅游赛事举办后所产生的效应，为体育旅游产业的快速发展做好铺垫。

2.体育旅游活动与城市发展

(1)体育旅游活动对城市发展所产生的经济影响

①增加就业机会。

②增加政府财政税收。

③能够带动与体育旅游相关的行业得到快速发展。

④体育旅游活动的开展能够拉动城市经济的快速增长。

⑤能够吸引外来资金流入，增加外汇收入，使国际收支保持平衡。

(2)体育旅游活动对城市发展的社会文化价值

①能够使民族文化得到更好的发展和保护。

②有助于改善城市软环境，提高居民生活质量。

③能够增进人们的身心健康，推动全民健身的发展。

④有助于推动体育科学的研究以及体育技术的快速发展。

⑤有助于培养人民的爱国主义精神和爱国情感，提高民族素质。

⑥能够增进各国各族人民之间的友谊，拉近距离，促进各国各族人民之间的相互了解和友好往来。

(三)体育旅游与社会休闲之间的关系

目前,我国的体育旅游项目种类非常丰富,并且各具特色。由于体育旅游有着很多种类型或形式,并且人们对于体育旅游的需求也存在很多不同,再加上体育旅游市场的快速发展和进一步细分,便涌现出了体育旅游休闲、体育休闲旅游、休闲体育旅游等基本形式。这里着重对以上几个概念进行解析,同时详细论述体育旅游与社会休闲的关系。

1.体育旅游与社会休闲相关概念

(1)体育休闲旅游

体育旅游作为一种休闲旅游活动,它是将旅游资源和体育资源作为基础,通过采用各类休闲娱乐、康复保健、身体锻炼、体育观赏、运动竞赛、体育文化交流活动等内容和手段,以达到促进旅游者身心和谐发展的目的。以旅游资源的特点为划分依据,能把体育休闲旅游划分成以室内身体活动为内容的体育休闲旅游以及以户外身体活动为内容的体育休闲旅游。

体育休闲旅游是将休闲体育作为主要内容和手段,使旅游者愉悦身心的一种旅游活动形式;体育休闲旅游是旅游者通过观赏和参与体育活动,在自然与文化的融合中观察、体验和感受异地自然风光或异地文化,从而满足自己的健身与娱乐需求;体育休闲旅游是人们离开常住地,以积极的身心活动为主要内容,以促进身心调节、满足自我愉悦需要为目的的一种活动形式,这也是休闲旅游中最重要的形式之一。它可以使人们在体育休闲旅游的过程中,身心得到充分放松,放飞心灵。与其他旅游方式相比,体育休闲旅游最明显的特点是“动”“静”结合,“累”“闲”相伴,“行”“居”有序,它是体育旅游市场发展的产物。

(2)体育旅游休闲

如今,体育和旅游已成为当代社会的休闲方式。体育旅游活动与休闲活动都是现代社会中人们的主要休闲方式。体育旅游成为一种时尚，休闲娱乐也是一种时尚。目前，世界上很多国家和地区都掀起了体育娱乐热和体育旅游热，并且已进入到高潮发展期，具有很大的普及程度和影响力。随着休闲时代的到来，体育旅游休闲必将在其中扮演重要的角色，并发挥重要的作用。随着现代社会的快速发展、科学技术的进步以及人们生活水平的不断提高，将会有越来越多的人通过参加体育旅游休闲活动来度过闲暇时间，以此来满足自身精神和文化生活的需求。

体育旅游休闲是体育旅游资源与休闲资源的有机结合，是体育旅游产业与休闲娱乐产业的结合，也是体育旅游文化和休闲文化的结合。体育旅游休闲是体育旅游资源、产业、文化与休闲相结合的复合体，其中体育旅游者的休闲娱乐行为被重点强调，换句话说，就是在体育旅游的过程中注重旅游者自由自在的休闲娱乐过程，消除其身心的疲惫。

(3)休闲体育旅游

休闲体育旅游作为旅游的一个重要类型，是旅游的一种新型产业，其本质也与现代人体验的内在规律性相符合。休闲体育旅游将成为我国经济快速发展的重要推动力之一。人们通过休闲体育旅游，能够达到回归自然、亲近自然、释放自我、张扬个性的目的，并逐步实现休闲体育旅游经济发展的重要战略目标。

休闲体育旅游是指在余暇时间里，人们离开常住地，以休闲体育活动为主要内容，以获得身心体验为目的的一种社会旅游活动，其宗旨是丰富和细化体育旅游市场。

2.体育旅游与社会休闲的互动关系

(1)体育旅游丰富社会休闲活动，提高百姓生活品质

体育旅游不仅能使休闲活动的内容更加丰富，还能够促进地方经济得到更好、更快的发展。除此之外，体育旅游能满足居民身心发展需求，度过闲暇时间，提升生活质量。

(2)社会休闲能推动体育旅游发展，巩固体育旅游的发展基础

社会休闲的经济增长、城市化进程和产业结构变化为体育旅

游的发展创造了条件;居民生活水平的提高以及健康观念和休闲方式的转变为体育旅游的发展提供了可能;社会休闲文化的形成对居民的体育旅游产生了积极影响;社会休闲产业的兴起与发展为体育旅游提供了相应的物质基础。

综上所述,休闲不单单是广大群众的生活方式之一,更是个体的一种生命状态,是人类社会亘古不变的一个话题。人类休闲拥有很长的历史,并且伴随着社会的发展和进步逐步迈入崭新的时代。就当前来说,广大群众的休闲生活尤为广泛,和体育、旅游、体育旅游等建立起了非常紧密的联系。

第二节　体育旅游产业概念及其发展分析

一、体育旅游产业的概念

大众旅游的内容和形式都十分丰富,体育旅游是大众旅游中一种主要的形式和内容,具有大众性和特殊性。以体育旅游的这两项特点为着手点,能把体育旅游产业的概念界定为:以体育旅游资源为依托,以体育旅游者为主要对象,将体育旅游服务提供给该对象,从而满足其需求的综合性产业就是所谓的体育旅游产业。下面着重就体育旅游产业的定义进行深入剖析。

第一,体育旅游产业是依托体育旅游资源而发展的。体育旅游资源是体育旅游产业发展的物质基础与前提,只有具备这一基础条件,才能开发体育旅游市场。通俗而言,要想对更多的体育旅游者构成吸引力,就必须开发丰富且具有特色的体育旅游资源。

第二,体育旅游产业有特定的服务对象,即体育旅游者。

第三,体育旅游产业作为一个新兴产业,具有综合性特征,各种不同行业都与体育旅游产业有关。

二、体育旅游产业发展综述

(一)国内、出入境体育旅游显雏形

在很早之前,我国体育旅游就已经置身于国际市场和国内市场中。尽管国内游客依旧是现阶段我国体育旅游产业的主要消费者,但近几年出境旅游人数不断增多,去国外观看体育赛事和参与体育活动成为体育爱好者的首要选择。出现出国观看体育赛事的潮流后,中体竞赛、中国国际体育旅游公司、中旅体育旅行社等都曾组织过出国观赛旅游。

(二)体育旅游专业人才培养已起步

体育旅游产业的发展进程和发展规模受专业人才数量和质量的直接性影响。为了与当前的体育旅游实践相适应,为了不断满足社会在体育旅游方面的实际需求,2001 年成都体育学院开设了全国首个旅游管理专业体育旅游方向,随后沈阳体育学院、天津体育学院以及郑州大学体育学院等也陆续开设了体育旅游、体育与户外运动等专业和有关课程,体育旅游专业人才培养正处于不断发展的进程中。

(三)初步形成专兼结合的营销渠道

1984 年,西藏国际体育旅游公司作为中国第一家体育旅游公司正式成立;1986 年,中国国际体育旅游公司作为国家体育总局的一个下属事业单位正式成立。随后,一些省市的体育局也先后成立了与之对应的体育旅游公司或者体育旅行社,如贵州省国际体育旅游公司、湖南省体育旅行社、甘肃国际体育旅行社、广东省国际体育旅游公司等。

与此同时,伴随着体育旅游人数的大幅度增加,中国国际旅行社和康辉国际旅行社等也单独设立了专门的体育旅游部门。

除此之外，体育旅游还被纳入到一些中介和体育经纪公司的业务范围中，各个旅游中介机构竞相争夺体育旅游景区景点与体育赛事项目。例如，有100多家旅行社和贵州大峡谷漂流签订合同，黑龙江亚布力雪场有85%的滑雪旅游者为旅行社招徕。在旅行社层面，体育旅游市场已基本形成专、兼结合的营销渠道。

（四）初步形成多样化的体育旅游产品体系

在体育旅游持续发展的过程中，集观赏性特点和参与性特点于一体的体育旅游产品体系慢慢形成。大型体育赛事观赏旅游、体育实体景观旅游、体育表演观赏旅游以及体育景观观赏旅游等是体育观赏旅游的主要内容。以体育实体景观旅游为例，据不完全统计，当前我国标志性体育场馆的数量高达二百多处，其中北京奥林匹克公园景观最具代表性。除此之外，体育参与旅游已经发展成为我国最普遍的一种体育旅游产品，同时广泛分布在我国各个省市和地区，具体包括冰雪、水上、山地、高尔夫、民族民间体育文化游等。

（五）体育旅游在社会经济中的价值有所显现

体育旅游营业机构的不断增多在很大程度上缓解了当地的就业压力，年利润和实现利润增长数额巨大。除此之外，体育旅游产业大大丰富了体育旅游产品的种类，为地方社会经济的发展注入了很大活力。

（六）政府管理体制和相关政策法规有待完善

虽然我国体育旅游产业已经获得了很多发展成果，但整体上依旧处于起步阶段，很多地区的体育旅游管理体制尚未理顺，适应市场经济体制的经营机制还没有形成。从产业管理体制的角度进行分析，体育旅游产业除体育和旅游两个部门外，还涉及工商、税务、保险、交通、国土等多个部门，需建立一个多方参与的管理体制。目前体育旅游产业管理体制不健全，一方面造成体育旅游市场混乱;另一方面在从事体育旅游相关业务时,遇到政出多门、多头管理以及不同程度的乱收费等问题。另外,以相关政策法规为切入点,目前政府为体育旅游发展提供的优惠政策尚未落实,《旅游法》《反不正当竞争法》《反垄断法》等法律法规在体育旅游领域的实施经验相对匮乏,而且目前我国很多地区缺乏专门性体育旅游政策法规,所以造成了政府部门尚未承担起应有的职能及整体规划滞后等问题,从而影响了投资者的信心,降低了产业竞争力。多方面的问题都表明,政府层面的问题或多或少制约了体育旅游产业的可持续发展。

(七)资金的投入力度不足,多项资源有待开发

在体育旅游产业处于起步阶段的现实情况下,绝大多数体育旅游资源和项目的开发都没有获得充足资金的支持。政府缺乏招商引资的经验、开发商综合实力较弱等因素使现阶段体育旅游开发主要依靠专项资金的支持,这导致很多体育旅游项目长期处于前期准备和规划阶段。

与此同时,政府、企业以及游客对体育旅游的认知度相对较低,对体育旅游有很多偏见;相关主管部门对体育旅游重视程度不高,缺乏政策和资金的扶持;在很多地区出现"入宝山而空回"的现象。

除此之外,一方面我国很多地区的体育旅游资源开发存在局限性,除区位较好的部分体育旅游资源得以开发和利用外,绝大多数潜在的区域资源还有待挖掘;另一方面在区位客观因素的影响下,多数景区借力不足,尤其是对当地的气候、山水和文化资源等开发力度不强,尚未和当地旅游文化产业充分融合。

综上所述,当前我国体育旅游资源的整体开发力度不足,很多拥有显著优势的资源未能被充分挖掘和利用。

(八)体育旅游基础设施落后,安全体系不完善

衡量体育旅游发展水平的重要依据是体育旅游基础设施有

无达到齐全、实用、服务周到这三项要求。在我国区域经济发展失衡的影响下，尽管我国很多地区已开展体育旅游项目，但是景区游客集散中心、旅游厕所、标识标牌、停车场、旅游公共服务信息系统等配套设施普遍存在不达标的问题，同时现有的体育旅游配套设施还存在数量不足、层次低、分布不均衡、专业性差等问题，从而造成了很多地区体育旅游基础设施的缺乏和落后。

体育旅游活动不但是参与性特征十分显著的旅游活动，而且有一定的危险性。由于目前体育旅游未明确隶属行政单位，游离于多个部门管理范围之外，造成了已有的旅游管理法规对其安全保障行为的管理长期处于空白状态。我国体育旅游安全保障体系的不完善影响了体育旅游安全制度的建设。

第三节 体育旅游产业的发展走向与策略

一、体育旅游产业发展的新走向

(一)体育旅游产品供给的专业化、聚集化

由于体育旅游产业是旅游产业的一个分支，所以体育旅游产业的发展必须依附于大旅游业，体育旅游产业有必要积极利用旅游产业现有的营销平台、推广手段和管理方式等，最终实现自身的发展目标。

体育旅游产业除具有自身的特征外，其本身也涵盖了吃、住、行、游、购、娱等旅游的基本要素，构成了一个完整的产业链。基于体育旅游的特点，未来的体育旅游产品开发可能会出现两种态势，分别是“由点到线”和“由点到面”。具体来说，“由点到线”是指体育旅游市场可以以独立的旅游板块出现，提供专业化的体育旅游路线和产品；“由点到面”是指体育旅游发展的聚集化，这是相对于目前单一体育旅游产品而言的，它包括了产品聚集和区域

聚集这两层含义。

(二)体育旅游投资主体的社会化更加显著

就现阶段来说,我国体育旅游投资主要有三种形式:一是传统旅游景区为游客开发的体育项目,二是体育系统将所管辖的体育及相关资源对社会开放,三是社会资金为实现资本扩张而进行的专门投资。

综合来看,这三种形式中社会资本投入是体育旅游投资中最主要且最活跃的部分,可以说体育旅游是体育产业中对社会资本最具吸引力的市场。随着体育运动社会化的深入和大众旅游时代的来临,新兴和高端的体育旅游产品在吸引社会投资中的前景十分广阔。只要对社会资本的引导到位、服务完善,定会有更多的社会资本投向体育旅游产业。

(三)网络营销初显端倪,发展规模逐步扩大

在现阶段,我国体育旅游营销依旧以旅行社为主,但绝大部分体育旅游者倾向于出行自主而不经由旅行社安排,主要有两方面的原因:一方面是由体育旅游自身特点所决定的,体育旅游者中有相当部分是由具有共同体育爱好的人自发组成的团队,网络联系、自助出行、丰简由己、责任自负是其基本运行方式;另一方面是体育旅游者确定目标后,通常在目的地停留时间的长短并不固定。对于体育旅游者来讲,只要能满足参与性和体验性需求,产品可以实现网查网购、交通可以实现自主自选、组团可以实现网络联络、食宿可以实现网络预订,就完全能够自主安排个性化的旅行方案。由此可见,今后体育旅游营销不只会出现供需双方的网络直接对接,建立全球体育旅游营销网络也在期待之中。

(四)体育旅游营销方式一体化将成为必然趋势

对于现阶段的旅游业发展来说,区域旅游一体化是其显著的

特征和发展趋势。一体化的基础设施、一体化的环境保护要求、一体化的管理制度、一体化的服务标准、一体化的产品质量和特色化的宣传包装,是实现资源共享、形成品牌效应、增强核心竞争力的有效途径。目前处于成长中的体育旅游产业虽然在政府机构、旅游政策等层面还未纳入区域现代化的范畴,但体育旅游在区域旅游一体化中的作用已显现出来。随着体育旅游在区域旅游一体化中辐射效应的显现和体育旅游产业的日益活跃,一体化经营将成为不断增多的体育旅游企业的必然选择和企业做大做强的客观需求。

二、体育旅游产业发展的策略

(一)确定与建设目标市场

对体育旅游市场进行培育的第一步是要将目标市场确定下来,这是基础和前提。在确定目标市场时要注意,开发体育旅游项目是有选择性的,健身性、娱乐性、参与性、民族性与刺激性突出的体育项目是开发的重点项目。除此之外,确定目标市场时也要把性别和年龄因素纳入考虑范围,具体如下。

就性别来说,男性与女性在选择体育旅游项目时有明显的差异,男性对跳水、射箭、骑马、划艇、钓鱼、帆板、射击、足球、探险、攀岩等富有竞技性、参与性、挑战性、刺激性特征的运动项目比较热衷;而女性对游泳、滑冰、保龄球、交际舞、登山、划船、网球等观赏性、娱乐性强的运动项目较为喜欢。

就年龄来说,青少年对漂流、攀岩、蹦极等竞技性和挑战性强的运动项目感兴趣;而中老年则喜欢交谊舞、太极拳、钓鱼等富含娱乐性、休闲性及保健性的运动项目。

除此之外,确定体育旅游目标市场时要注意几点:从地域角度而言,确立目标市场时需要将国内市场作为定位点与立足点,同时对韩国、日本及东南亚市场进行巩固,而对北美、欧洲市场的开辟还需进一步努力；从年龄角度而言，青少年是重点面向对象，同时要对中老年人进行考虑；从人群角度而言，工薪阶层是重点面向对象，同时要对高收入和低收入群体进行全面的考虑；从价格角度而言，应主要开发中低档(500元以下的)、大众型产品。

(二)综合开发体育旅游资源

我国发展体育旅游产业拥有很大的优势，具体表现为我国拥有辽阔的疆土、复杂的地形、多样的气候、众多的民族、丰富的水资源等。在综合开发我国体育旅游资源的过程中，应当注意以下几点要求。

1.科学开发体育旅游资源

合理有效地开发体育旅游资源，将不同地区的资源优势充分利用起来，同时要注意开发的力度，遵循"确保体育旅游可持续发展"的开发原则，这是对体育旅游市场进行培育的重要环节。通过对体育旅游资源的开发来合理利用体育物质、人力资源，将旅游者组织起来对体育场馆、各种体育表演与竞赛进行观赏，由此形成借助资源开发推动旅游发展、通过发展旅游业推动经济发展的良性机制。

2.加大开展民族传统体育的力度

作为我国体育运动的重要组成部分，民族传统体育与现代竞技体育之间有着密切的联系，一些现代竞技体育项目就来源于民族传统体育，所以说促进体育旅游市场的发展与繁荣也需要从民族传统体育方面着手进行努力。

开展民族传统体育的要点是：首先，大力发展观赏性民族体育旅游项目；其次，积极发展打扁担、抛绣球、赛马、赛龙舟、摔跤等参与性强的民族体育旅游活动；再次，加强对民族传统体育旅游资源的开发；然后，利用多种手段突出中国特色；最后，巩固我国体育旅游市场在国际范围内的地位。

3.开发体育旅游项目遵循因地制宜的原则

在对体育旅游资源与旅游项目进行开发的过程中，要注重因地制宜，要以各地区的实际情况为依据进行统筹规划和有针对性的良性开发，在选择开发项目时，要注重考量项目的娱乐性与趣味性，因为这是吸引旅游者的关键。

(三)大力培育体育旅游群体

与西方发达国家相比，我国体育人口在全国总人口中所占的比例很小，这表明我国体育旅游市场人口比率也低于西方发达国家。以一般旅游者和体育爱好者为比较对象，体育旅游者与这两者有很大的不同。体育旅游群体的需求和欲望较为独特，他们在进行体育旅游方面的消费时倾向性很突出，如常见的心理倾向有求健、求奇、求新、从众等。因此，要对体育旅游群体进行培育，促进体育旅游人口数量的增加，就需要充分考虑不同特征人群(年龄、文化层次、收入水平等)的不同需求，对体育旅游资源进行有针对性的分层开发。

需要补充的是，因为体育旅游市场的发展情况和当地的交通、通讯、网络、信息等存在紧密的联系，所以在发展地区体育旅游产业的过程中要重视这些方面的发展。

(四)创新区域体育旅游合作

区域体育旅游合作是指一定区域范围内不同地区之间的体育旅游经济主体，依据一定的协议章程或合同，将体育旅游资源在地区之间重新配置、组合，以便获取最大的经济效益、社会效益和生态效益的体育旅游经济活动。体育旅游经济圈已成为国内外现代体育旅游产业发展的新趋势。

要想体育旅游产业更快、更好、更健康地发展，须构建新型区域体育旅游合作模式，加强区域体育旅游合作，打破县市之间的行政壁垒，形成上下体育旅游协调与合作发展的新格局；建立定期或不定期联席会议制度，构筑体育旅游区全方位、多层次的体育旅游营销网络体系，实现区域内的资源共享、市场共享和利益共享；加强省域范围的区域体育旅游合作，加强与热点地区体育旅游部门及省内大型体育旅游企业的合作，充分利用旅游热点的客源优势，形成互利共赢局面；加强与国内各省份之间的体育旅游合作；加强与周边国家的国际体育旅游合作，充分利用体育旅游品牌优势和地缘优势，积极参与国际体育旅游合作，扩大对外宣传，开拓国外体育旅游市场，增加海外客源，形成合理的体育旅游空间布局。

（五）建立科学有效的监督机制

政府、体育部门和旅游部门是发展体育旅游产业的三个主体。现阶段，我国体育旅游在产业界定、资源开发与营销管理等方面还没有形成一定的规模，因此就需要构建以政府为主导，体育部门和旅游部门为辅导的监督管理机制，以此来推动体育旅游在规划、开发、宣传、管理、促销等方面的发展。

在政府、体育部门以及旅游部门这三大主体中，政府部门的管理地位相对重要一些，所以政府部门必须积极挖掘和发挥自身的作用，加强规范化管理，在体育旅游市场的开发过程中发挥引导作用、规划作用以及保护作用。此外，三个主体还要促进餐饮行业、行政部门、交通行业、通讯行业、企业部门之间的密切协作，对体育旅游市场监督体系进行建立与完善，确保体育旅游产业在良好的环境与氛围中得到有序健康的发展。

（六）科学培养体育旅游从业人员

体育旅游服务质量对体育旅游企业的经济效益有决定性影响。就当今社会来说，人才的竞争是国家之间竞争的焦点。只有体育旅游专业人才数量充足，技能高超，才能使体育旅游服务达到国际水平。体育旅游专门人才不但是倡导体育旅游活动的主体，而且也是组织者与管理者。体育旅游产业发展的前提与支柱就是拥有一批高素质的体育旅游专门人才,他们必须是懂经营、善管理、精环保等全方位发展的新型人才。科学培养体育旅游从业人员的着手点如下。

第一,在各级各类院校的相关专业教学中,加强对体育旅游产业这部分内容的专业传授。尤其是高等院校要与体育旅游产业的实际发展情况相结合,将对高水平体育旅游专业人才的培养重视起来。

第二,各地区和相关部门要重视对专业人才的积极引进,对现有的人员要加强培训,确保在开发新的体育旅游项目后,能够有一批懂管理、善经营、服务优的人才队伍及时上岗。

第三,深刻认识到开发体育旅游资源离不开专业的队伍,所以要设法组建专业队伍,对队伍的成员进行专业化培训,从开发人员入手,促使体育旅游资源开发的质量得到大幅度提高。

(七)采取体育旅游市场的营销策略

体育旅游产业主要是通过商品化的形式来向社会提供服务的,而且将体育旅游资源和服务提供给体育旅游者也是通过这一形式实现的,这样可以为人们参与各项体育活动提供方便。为此,人们开始享受这一便捷式服务,并热衷于体育旅游,这也是体育旅游消费市场发展快速的主要原因之一。作为营销意义上的体育市场,体育旅游市场的运转过程包括一系列经营活动的结合,如体育旅游市场调研、预测、规划、宣传、销售等。

在体育旅游市场营销中,体育旅游开发的首要工作就是调查与研究。通过开展市场调研对有关目标市场消费者的各种信息进行了解,对将来的市场潜力进行预测,并以此为依据对投入的多少进行确定,从而避免投入不合理的现象出现,如投入少但有损失、投入多但浪费资金,最终以最合适的投入实现利益最大化。

体育旅游产品是指能够使消费者的体育旅游需求得以满足的旅游产品。从时间的层面来看,体育旅游者从接受旅游服务开始到服务终止的全过程都可以看作是体育旅游产品;从内容层面来看，体育旅游者所利用和享用的食、住、玩、购、娱等各种旅游要素都属于体育旅游产品的范畴。体育旅游市场的特色就集中体现在设计与开发体育旅游产品上，这也是开发体育旅游资源的一个关键步骤。如果体育旅游者是有组织的，那么对体育旅游产品的销售就是通过设计与组合体育旅游路线来进行的。在设计旅游路线时，一定要严格遵循市场原则、主题突出原则以及不重复原则等，为体育旅游新产品的生存和发展提供保障，由此加快体育旅游产业的发展速度。

开展市场营销工作是深入开发体育旅游市场的重要保障之一。具体就是在对体育旅游资源进行详细分析的基础上，对旅游市场进行细致的划分，对目标市场有一个明确的定位，在此基础上准确定位体育旅游区域，对营销策略进行积极的构建。在对体育旅游产品进行定价时，不但要对大众旅游产品的定价予以重视，还要注意将专项旅游产品的价格特征凸显出来，而且生态、气候等要素也是需要考虑的重要方面。在全面兼顾各项因素的基础上开发达到规范性要求的体育旅游市场。

（八）科学构建体育旅游市场体系培育模式

生产者、销售者与消费者及其互相的经济关系是体育旅游市场的主要构成要素。对体育旅游市场进行科学培育，第一步就是要对目标市场做一个合理的筛选，并最终确定下来，然后对确定好的目标市场进行建设，最后通过对市场上相关人员进行培育与监督，来促进体育旅游市场体系的不断完善，从而使体育旅游产业发展的综合效益得以实现。体育旅游市场体系培育模式如图1-3所示。

（九）加强体育旅游相关行业之间的合作

体育旅游产业是综合性产业，由很多行业构成。体育旅游产业不但涉及体育产业和旅游业，也涉及餐饮、住宿、交通运输、文化娱乐、通讯等社会各方面的行业。

面对庞大的产业群,我国各地区相关政府部门应当严格遵循“大旅游、可持续发展”的原则,优化资源配置,对体育旅游基础设施、生态环境保护、新体育旅游资源开发及项目所在地区发展进行总体规划,引导各相关产业密切配合,消除产业壁垒,使旅游与体育协调发展。与此同时,组建由体育、旅游、文化等政府部门及赛事主办主体、社会团体等相关主体共同参与的理事会,从制度层面上建立合作机制,保证体育、旅游和文化的互动发展,最终顺利达到我国体育旅游产业和相关行业共赢的目的。

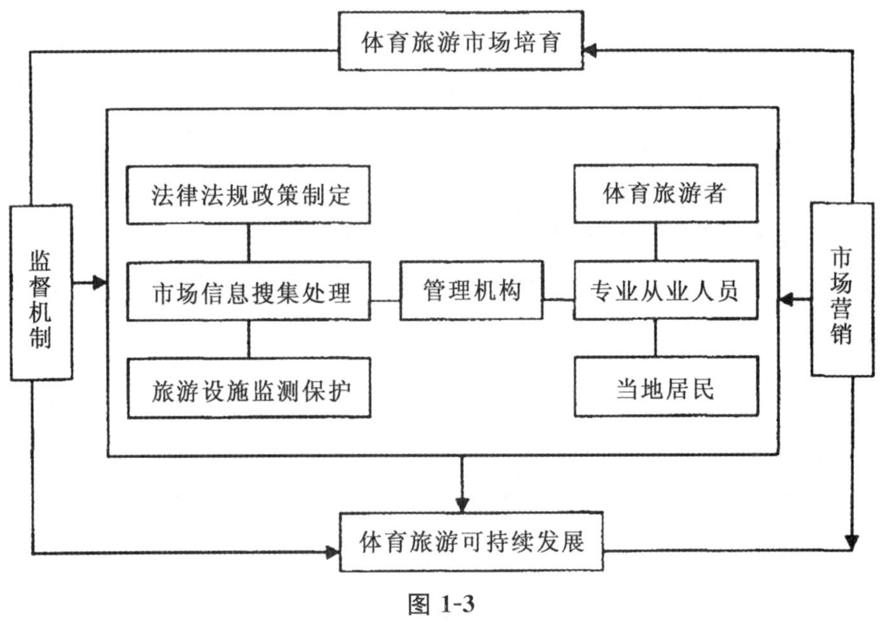

图 1-3

(十)成立相关机构来规范体育旅游市场秩序

由于体育旅游涉及体育运动和旅游活动,因而能对广大群众产生较大的吸引力。但不容忽视的是,人们参与体育旅游活动的过程中不可避免地会有或多或少的运动强度和运动量。而像蹦极、攀岩、探险等这类旅游项目自身的挑战性与刺激性特征特别突出,且风险在一定程度上客观存在,加上体育旅游稳定性差,有许多不确定因素,因此身体在一定程度受到伤害的现象总是不可避免地发生。除此之外,在对大型体育旅游活动进行举办的过程中，不要忽略治安的问题，活动的举办单位与相关管理人员一定要将安全放在首位，保障消费者财产安全、人身安全，在此基础上才能顺利举办旅游活动。一个成熟的体育旅游市场一定是具备专业的从业人员、拥有丰富的基础设施以及制定了完善的管理条例的市场，只有这样，才能保障体育旅游的顺利发展。

但现实情况是，我国当前专门针对体育旅游制定的相关法律、法规、制度、政策并不多，达到健全的要求更是无从谈起，这使得体育旅游市场在发展中缺乏一定的运行和调控机制，在开发新的体育旅游项目时没有对其进行一定的安全管理，致使体育旅游中经常发生安全事故。针对这些问题，我国相关政府部门应当高度重视体育旅游产业在发展过程中存在的安全问题，加大安全管理的力度，积极组建和完善政府咨询管理机构。重中之重是加强对体育旅游管理机构的建立，保证各项管理工作能落实到位，促使体育旅游市场的服务质量得到大幅度提升。

（十一）各政府部门加强协作，制定切实可行的体育旅游发展规划

体育旅游是体育与旅游交叉融合而产生的具有旅游和体育特点的新型旅游市场，它的发展必须依赖于两大产业的融合。因此，有关政府部门应参照国家体育局与国家旅游局合作模式，建立以体育、旅游部门为主导，其余部门相互配合为辅的合作机构，共同实施和推动体育和旅游的合作，推进我国各个地区体育旅游产业发展。与此同时，有关部门应积极和科学机构合作，大力支持体育旅游科研工作的开展，科学机构可以在政府制定体育旅游规划和政策的过程中提出可行性建议。

体育旅游产业的科学发展离不开科学可行的规划和指导，各级政府领导应当充分发挥自身的牵头作用，组建由体育、旅游、文化等相关部门共同参与的“体育旅游发展办公室”，统筹考虑体育旅游项目引进、资源整合等问题。我国各地区应当结合当地的地域特点、资源禀赋、发展基础和市场前景，制定符合当地实际状况

的体育旅游专项发展规划，有重点、分类别、重特色地打造体育旅游示范项目。鼓励各个地区以当地的体育旅游专项发展规划为依据，将基础设施和重点项目纳入本地区经济和社会发展规划中，为体育旅游产业的发展创造良好的条件。保证本地区体育旅游产业发展规划与经济发展规划紧密衔接在一起，有效避免体育旅游产品同质化问题、体育旅游场地和设施重复建设问题出现。

第二章　我国体育旅游产业的集群化发展

体育旅游产业的发展有其自身的发展规律，同时在发展过程中也体现出与市场经济发展相结合的特点，并需要与市场经济的发展规律相符，对此，要实现和促进我国体育旅游产业的快速发展，必须准确把握我国体育旅游产业发展和市场经济发展的特点与规律，放手于市场，同时重视政府宏观的经济发展调控，在当前，更好地促进我国体育旅游产业的集群化发展，以更进一步地实现资源的优化配置和高效利用，促进我国体育旅游产业科学化的持续发展。

第一节　体育旅游产业集群基本理论

一、产业集群与体育旅游产业集群

（一）产业集群

关于产业集群的研究，最早是国外学者开展的，我国对产业集群的研究是在 20 世纪末和 21 世纪初才逐渐开始。

关于产业集群（Industrial clusters）的概念研究，具有代表性的有如下几种。

18 世纪，亚当・斯密撰写出版《国富论》（1776 年），从社会分工角度阐释了巩固毛纺工业集群，此后，产业集群就成为竞技领域一个重要研究现象和课题。

1998 年，产业集群研究权威迈克尔·波特提出，产业集群是某一特点产业领域内相关管理且大量聚集某区域的企业及管理组织的集合。

2002 年，经济合作与发展组织（OECD）指出，产业集群是一群相互依存、互为发展的组织和最终消费者进行联系的网络。①

2010 年，我国学者王缉慈研究认为，产业集群是一群地理位置相邻且存在相互联系的企业或组织的聚集，这些企业和组织之间可实现资源、技术共享，相互依存和促进彼此的发展。②

综上所述，可以认为，产业集群是大量联系密切的企业以及相关支撑机构在一定的地域范围内的集聚和集中。

（二）体育旅游产业集群

体育旅游产业集群，是产业集群在旅游业中的体现。

目前，学术界一致认为，体育旅游企业及旅游相关企业和部门在一定地域空间内聚集，它们为了实现共同的目标，建立联系，协同工作，构成一种产业组织形式，这种产业组织形式就是体育旅游产业集群。

在一个成熟的体育旅游产业集群中，体育旅游核心行业、旅游相关行业、服务机构和支撑机构等是主要组成部分（图 2-1），这些行业、机构间关系密切。

结合体育旅游产业及其相关产业发展，对体育旅游产业集群中的各相关产业、行业、组织、机构在体育旅游产业集群体系中的地位简要分析如下。

---

① 尤振来，刘应宗. 产业集群的概念综述及辨析[J]. 科技管理研究，2008(10).

② 王缉慈. 超越集群——中国产业集群的理论探索[M]. 北京：科学出版社，2010.

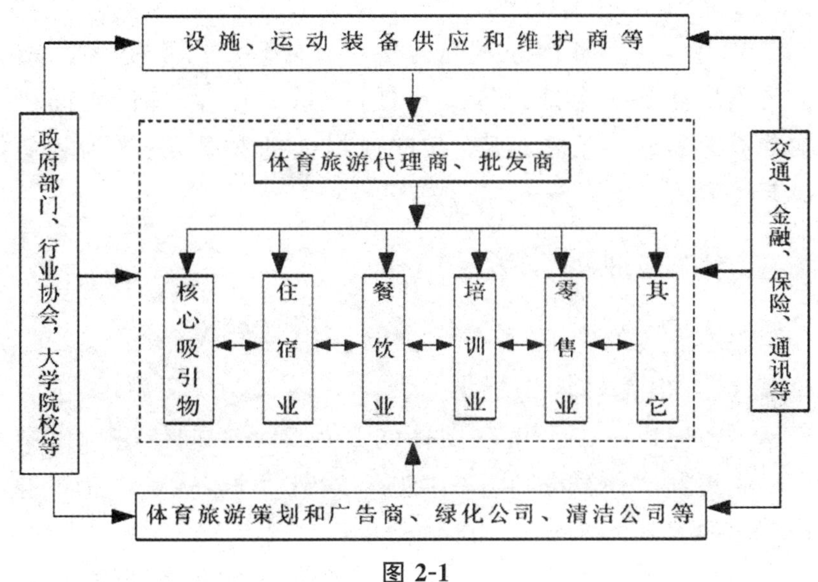

图 2-1

体育旅游核心行业——体育旅游核心吸引物、体育旅游餐饮业、住宿业、代理和销售业、旅游用品、纪念品销售业等。

体育旅游服务行业——金融、交通、通讯、保险、政府管理部门、行业协会、大学院校等。

体育旅游相关行业——体育设施、装备的供应商和维修商、体育旅游策划和咨询商、旅游广告和咨询媒体、清洁公司等。

二、体育旅游产业集群的特点

(一)空间集聚性

从产业集群的概念界定可以充分认识到，任何一种产业集群都具备空间集聚性的特征，这是产业集群在空间上的共性特征，体育旅游产业集群自然也不例外。

就我国体育旅游产业发展来说，在现有的体育旅游产业集群地，体育旅游相关产业、机构形成空间地理位置上的集合，形成如环城游憩带、主题公园、著名旅游景点及旅游度假区等，可以实现地理资源的集中、高效利用。

以中观体育旅游产业集群为例，许多联系密切的行业、部门及机构集聚在同一个地理区域范围内，这些行业、部门之间以体育旅游资源为核心要素，建立横向或纵向的联系，共同为相似的消费者提供服务。

（二）经济外部性

产业集群内的企业、组织、机构，通过有效联合，形成实力强大的集合体，构成一个小的利益团体，在内部实现资源、经济利益共享，对外，形成一个经济共同体同其他经济共同体进行市场竞争。产业集群这种经济利益的“抱团”对外竞争，就是产业集群经济外部性的表现。

各种相关的经济活动集中在一起必然会带来良好的效益，这也是集群经济得以形成的根源。一项关于迪士尼乐园以往的案例研究表明，主题公园的集聚能够促进主题公园市场认知度的不断提升，可以激发消费者对主题公园或者相关产品的需求，能够为各个级别的主题公园创造良好的契机，满足不同层次的市场需求，共同实现对目标市场的“瓜分”，这样就可以在整体上实现“经济体”的市场竞争优势。

对于我国体育旅游产业的发展来说，区域性的体育旅游经济的利益共同体一旦形成之后，“经济体”的内部体育旅游企业及其支持系统在空间上集聚在一起，从而使集群经济得以形成。体育旅游产业集群内的企业所独享的范围经济、规模经济和外部经济是集群经济的主要表现形式。

体育旅游产业集群，可以使得集群内的成员在不牺牲自身“柔性生产”的灵活性前提下实现并获得规模效益。①

---

① 贺彩玲.产业集群的效应及其形成探讨[J].陕西工业学院学报，2003(3).

（三）功能互补性

李煜华（2007）指出，产业集群形成的集合体可产生集合效应，集合效应大于单个企业的简单叠加，具有“1+1>2”的效应。[①]

体育旅游业是一个整体系统，该系统内部的各个部门、行业相互联系，相互作用，合理分工，相互协作，共同形成一个整合体。以体育观光旅游产业集群为例，体育旅游景观是吸引游客的重要因素，同时，旅游地旅馆、餐馆、商店和交通等互补性商业活动也会对旅游者的旅游质量和效率造成影响。集群中成员之间以多种形式相互依赖，功能互补，才构成该旅游地的整体体育旅游市场竞争力——对游客的吸引力。

（四）部门专业性

体育旅游产业集群中，核心体育旅游部门（产品）的发展，离不开其他相关行业或者组织的支持，而且这种支持力度更大程度上表现为行业发展和服务的专业性。专业性的高低，直接影响整个产业集群的对外吸引力。

具体来说，在旅游产品的整个生产过程中，每个企业只从事其中一个环节的专业化生产，或只是对旅游产品或服务的其中一部分进行提供。例如，餐饮业、旅行社、交通运输业、旅游商店、旅店都只是向消费者提供吃、住、行、游、购等某一方面的服务。每个行业和部门的专业化程度都会从很大程度上影响体育旅游产业集群的发展。

（五）资源、环境共享性

体育旅游产业集群中的相关企业、部门或机构都是在共同的社会环境、经济环境和文化环境中生存的，彼此之间资源、环境共

---

① 杨明. 中国体育用品制造产业集群发展模式研究[M]. 杭州：浙江大学出版社，2016.

享。具体分析如下。

(1)在一定的地域范围内,体育旅游产业或企业高度集中,对大量的服务供应商和专业人才产生吸引力,从而使供应商与人才集聚在此,发挥自己的价值。

(2)在产业集聚下,使用专业性辅助性服务和信用机制的交易成本会有所降低,而且专业人才的流动有利于为体育旅游产业集群的发展与创新提供一个良好的环境。

(3)大量的体育旅游产品经过整合集中在特定区域中,有利于体育旅游目的地影响力的迅速提升,有利于对适合体育旅游产业集群发展的优良环境进行营造,从而能够促进体育旅游目的地区域竞争力、扩大区域体育旅游品牌影响。

三、体育旅游产业及集群层次结构

(一)体育旅游产业的产业层次结构

就体育旅游业在体育产业中的地位来看,体育旅游业是体育产业的一个重要子业,是体育产业的组成部分,在体育产业中发挥着增收的重要作用(图 2-2)。

(二)体育旅游产业的行业层次结构

作为旅游产业的重要组成部分,体育旅游产业与体育旅游产业的层次结构具有一致性。具体来说,旅游产业是由众多行业构成的产业群体,其同时涵盖了第一、二、三产业的范畴。构成旅游产业这一整体系统的各个行业在该系统中占据着不同的地位,发挥着不同的作用,而且发展的先后顺序也不同,因此不同的行业在该系统中分布在不同的层次(图 2-3)。

整体而言,旅游产业系统内部由两个大层次构成。

上位层次——旅游业,包括以下两个小的层次。

(1)旅游产业的核心行业——游览娱乐业(旅游资源开发经营业)。

产业链层级
主要内容
收入来源
体育产业
上游赛事资源
中游媒体传播
下游衍生产业
国内职业联赛
大众体育赛事
国外核心赛事
传统媒体
新媒体
传统变现渠道
新兴变现渠道
企业赞助
广告赞助
联赛分红
门票收入
付费体育
衍生节目
体育用品
体育彩票
体育旅游
健身培训

图 2-2

旅游产业
旅游行业
游览娱乐业（旅游资源开发经营业）
旅行社业
旅游交通业
旅游饭店业
旅游购品业
为旅游业直接提供硬件、软件支撑的行业
物资资料生产领域相关行业
属于第一产业的相关行业
属于第二产业的相关行业
第三产业除旅游业以外其他的相关行业

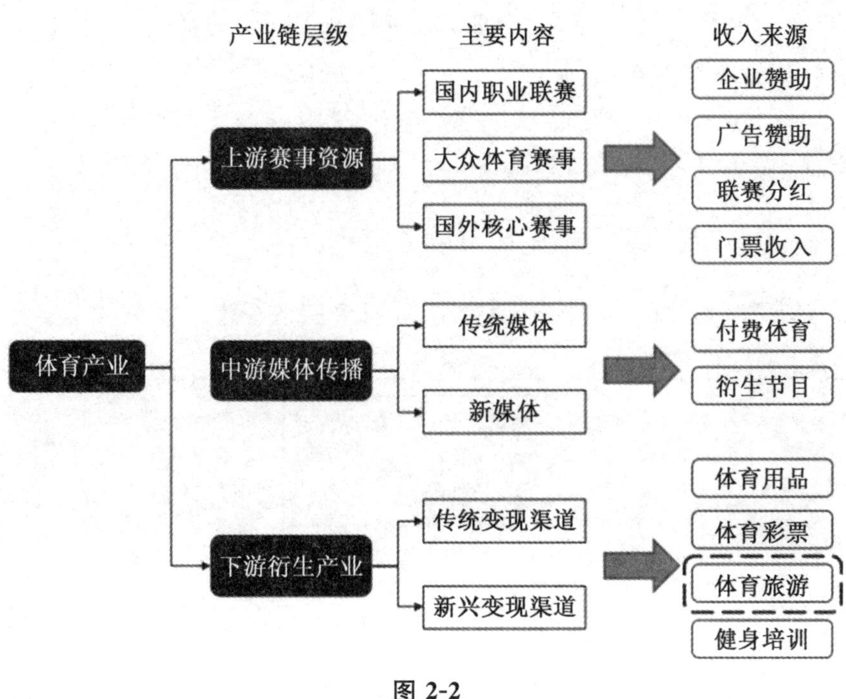

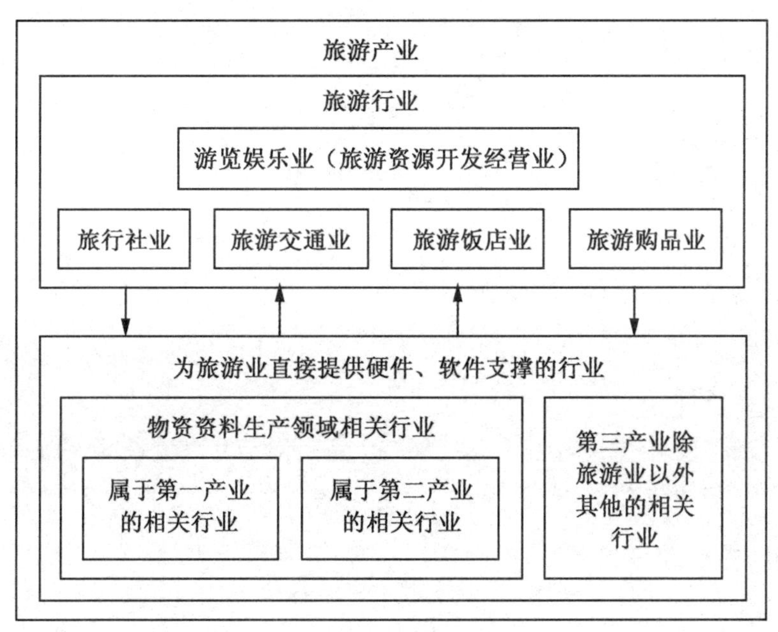

图 2-3

(2)旅游产业的支柱产业,即旅游饭店业、旅游交通运输业、旅行社业和旅游购品业。

下位层次——为旅游业提供软硬件服务与支撑(物质、文化、信息、人力、智力、管理等服务)的行业。

(三)体育旅游产业的集群层次结构

旅游产业集群的构成要素分为三个层次(图 2-4)。

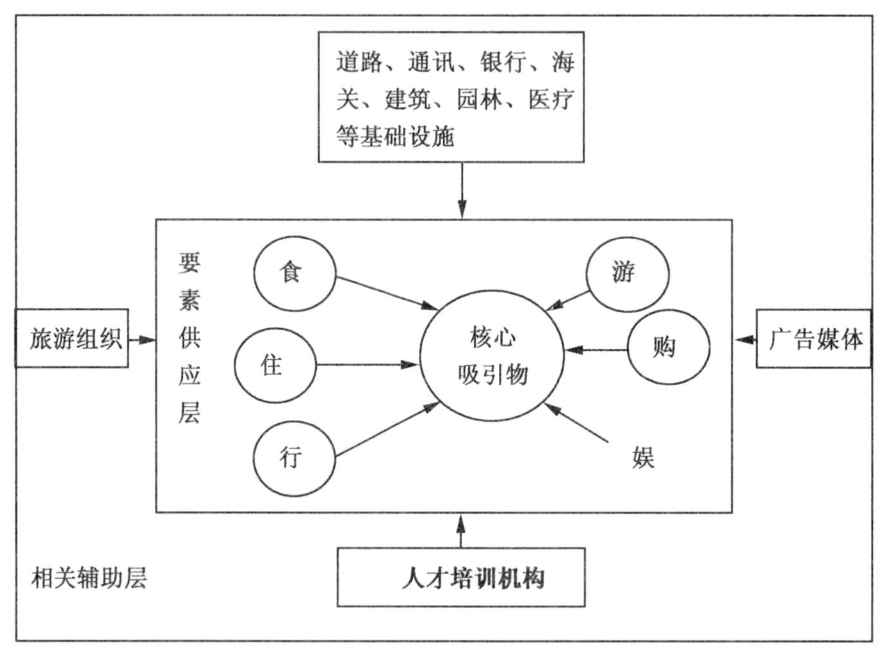

图 2-4

核心层——旅游核心吸引物。核心层是构成旅游产业集群的必要条件。

旅游要素供应层——食、住、行、游、购、娱六大行业的旅游企业。旅游要素供应层是主体,通过要素供应层企业的相互联系、相互作用,通过创新产生、维持、提升当地的竞争力。

相关辅助层——由旅游依托产业及各种旅游组织和相关辅助机构组成。相关辅助层是旅游产业集群的重要组成部分。

对于不同的旅游产业集群，侧重点会有所不同。①

四、体育旅游产业集群的作用

(一)促进后发区域跨越式发展

我国区域性经济发展不平衡，在这种经济发展背景影响下，体育经济发展也表现出区域性特征。著名学者徐康宁研究指出过，产业集群特征比较突出的地区大都是经济开放程度较高的区域，产业集群现象不明显的地区大都是经济相对封闭和落后的区域。

在我国，虽然我国各地区都有体育旅游资源的开发项目，但是这些地区旅游资源开发差异较大，开发较好的是东部沿海城市和大型城市。具体来说，我国各地区的体育旅游资源开发的程度，与当地的经济发展情况存在很大的关系。

就经济状况来讲，我国东部沿海地区经济发达，经济水平发展较高的城市较多，各种体育赛事的举办主要集中在大城市，而我国西部地区经济较为落后，体育赛事举办较少，因此，围绕体育赛事开展的各项体育旅游主要集中在经济发达的大中城市中。我国西部地区体育赛事少，因此而获得的体育旅游收入也很少。

就体育旅游资源来讲，我国地域广阔、东西南北跨度大，各地区的体育旅游区域特征明显。在不同的体育旅游资源分类中，如体育自然旅游资源和体育人文旅游资源方面也存在着区域性差异。因此，我国各个地方的体育旅游资源具有浓郁的地方特色，存在着鲜明的地域性特征。例如，我国不同地区的少数民族体育活动就具有鲜明的地方特色，也因此吸引着不同的体育旅游消费者；我国北方冬季寒冷，冰雪覆盖率高，冰雪体育旅游产业具有优

① 牛艳云.基于GEM模型的旅游产业集群竞争力研究[D].山东大学硕士论文，2007.

势;我国南方水域丰富,水上体育旅游具有优势。

现阶段,后发区域的旅游资源一般都比较丰富,但因为缺乏生产要素,相关支持性产业发展水平较低,市场需求量少,因此并没有形成大规模的产业集群现象。

目前,促进我国体育旅游产业集群发展,对体育旅游产业的市场微观基础进行培育,对生产要素进行开发,加强后发区域产业之间的协作力度,能够使后发区域体育旅游产业的跨越式发展成为现实。我国后发区域体育旅游产业集群发展较好的当属云南省体育旅游产业。我国西北及西南地区发展体育旅游具有良好的资源优势,促进这些地区旅游产业的集群发展,结合西部开发政策,可最大限度地发挥区域性资源、政策优势。

(二)提升区域发展竞争优势

从我国区域体育旅游产业发展历程、发展现状来看,我国一些区域体育旅游资源丰富,市场较为完善,具有发展体育旅游产业的优势,体育旅游产业发展态势良好,这些区域的体育旅游产业发展到一定程度后,积累了丰富的经验,具备了良好的基础条件,这时就可以向集群化的方向发展了。区域体育旅游产业的集群化发展有利于区域体育旅游产业发展优势。

目前,我国一些地区虽然体育旅游产业发展良好,但没有实施集群化发展的战略,所以产业核心竞争力还是不够强大。另外,体育旅游产业发展与区域体育资源有密切的相关性,体育资源较多的地区体育旅游产业较发达,反之,体育旅游资源少的地区体育产业发展程度低。这不但难以提升区域旅游产业内聚力,而且区际旅游产业和谐共生的局面也很难形成。

现阶段,要促进优势区域体育旅游产业核心竞争力的提升,必须走产业集群化之路,必须对产业集群发展的战略加以实施。例如,上海市借助上海世博会的契机来推动本地体育旅游产业集群的发展,提升本区域体育旅游产业的核心竞争力,取得了良好的发展成果。可以为其他地区的区域体育旅游产业集群发展提供成功经验。

第二节　体育旅游产业集群的形成与识别

一、体育旅游产业集群的形成

（一）体育旅游产业集群的形成因素

1. 产品特征

体育旅游产业的产品特征决定了体育旅游产业可形成集群。

具体来说，体育旅游产业集群产品具有较长的供应链，并且存在技术可分性，这是体育旅游产业集群得以形成的一个必要条件，只有具备这一条件，才能促进中间产品市场的形成与发展，才能减低企业进入壁垒，才能形成规模效益，因此，体育旅游产品的地域性集合、与其他行业的密切管理，为产业集群的形成创造了地域、资源、行业管理基础。

2. 政府主导

当前我国的市场经济发展逐渐成熟，但是，政府仍然在经济发展中发挥着十分重要的宏观调控作用。体育旅游产业集群的形成与发展离不开政府的参与，政府在这一过程中发挥着非常重要的作用。西方发达国家体育旅游产业集群之所以取得了良好的发展，主要原因之一就是政府制定了行之有效的政策。我国体育旅游产业集群的发展还处于初步阶段，因此更离不开政府的扶持与引导。

简言之，政府主导是体育旅游产业集群形成与发展的重要力量。

3.区域优势

某一区域的自然条件、社会条件为特定产业的发展所带来的与其他区域相比的优势就是所谓的区域优势,如地理优势、人力资源优势、技术资源优势、体育资源优势、消费需求规模优势等,区域特性决定了区域优势的形成。①

体育旅游产业发展,以体育旅游资源为重要依托。体育旅游资源能在最大限度上,满足体育旅游消费者即体育旅游者的体育参与、体育欣赏、体育探索等各方面的体育需求。很多体育旅游资源都是以自然资源为基础的,如水资源、山体资源、冰雪资源等,在自然资源丰富或存在其他优势的区域内,体育旅游企业为追求规模经济和范围经济而大量集聚,因而形成了体育旅游产业集群。从这就能够看出,区域优势是影响体育旅游产业集群形成的一个关键因素,体育旅游产业集群的形成与发展高度依赖于区域优势。

4.人文环境

文化发展具有区域性发展特征,一个地区的文化会对本区域某些特定产业集群的形成与发展产生一定的影响。文化是促使区域共同体内所有成员在思想、行动上保持一致的重要精神力量,相对于其他区域而言,一个区域的文化对其他区域的文化具有排他性。

就体育旅游产业发展来说,体育是一种特殊的文化形态,一个地区的体育文化发展,对其他地区的居民来说,具有区域文化的吸引力,这种吸引力,使得区域体育文化旅游得以形成。而区域文化的统一性、相似性,使得现代产业集群具有了重要的人文基础。

---

① 徐林.山东半岛蓝色经济区休闲体育产业集群发展研究[D].哈尔滨工业大学,2013.

（二）体育旅游产业集群的形成条件

有关学者提出，产业集群的形成与存在必须满足以下三个条件。

（1）存在一组地理空间位置接近、在特定领域专业化的企业，这是最基本的条件。

（2）中小企业是主要构成者，或者说中小企业的数量要多于大型企业。

（3）核心产业必须和反映本地产业结构的相关产业密切相关。

只有同时具备这三个方面的条件，产业集群才能形成，也才具有存在的可能性。

（三）体育旅游产业集群主体的功能

在体育旅游产业集群系统中，各主体发挥着不同的功能与作用，具体分析如下。

1. 企业的功能

从本质上来说，体育旅游产业集群的形成就是体育旅游企业不断追求外部规模经济和外部范围经济的结果。

在体育旅游市场中，旅游企业是市场经济的重要主体，体育旅游企业受自身实力的限制，要获取内部规模经济和内部范围经济比较困难，因此开始不断追逐外部规模经济和外部范围经济，企业在空间上的集聚直接关系着外部范围经济与外部规模经济的实现。这就决定了其必须在产业链中与别的企业分工协作，促进整个体育旅游产业发展规模与产品范围的扩大。

体育旅游企业除了追逐外部规模经济与外部范围经济外，还要不断适应随时变化的市场机制，使整个“经济体”能在体育旅游市场中保持机动灵活。

2.政府的功能

从我国经济发展的国情来看，目前，我国已经从计划经济进入市场经济社会，但是，政府依然在市场发展中发挥着重要的作用，政府的政策、行为必然会影响到体育旅游产业集群这一经济现象。

在体育旅游产业发展过程中，政府的功能主要表现在以下几方面。

(1)服务功能。有些体育旅游产业集群是依靠市场自发力量而形成的，对于这类集群，政府主要提供支撑性的服务。

(2)调控功能。政府通过制定相关政策来促进企业发展软环境的不断完善，维护区域内企业间良性竞争与协作。

(3)创造良好市场环境。政府对良好的投融资环境进行构建，对相关法律法规不断健全，从而吸引大量的资源集聚在该区域，为更多企业入驻提供良好的条件。同时，政府还对体育旅游产业发展的硬环境进行大力建设和改造，为企业的经营管理提供各种便利条件，减少集群在发展过程中的障碍。

(4)主导功能。在政府主导型的体育旅游产业集群中，对于这类集群，政府所发挥的功能更加明显。从这类集群形成之初，政府就开始发挥自身的作用了，可以说政府意志已经渗透到了该类集群发展的始终。

3.中介组织的功能

在体育旅游产业结构中，正如前面所提到的，体育旅游产业的正常运转和发展离不开其他相关行业的支持，就市场运作来说，行业协会、商会、专业性服务机构等是常见的中介组织。中介组织就是促进市场经济顺利运行的润滑剂，是体育旅游产业集群形成与发展的支持系统。中介组织不断对市场信息进行收集，为成员企业与外界的沟通提供便利，并促进企业间交易费用的减少和地区知名度的提升，可实现区域品牌效应。

在体育旅游的各市场主体之间的经济往来过程中，中介组织的重要作用还体现在，对企业的利益加以维护，促进企业与政府之间沟通与交流的不断加强，尽可能向政府争取有利于企业发展的优惠政策。中介组织同时还对行业标准和规范进行了制定，以对企业间的正当竞争与协作进行维护。专业化的服务机构还会向企业提供信用担保、市场咨询、法规咨询等服务，以此来维护企业的合法利益，为旅游企业发展解决后顾之忧。

二、体育旅游产业集群的识别

(一)自上而下识别和自下而上识别

以研究角度的不同为依据，可以将识别体育旅游产业集群的途径分为以下两种。

(1)自上而下：自上而下的识别方法主要是指产业法。

(2)自下而上：自下而上的识别方法主要是指区位法。

(二)宏观识别、中观识别及微观识别

以研究目的不同为依据，可以从以下三个层面对体育旅游产业集群进行识别，即宏观、中观和微观。

(1)宏观层面识别：以整体经济为视角，重点对体育旅游产业群体关系和国家区域经济的专业化模式进行分析与研究。

(2)中观层面识别：重点对体育旅游产业集群内部行业间的联系进行分析，并对创新需求进行探索。

(3)微观层面识别：对核心企业与周围专业化供应商之间的联系进行分析，并对企业发展策略、合作创新项目的发展进行探究。

(三)定性研究与定量研究

以研究性质的不同为依据，可以从定性研究和定量研究两方

面来识别体育旅游产业集群。

1. 定性研究

定性研究，具体是以研究者的理论基础、认识和经验为依据，对研究对象是否具有某种性质、某种变化规律或某种因果联系而进行判断。

通过定性研究来对体育旅游产业集群进行识别的主要指标具体如下。

(1)产业集群的特征。

(2)产业集群内企业数。

(3)产业集群的就业情况。

(4)产业集群的企业密度等。

在对体育旅游产业集群的定性研究中，主观推断占很大的成分，因而主观因素会对研究结果产生较大的影响。

2. 定量研究

定量研究是指通过对数学方法(计量经济模型、随机抽样等)的采用来对研究对象进行量化分析及验证。波特案例分析法、区位商法、图论分析法、多元聚类分析法、投入产出分析法等都是典型的定量研究方法。

在定量研究中，一般都会提前限定一些前提条件，比如进行数理建模，这很容易影响研究的顺利进行。

3. 定性研究与定量研究的结合

鉴于定性研究与定量研究各有利弊，为了更加严谨地对体育旅游产业集群进行研究，可以将上述两个研究指标有机结合起来，以研究目的和研究需要为依据，将定性研究与定量研究结合起来加以运用，从而提高分析与研究的科学性与准确性。

就我国体育旅游发展现状来看，对体育旅游产业集群进行识别中，就较多地采用了定性与定量研究相结合的研究。原因分析如下。

首先，我国的统计基础比较薄弱，很难准确获取统计数据，因此也很难展开实证。

其次，我国体育旅游产业集群的集群效应初见端倪，但还不是非常明显，关联机制还未完全建立，因此只进行定量统计难以准确识别产业集群，必须结合定性进行分析。

第三节　体育旅游产业集群的构建

一、构建体育旅游产业集群的可行性分析

（一）体育旅游产业软要素的驱动

体育旅游在我国是一个较年轻的朝阳产业。当前，在体育旅游策划的相关研究中，只是将国外理论引入其中模糊分析，我国对结合国情的体育旅游研究不够深入，对体育旅游产业的发展实践指导性也不强。

长期以来，我国体育旅游产业的开发策划大都属于经验式的策划，很少在遵循技术性规范的基础上进行策划。我国在开发体育旅游市场，发展体育旅游业时，主要以自然体育旅游资源和人文体育旅游资源等硬要素为基础条件。在体育旅游市场形成初期，具有一定的体育资源优势，随着体育旅游市场发展的成熟，体育旅游者对旅游体验要求的不断提高，单纯拥有良好地理位置、体育资源，不能在体育旅游市场中取胜。

当前，随着我国体育旅游产业的不断发展，越来越多的人开始认识到人才、科技、创新、政策、营销策划等在体育旅游产业发展中的重要作用。从体育旅游产业发展的驱动要素来看，当前体育旅游产业的发展已经迈向了新的阶段，即以软要素为主导（图2-5）。有关学者在对我国体育旅游开发的问题进行研究时，几乎

都会强调体育旅游产业的发展离不开对体育旅游专业人才的培养。从这一点就可以看出，体育旅游产业在未来的发展中必将更加重视软要素的开发与利用，如制度、环境、人力资源等，这是一种新的发展思维，也是一种新的发展趋势，体育旅游产业集群化正是集中体现这一发展思维与发展趋势的重要战略。我国体育旅游产业的发展从硬要素驱动转变为软要素驱动的趋势势不可挡。

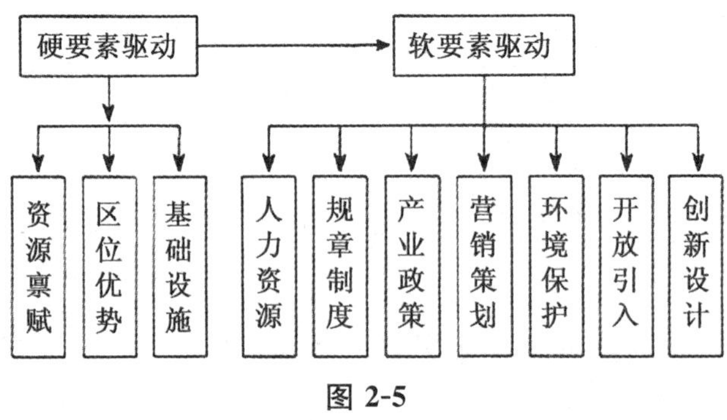

图 2-5

（二）体育旅游者的多样化体验需求

体育旅游具有很大的参与和体验性，在体育旅游过程中，体育旅游消费者对体育运动内容的各种参与和体验，就是其对体育旅游内容的消费。这种体验的效果将直接影响其是否进行二次、反复体验，并会影响其交际圈内的其他潜在体育旅游消费者进行消费体验。

21 世纪，人类已经完全进入体验经济时期，体验经济时代正式到来。随着社会经济的不断发展，消费者的消费观念、消费方式、消费需求结构、消费内容等都发生了显著的变化。这在体育旅游方面表现得也很明显。

现阶段，体育旅游消费者的消费观与消费方式已发生了深刻的变化。体育旅游集健身、休闲、娱乐、交际等多种功能于一身，不同的体育旅游消费者基于多方面的动机而参与体育旅游消费，而且在消费过程中也会出现不同的内心感受，体育旅游消费具有多方向、宽领域、深层次等特征。人们参与体育旅游活动，不再仅仅为了健身和娱乐，更希望能够尝试一些新鲜、刺激的东西，能够有不一样的人生体验。

正是由于体育旅游的体验性和当前体验经济时代的到来，发展体育旅游产业应充分考虑不同旅游者的多样化体育旅游体验需求，这就促进了在资源、经济实力方面发展有限的体育旅游市场主体（相关各企业）的相互“抱团”，彼此取长补短，相互协调、相互促进，使它们统一思想、统一认识，加强各个部门（如旅游局、体育局、文化局等）的合作，加强各个地区之间的联系与协助，统筹规划，特色互补，因地制宜，多元发展。

（三）市场主体的区域资源共享、互补优势

对于体育旅游发展来说，区域内的资源结合、优势互补，可促成区域经济主体资源的高效利用，有助于各体育旅游企业降低成本、实现规模效益。这种对收益的追求，从根本上促进了体育旅游产业各集群的形成。

一个地区旅游业发展的好坏和山水地貌、生态环境、体育项目种类、体育文化、民族风俗等都息息相关，少数民族独具特色的体育文化活动是节日活动的重要组成部分，增添节日气氛的同时自身也得到了不断的传承和发展，这也使得我国西部少数民族生活的地区，各种体育旅游的人文资源丰富。这些丰富的人文体育旅游资源再与西部地区的山体、河流、冰雪等自然资源结合在一起，就形成了区域资源发展优势。

因此，各地区资源的相互吸引、整合发展需求，也在一定程度上促进了体育旅游产业集群的形成。

二、体育旅游产业集群构建的战略途径

（一）坚持市场主导

当前，我国社会主义市场经济体制是体育旅游产业集群的核

心体制基础，体育旅游产业集群是依托市场诱发型路径而形成的，因此其更有利于合理配置资源，也有利于对各个市场主体的积极性进行调动。

体育旅游产业集群的形成，正是在市场经济条件下，各体育旅游市场主体对于最大限度降低成本、扩大规模、获得收益的追求的主动选择。体育旅游产业的发展应遵守市场对资源配置的自由调节规律，坚持市场主导。

（二）重视政府调控

现阶段，我国经济正处于转轨时期，发展体育旅游产业集群必须充分考虑我国体育旅游市场发展现状，正视我国体育旅游市场发展中存在的以下问题。

问题一，我国体育旅游微观市场基础还不够完善，市场监管权力也比较分散，现有的监督协调机制存在一些问题，个别企业存在投机取巧的事实。

问题二，我国体育旅游产业大都以“资源型”产业为主，普遍采用“挖掘式”的方法开发体育旅游资源，采用“同构式”的手段经营旅游产品，因此很多体育旅游地都重点以开发低层次的观光型体育旅游产品为主，各旅游地开发产品雷同，资源浪费严重。

问题三，资源分配不均问题。体育旅游市场中，一方受益而另一方受损的“零和博弈”现象也普遍存在于旅游地之间。

在经济转轨时期，体育旅游产业集群的形成与发展离不开政府的支持，在这一特殊的时期内，政府有必要采取“强制性制度变迁”的方法来推动体育旅游产业的发展，这与我国的现实是比较相符的。

对于市场经济发展过程中，存在的一些不和谐的市场行为和现象，如不当资源占取、不当竞争行为等，都会导致产业集群面临逆转与消亡的威胁，企业的投机行为也会阻碍集群的形成与发展进程。对此，要求加强政府的宏观调控，做好以下工作。

（1）加强政策指导。重点对区域多重利益主体的“共同愿景”

进行构建，使区域体育旅游经济函数尽早实现最优化，借助政府的宏观调控政策，对体育旅游产业的集聚化经营进行重点引导，促进规模经济的形成，通过产业价值链的延伸来带动相关企业的发展，并鼓励其他相关企业进入产业集群，对整个区域旅游业之间的分工与协作进行引导，鼓励与引导地区间、行业间的分工与协作，使企业之间保持有序的竞争与协作关系。

(2)规范市场秩序。严格对企业的不法竞争行为和投机行为进行约束与管理，规范市场竞争秩序，制定各种配套政策，对企业竞争行为加以规范，为体育旅游产业集群的形成与发展提供一个健康的环境。

(3)提供政策支持。虽然体育旅游的诸多项目本身属于体育经营活动，然而因为其在表现形式上与旅游地及娱乐业之间存在着明显的交叉，没有统一纳税，且大部分是按照娱乐业税率纳税。对此，各级政府部门应对税制进行改革，对税率进行合理制定，以减轻企业负担，促进体育旅游产业的规模化发展和体育旅游产业集群的形成。

(4)改革体育产业投资机制，将社会资源充分运用到体育旅游产业中，对民营企业经济融资体系进行构建，以政府资金拉动民间资本，充分发挥政府与民间的力量。

(5)制定体育旅游经营活动的从业条件和服务规范，对社会各行业、国内外企事业单位和个人进行鼓励和引导，使其积极为体育旅游产业而投资。

(6)通过建设基础设施、提供公共服务来促进社会化服务体系的完善，从而为集群的形成与发展创造有利条件，提供有效的支撑与保障。

(三)加强企业协作

当前，我国体育旅游产业集群还处于起步阶段，集群中的各个要素还不够完备，相关企业规模较小，经营较分散，产品与服务质量较差，还需要采取一系列的措施来完善这些不足。面对问题与不足，企业自身应做如下努力。

(1)不断壮大自身的规模，不断提升竞争力。

(2)为满足消费者的多元需求，体育旅游企业自然集聚在一定的空间内，通过分工与协作来实现共同发展。

(3)认清自己在体育旅游产业集群中的地位，促进集群内企业间合作关系的不断巩固与强化。

(四)优化旅游服务

要想最大限度地占领更多的市场，获得经济收益，对于每一个体育旅游企业发展来说，都应准确把握消费者的消费观及消费习惯，要对体育旅游消费需求结构、消费内容、消费形式等方面的变化有清晰的认识，从而为体育旅游者提供情感、求知、教育、审美、探险等各种体验式服务。

具体来说，体育旅游企业应针对消费者的个性需求提供个性化产品和服务，而这需要以“一对一服务”甚至“多对一服务”为基础，为体育旅游消费者提供个性化优质的体育旅游体验服务。

在体育旅游产业集群发展过程中，旅游企业应以集群化发展战略来指导企业的发展，提供与消费者需求更相符的产品和服务，进一步提高核心竞争能力，只有满足了消费者的多元需求，提高产业的核心竞争力，才能实现自身在体育旅游产业集群中的核心地位，也才能进一步促进整个体育旅游产业的健康与可持续发展。

(五)综合开发资源

从价值链的角度来看，有机结合同类体育旅游地自己价值链中的核心部分与其他体育旅游地的核心部分，能够有效提高规模经济效益和产业集群效益。

不同类型的体育旅游地可以各自发挥自己的优势，促进完整的产品链和产品群的形成，重新构建旅游要素一体化经营模式和旅游价值链，通过优势互补与资源整合，促进区域整体竞争优势的提升。

以我国西部体育旅游产业的资源共享发展为例,分析如下。

我国西部地区不同旅游资源的组合优势主要表现在西部地区民族种类最多、民族美学价值丰富,民族习俗和民族风情各有特色,各地的体育风格、自然景物、风土人情等给人的感觉非常丰富。约有40多个民族生活在这里,众多的民族在长期生产生活的历史进程中形成了种类丰富、千姿百态的多民族文化,而民族传统节日是少数民族文化的典型表现,众多的民族传统节日内容丰富多彩,与少数民族的生产、生活相结合,给少数民族的生活增添了健康、风趣和活泼的气象,是我国西部民族民俗事象的重要标记。

因此,在我国西部地区,体育旅游资源往往与人文旅游资源、自然旅游资源紧密联系在一起,三者之间通常会优化组合为三种旅游形式,即"体育旅游资源+人文旅游资源""体育旅游资源+自然旅游资源""体育旅游资源+人文旅游资源+自然旅游资源"。举例如下。

(1)贵州的"围棋+黄果树瀑布"是"体育旅游资源+自然旅游资源"组合的代表。

(2)云南苗区普遍流行爬花杆活动,滇南爬杆表演与吹芦笙相结合,整个攀爬花杆的过程中笙声不停,是"体育旅游资源+人文旅游资源"的组合形式。

(3)苗族花山节丰富多彩的体育活动非常具有观赏性,是"体育旅游资源+人文旅游资源"的旅游组合形式。

(4)佤族的传统民间体育活动摔跤、打鸡棕陀螺、射弩是佤族群众重要的健身、娱乐活动,开展十分广泛,每当新米节、春节和撒谷节到来之际都会举办。民族体育活动与民俗节庆活动密切结合,是"体育旅游资源+人文旅游资源"的组合形式。

(5)普米族的传统节日体育活动赛马、斗狗、打靶、摔跤等,一般也都在节假日或喜庆的日子里进行。是"体育旅游资源+人文旅游资源"的组合形式。

如果只重视以体育旅游自然资源的开发，不重视体育旅游人文资源的开发，不仅不利于当地生态环境的发展，也不利于发展地方旅游资源的综合优势。因此，旅游资源的整合开发很重要。

（六）非均衡发展战略

我国体育旅游产业集群是在特殊的国情下形成的，这主要表现在制度和社会发展两方面。从制度方面而言，经济和社会的转轨是体育旅游产业集群形成的制度初始条件；从社会发展方面而言，我国各个地区的经济发展水平存在着非常明显的差异。

体育旅游产品属于复合型的产品群体，其既具有公共产品性质，又具有个人产品性质，不同地区体育旅游业的发展程度不同，市场上提供的体育旅游产品的质量与层次也不同，因此，体育旅游产业集群要在全时间内实现全面发展是很难的，体育旅游产业集群的形成、构建与发展需要经历一个循序渐进的过程，对非均衡发展是客观要求。

在实施非均衡战略的过程中，要先发展体育旅游集群中的关键环节，即先发展那些市场需求大、效益好、带动作用强的企业，然后，通过关键环节的发展来带动其他环节的发展，从而从整体上全面发展体育旅游产业集群。

实现一些地区的体育旅游率先发展，然后再带动其他地区的体育旅游综合发展，是我国体育旅游产业集群发展的一个客观要求，也是一个重要发展战略。

（七）选择适宜发展模式

对于不同的地区，不同的资源占有，可以选择不同的经济发展模式，旅游产业的集群化发展，也需要选择与之适应的发展模式，具体分析如下。

1. 龙头带动型发展模式

当前，我国体育旅游产业集群中的企业规模不大、起点不高，分工不合理，协作不充分，创新能力不足，产品和服务质量低，对此，有关部门必须对核心领导型企业进行积极扶植和培养，使该企业在体育旅游产业集群内充分发挥自己的带头作用。

2. 区域品牌聚集型发展模式

纵观我国体育旅游发展历程，我国体育旅游产业发展之初，同类企业之间竞争的焦点在于景点、项目竞争和线路，随着体育旅游产业集群的形成与发展，企业之间已由单独的竞争转变为联合竞争，区域体育旅游经济一体化的趋势在不断加强。在这一条件下，需要相关企业共同创建区域体育旅游品牌，共同创建区域发展品牌，实现共赢。

（八）强化旅游项目与旅游业的关联度

强化旅游项目与旅游业整体的关联度是促进体育旅游产业集群发展的重要和有效途径之一。具体来说，应该做到以下几点。

（1）将体育旅游的项目配置、景区经营置于各省（区）市旅游环线及要素的设计当中，纳入省区旅游规划的整体布局，规范体育旅游项目建设、科学进行体育旅游活动选址、认真分析可行性旅游线路、合理发布各景区项目配套活动信息，促成各省（区）市体育旅游整体发展。

（2）重视体育旅游景区的综合开发和建设，提高体育旅游资源和产品的开发利用率。注意各种资源的共生性，重视体育旅游资源的经济效益、社会效益、文化效益和生态效益等的整合发展。

（3）从宏观方面整体调控，避免各自独立发展，建立规范的体育旅游市场统计标准，规划体育旅游专业化配套目标检查，促进各省（区）市体育旅游市场目标定位和设计的一致性。

（九）加强基础设施建设，完善旅游服务

旅游业强调消费者在旅游活动过程中的身心体验，完善体育旅游项目的基础设施建设对于提高消费者对体育旅游资源的认知度和美誉度是十分重要的。

现阶段，应建立健全体育旅游活动的配置建设，充实景区旅游项目的构架和内容，促成景区资源的共享格局，增强区域市场聚合力。具体要求如下。

(1)利用现代化的体育竞赛设施和民族传统体育运动设施，承办各类体育竞赛与表演来增加体育旅游的客源。

(2)完善餐饮、住宿、交通、购物等各项辅助设施的建设，加强体育旅游的专项基础设施配备。

(3)重视体育旅游者的体育需求，体育旅游者在旅游过程中不仅需要愉悦身心，更渴望强身健体并获得强身健体的手段。

(4)重视复合型体育旅游人才的建设和培养，重视对体育旅游者体育健身方式、健身方法以及运动处方的传授。

第四节　体育旅游产业集群 GEMS 模型的确立与构建

一、体育旅游产业集群相关模型研究

(一)钻石模型

关于产业竞争研究，迈克尔·波特最早在《国家竞争优势》一书中提出了“钻石模型”，指出了在全球竞争中，为何一些国家能成功，而一些国家会失败的原因。

波特认为，生产率是支配财富的主要因素，一个国家和区域的竞争环境决定了本国或本地区的生产率，国家中的企业竞争力受本国经济发展水平的影响。波特指出，生产要素、需求因素、相关与支持产业以及企业战略和组织结构是影响企业竞争优势的四个基本要素，也是核心要素，机遇与政府是影响企业竞争优势

的辅助性因素(图 2-6)。

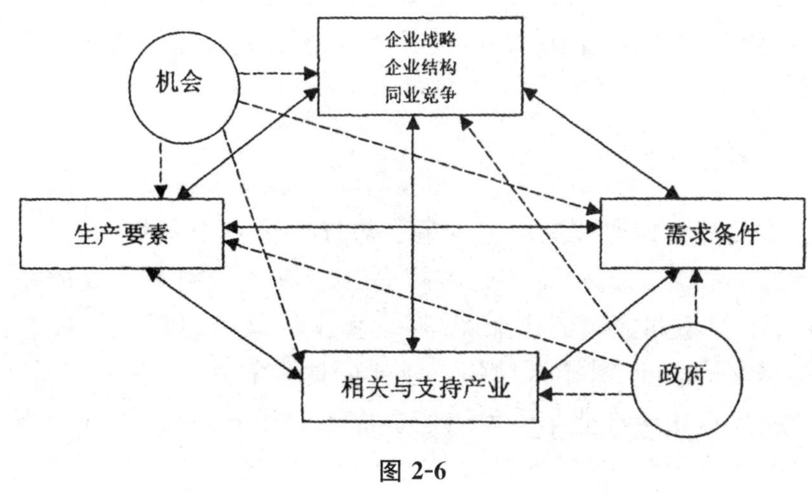

图 2-6

1. 生产要素

生产要素,具体是指国家在特定产业竞争中有关生产方面的表现,自然资源、人力资源、资本资源、知识资源等都是重要的生产要素。

生产要素对一个国家的竞争优势具有决定性的影响。一些国家在生产要素方面存在着优势,因此,产业竞争优势也比较突出,而且,创造生产要素比原本就拥有良好的生存要素更重要。

就我国体育旅游产业发展来说,影响体育旅游企业的生产要素是各种体育旅游资源,将自然体育旅游资源及人文体育旅游资源的优势充分利用起来,大力推动产品升级,在开发观光型、参与型体育旅游产品的同时,对体验型、度假型产品与服务进行开发,是推动体育旅游产业集群发展的重要途径。

2. 需求条件

国内需求市场可影响产业竞争优势,对规模经济具有很大的影响力,任何产业的发展都需要内需市场。国内市场的品质对产业竞争优势的影响比国内市场需求产生的影响更重要。

在体育旅游产业发展中,对国内外市场需求状况、市场竞争形式与主要竞争对手的实力予以充分的考虑，在此基础上对民族体育旅游产品、国际新兴体育旅游产品进行大力开发，可打造具有中国特色的体育旅游产品，实现我国整体中国特色的体育旅游发展。

3. 相关及支持产业

相关及支持产业为国家竞争优势提供了一个优势网络，由上而下的扩散流程和相关产业内的提升效应是该网络形成的基本条件。[①] 在不同区域的产业竞争中，哪个区域可以提供更完整的相关与支持产业，哪个区域的产业就更具竞争力。

就体育旅游产业集群发展竞争优势的提升来说，必须加强产业之间的协同合作，促进餐饮、住宿、交通运输等相关产业的进一步发展，科学规划体育旅游辅助配套产业（体育竞赛表演业、体育旅游媒介业、体育旅游用品业等）的发展，进行整合开发，增加联动效益。

4. 企业战略、结构及同业竞争

不同国家的企业的发展目标、发展策略以及组织方式都存在着明显的差异，企业能否结合自身的竞争优势来确立发展目标，制定发展策略，决定组织方式，直接影响着企业是否在市场竞争中取胜。

因此，要想使体育旅游相关企业具备更好的竞争条件，就要对生产效率、企业规模、劳动成本、管理能力、运作方式、竞争战略等因素予以充分的考虑，构建整体的产业网络体系，扩大经营规模，培养旅游人才、积极创新。

5. 政府

波特认为，政府扮演的角色是两面性的，政府和其他要素之

① 牛艳云. 基于GEM模型的旅游产业集群竞争力研究[D]. 山东大学，2007.

间存在着密切的关系。一方面，政府通过各项政策对其他要素产生影响，如补贴政策、教育政策等；另一方面，其他要素也会影响政府政策。进一步强化产业竞争优势的4个决定要素是政府的主要作用。

就我国体育产业发展来说，政府在推动体育旅游产业集群的形成与发展方面发挥着重要的作用，政府应着眼于集群化发展这一战略，制定相关的扶持政策，大力开展基础设施建设，倡导保护生态环境，对大众体育旅游消费给予积极合理的引导。

6. 机会

机会与国家环境的联系不明显，企业或国家对这一因素的影响也较小。但是，就全球经济一体化发展趋势来说，及时抓住市场发展机会并有效加以利用，就会使产业的竞争优势得到明显的提升。

体育竞赛可带动体育旅游的发展，世博会、奥运会(夏季奥运会和冬奥会)、亚运会等重大活动的开展为体育旅游产业的发展提供了良好的机遇，应及时抓住这些机遇，并结合国家积极发展体育旅游产业政策，促进我国的体育旅游产业整体发展。

(二)GEM模型

随着体育旅游产业研究的深入，英国学者 Tim Padmore 和 Hervey Gibson 经过多年的研究，改进了钻石模型，提出了 GEM 模型，基于区域范围分析产业集群竞争力。

改造之后的旅游产业集群竞争力 GEMS 评价模型包括基础、企业、市场、环境(Surroundings)等八个因素(图 2-7)，每个因素下可包含若干项二级指标。①

---

① 刘中艳，李明生. 旅游产业集群竞争力测度的 GEMS 模型构建及应用[J]. 经济地理，2013(11).

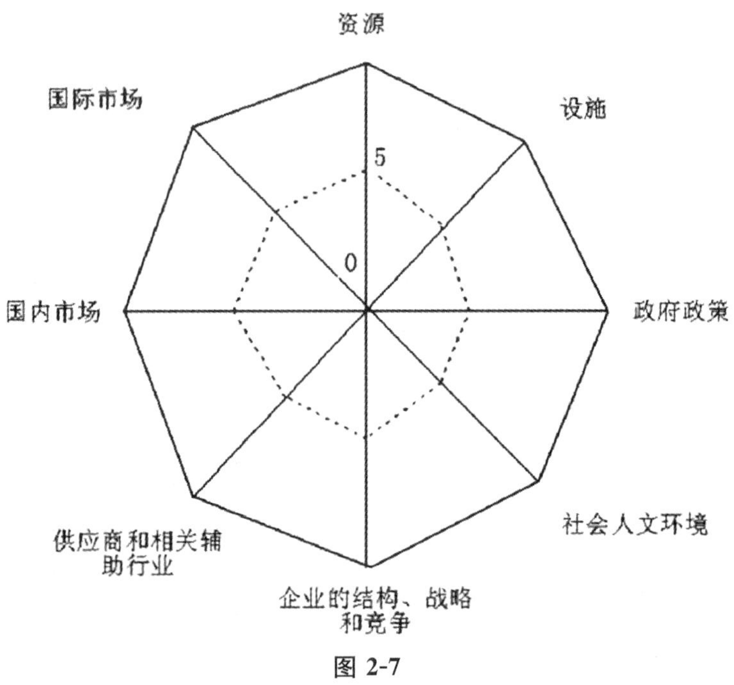

图 2-7

1. 指标因素分析

(1)"因素对Ⅰ"——基础

产业集群外部向集群内部企业的生产过程所提供的资源、设施要素就是基础要素。

①资源

包括自然资源、历史继承的资源及通过开发而形成的资源,如森林、河流、战略性地理位置、劳动力、技术专利、金融资本等。

②设施

包括硬件设施和软件设施两部分,一部分是硬件设施(港口、道路、管道和通信设施等),另一部分是软件设施,也称"制度安排"(研究机构、行业协会、法规制度、培训系统、货币政策、商业环境、生活环境等)。

产业集群内部的企业开展经营活动离不开相关设施的支持。

设施建设离不开各级政府机构的支持。

(2)“因素对Ⅱ”——企业

①供应商与相关辅助行业

供应商多样化、低成本、高质量和专业化是产业集群发展的基本要求。产业集群中的相关企业竞争力的提升有利于促进产业集群竞争力的提升；产业集群内部相互关联的企业越多，产业集群的综合竞争力就越强。

②企业的结构、战略和竞争

直接在产品价值链上的企业，即集群内部的企业，它们的数量、规模、所有权、财务状况等都会对产业集群的竞争力产生影响。

(3)“因素对Ⅲ”——市场

①本地市场：一个省、区域、国家的市场。

②外部市场：省(区域)外市场、国际市场。

2. 指标计算示例

高志娟在《旅游产业集群的GEM模型竞争力分析——以北京市为例》一文中，以北京为例，通过问卷调查分析，得出北京市的各项指标得分(表2-1)，并就北京市的GEM报告进行了汇总研究，得出北京旅游产业集群分析简报(图2-8)。[①] 可为GEM模型的体育旅游产业集群数据分析提供有效参考。

表2-1　北京市具体指标打分

基础		企业		市场	
资源	设施	供应商与相关企业	厂商结构与战略	本地市场	外部市场
9	8	9	8	8	9

① 高志娟. 旅游产业集群的GEM模型竞争力分析——以北京市为例[D]. 北京交通大学硕士论文，2011.

PS(基础)＝PS1＝(9＋8)/2＝8.5

PS(企业)＝PS2＝(8＋7)/2＝7.5

PS3(市场)＝(8＋8)/2＝8

将三个“因素对”分值进行产业集群线性分值转换，得出：

$$\begin{aligned} LCS &= \prod_{i=1,3}(PS)\cdot\beta_i \\ &=(PS1\times\beta1)\times(PS2\times\beta2)\times(PS3\times\beta3) \\ &=(8.5\times0.5)\times(7.5\times0.25)\times(8\times0.25) \\ &=15.9375 \end{aligned}$$

据相关资料显示，北京市 2010 年人均 GDP 超过 7 万元，结合综合水平修正因子 $\mu=8$ 得出：

$$LTCS=(LCS)\times\mu=15.9375\times8=127.5$$

经比例转换，得出：

GEM＝2.5(LTCS)＝625，北京市旅游产业集群的竞争力在国内一流。

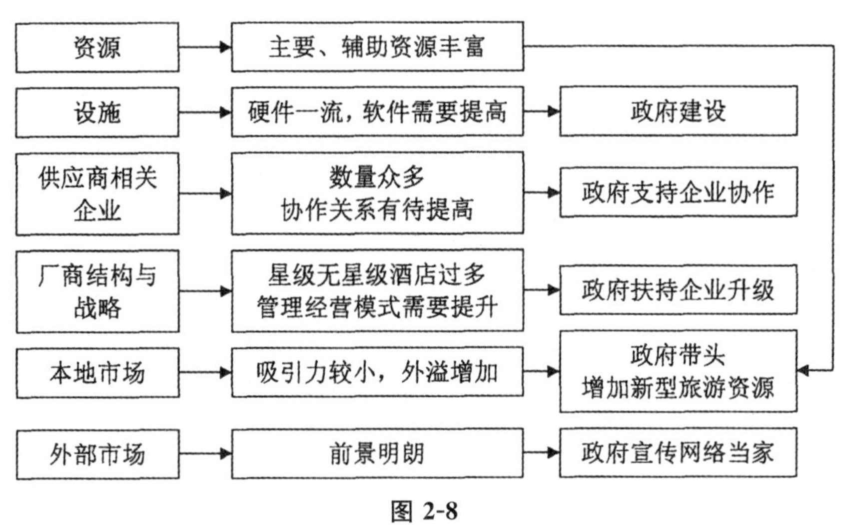

图 2-8

需要特别指出的是，高志娟对北京市的体育旅游产业集群研究数据是以 2010 年北京相关数据为基础的。2018 年 2 月，北京市政府公布的相关数据显示，2017 年，北京地区生产总值为 28000.4 亿元，常住人口 2170.7 万。因此，北京的体育旅游产业在近两年是有显著发展的，旅游产业集群的竞争力进一步提升。

（三）钻石模型与GEM模型对比

钻石模型是GEM模型的原型，在模型结构、因素内容和因素内涵等方面，这两个模型存在很多相同的地方，又有不同之处（图2-9）。

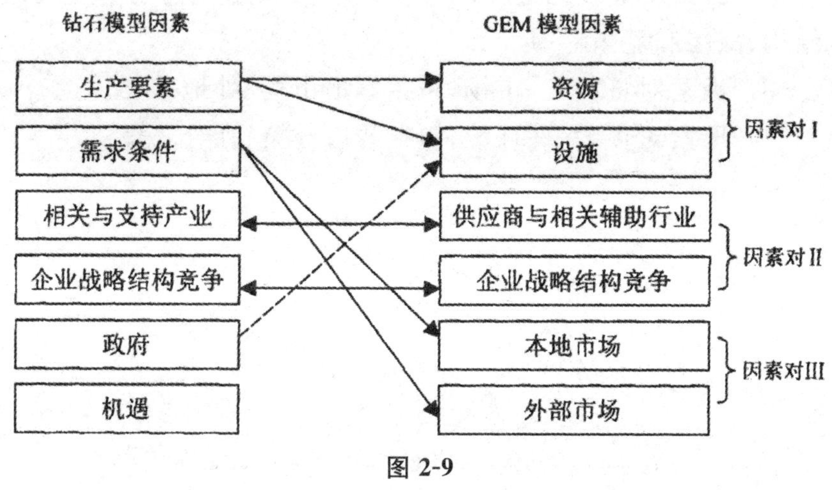

图2-9

从区域产业集群的角度来看，钻石模型与GEM模型的区别表现如下。

（1）描述和评价不同：钻石模型采用的是定性描述的方法；而GEM模型是先层次分析，再问卷调查，最后进行定量评分。

（2）结构不同：钻石模型的产业竞争优势影响因素有6个；GEM模型的产业竞争优势影响因素有3对，共6个。

（3）应用范围不同：钻石模型是基于国家来对产业竞争优势进行研究的，GEM模型是基于区域展开研究的。

（4）行业范围不同：相比较而言，GEM模型的研究领域更宽泛，不仅适用于体育旅游产业，也适用于营销、金融业。

二、体育旅游产业集群 GEMS 模型构建

(一)GEMS 模型“因素对”的构建

GEMS 模型包括 4 个因素对,共 8 个因素,如图 2-10 所示。

(1)“因素对Ⅰ”——基础,包括资源、设施。

(2)“因素对Ⅱ”——企业,包括供应商和相关辅助行业;公司的结构、战略和竞争。

(3)“因素对Ⅲ”——市场,包括本地市场、外地市场。

(4)“因素对Ⅳ”——环境,包括政府政策、社会环境。

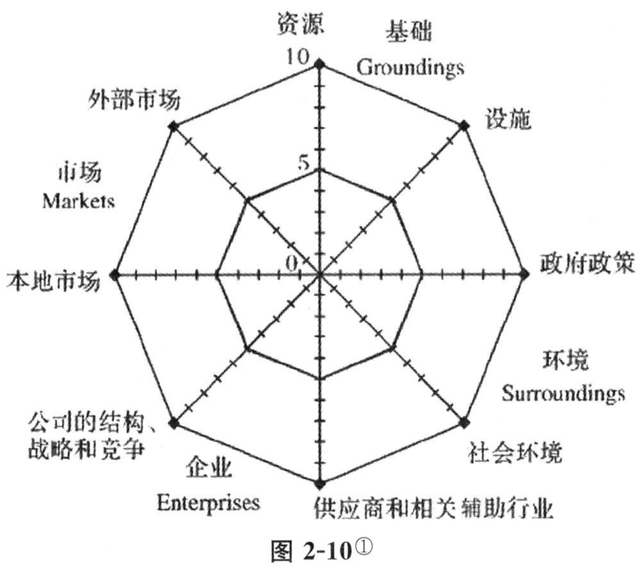

图 2-10①

(二)GEMS 模型评价指标体系的构建

GEMS 模型中提出对产业集群竞争力有影响的 8 个因素,因

① 刘国新,闫俊周. 评价产业集群竞争力的 GEMS 模型构建研究[J]. 科技进步与对策,2010(2).

素不同，影响力不同，GEMS 模型的最终构成也不同，因此，需要对各因素设定二级评价指标。

目前，学术界对 GEMS 模型中的 8 个要素的二级指标设定共 38 个，共同构成了 GEMS 模型指标评价体系（图 2-11），具有系统性与科学性。

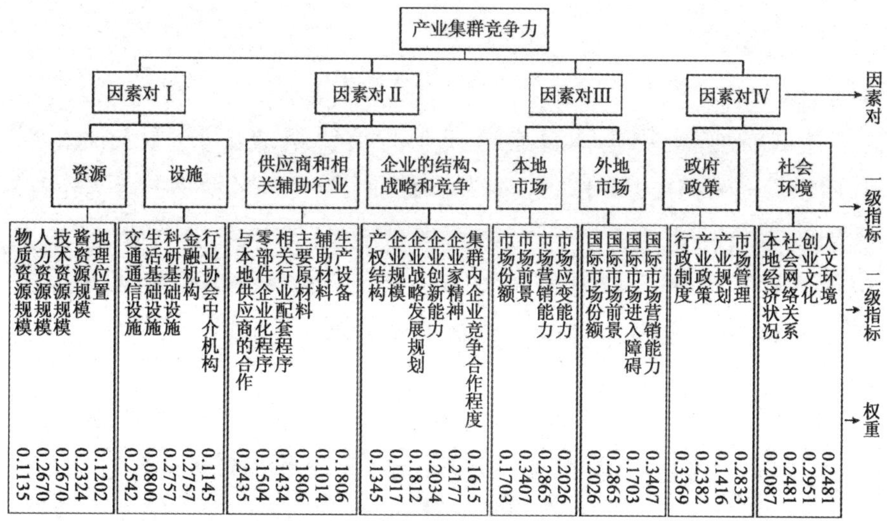

图 2-11①

① 刘国新，闫俊周. 评价产业集群竞争力的 GEMS 模型构建研究[J]. 科技进步与对策，2010(2).

第三章　我国体育旅游资源的挖掘与开发

体育旅游资源是体育旅游产业的重要组成部分，只有做好体育旅游资源的开发工作，才能为体育旅游产业的发展打下坚实的基础。本章将重点对体育旅游资源的挖掘与开发进行研究，主要包括体育旅游资源开发的相关理论、我国体育旅游资源的分布与开发现状以及我国体育旅游资源开发体系的构建。

第一节　体育旅游资源开发的相关理论

一、区位理论

区位理论是一种关于地理区位的理论，是 1826 年由德国经济学家冯·杜能提出，他创立了农业区位理论，后又出现工业区位论、中心地方论、市场区位论等多种理论。

区位理论主要解决的是经济活动的地理方位及其形成的原因。对于体育旅游而言，区位理论对体育旅游资源开发有着重要的意义。就地区差异来讲，在不同的地理环境中，体育旅游资源的区域差异性是客观存在的。体育旅游地的鲜明区位特征在体育旅游资源地域的选择与定位、旅游市场竞争、旅游产业布局等方面都有重要的指导作用。具体表现在以下两个方面。

（1）基于地缘、交通、客源、资源、容量等多重因素比较基础上，进行地域选择、规划和开发。

(2)在开发景区景点上的优中选优，重点突出，精品凸显。[①]

二、游客行为理论

游客行为理论是对体育旅游者的旅游动机、旅游需求、旅游者的决策、旅游偏好、旅游满意度等内在心理和外在行为进行分析的理论，同时还对旅游者所形成的旅游流的类型、结构、流向、流速、特征及动态规律进行分析。游客行为理论对体育旅游资源开发的影响可以从以下几个方面进行。

(一)体育旅游认知

体育旅游认知是旅游者在自身旅游印象的基础上，依据之前的旅游经验，对体育旅游的选择、反馈、加工和处理的心理过程。体育旅游认知主要受以下几个方面的影响。

1. 年龄

根据相关调查，体育旅游者中 18—44 岁的青年人居多，大约占体育旅游总人数的一半，这主要是因为中青年有活力，具有通过体育旅游活动满足自我精神、发展的需要。

2. 性别

从性别特征来看，由于男性更喜爱参与体育运动，所以男性更喜欢体育旅游，男性是体育旅游的主力军。

3. 教育程度

教育程度会在一定程度上影响个人的消费观和旅游观念，根

① 赵承磊. 我国城市体育旅游资源与产品的理论和实证研究[D]. 上海体育学院，2012.

据相关调查，体育旅游者中具有中等学历的人数占据了较大多数，一项针对赴海南旅游者的教育程度调查显示，高中、中专以及本科水平的体育旅游者占83.4%，说明海南体育旅游者的文化程度属中等水平。①

4.职业特征

体育旅游需要一定的经济投入，并且要求参与旅游的人必须要有闲暇时间，通常情况下，大城市的白领、城镇非私营单位的工作人员等，往往具有较好的收入，并且具有较多的闲暇时间，他们往往会去参加体育旅游。

（二）体育旅游者的行为特征

体育旅游者的行为表现出不同的特征，主要体现在以下几个方面。

1.季节选择

由于我国地域较广，各个区域之间的气候、自然景观差异较大，因此，在不同地区的旅游消费中，受季节选择的因素较大。以我国南方旅游业发展为例，体育旅游者选择到南方地区进行旅游的季节多为冬季。选择冬季到南方进行体育旅游可以占到四个季节的约60%，冬季是南方体育旅游的旺季。

2.项目选择

体育旅游者的项目选择表现出明显的地域差异，一般的，在沿海地区，尤其是海岸线较长、四面环海的地区，海洋资源比较丰富，所以与海水有关的游泳、冲浪、潜水、海钓等体育旅游项目比较受欢迎；在内陆多山地区，比较受欢迎的体育旅游项目为登山、

① 夏敏慧，田晓玉，王辉，李萍.体育旅游者行为特征的研究——以海南为例[J].沈阳体育学院学报，2015(1).

攀岩、越野、野外生存和洞穴探险；而在北京、上海等地，是很多大型体育赛事举办的地方，因此体育观赛游的人群比较多，此外，还包括一些体育建筑和体育景观的旅游。

3. 停留时间

体育旅游者在目的地停留的时间，在一定程度上反映了旅游项目的质量，体育旅游者在旅游地的停留时间越长，体育旅游消费就越多。受各种因素的影响，在所有的旅游行为中，短期旅游占据重要比重，这主要与我国节假日比较少有密切关系，因此，在进行体育旅游资源开发的过程中，应该充分考虑到体育旅游者的停留时间。

三、环城游憩带（ReBAM）理论

（一）ReBAM 空间结构

环城游憩带（ReBAM）主要是指围绕城市而形成的各种旅游、休闲、娱乐带。[①] 一般来说，我们可以从以下几个方面来理解 ReBAM 空间结构。

（1）城市是旅游的目的地和客源地的统一体。

（2）城市环城游憩主要受土地租金和旅游成本两个因素的影响，在双重作用下，城市周边往往是居民休闲度假的高频出游区。

（3）旅游者不同，其旅游需求也不同，在城市的周边形成了以中心城区为核心的旅游地域空间也不同，呈现出多层环带状结构（图 3-1）。

在一项专门针对我国城市居民出游情况的调查中发现，我国 80％的城市居民出游在 500 千米以内，37％的在 15 千米以内，

① 赵承磊. 我国城市体育旅游资源与产品的理论和实证研究[D]. 上海体育学院，2012.

24%的在15—50千米以内。200千米以内的是城市居民休闲度假的高频出游区。以车程衡量,通常在两个小时可达的地区。

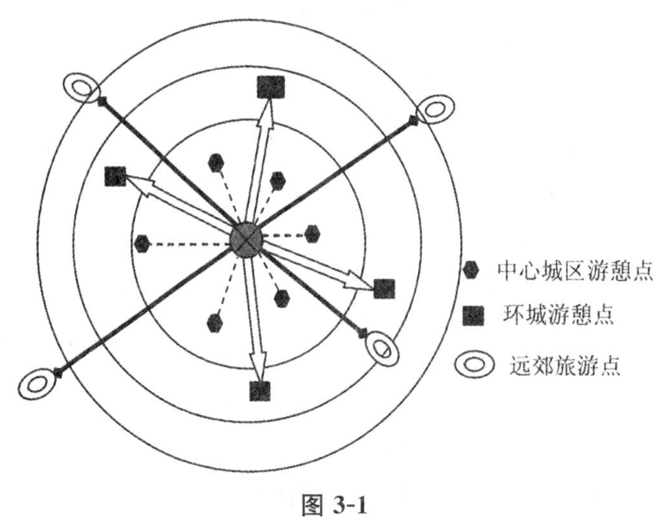

图 3-1

(二)环城游憩带理论对体育旅游的影响

根据环城游憩带理论,可以将都市核心区作为旅游中心,将城市的外围分为4个旅游环带,各个环带的旅游功能、吸引物、设施、活动等也呈现出不同的特点(表3-1)。

表 3-1 城市游憩带及其场所分析

圈层	旅游带	主要游憩场所
第一圈层	城市旅游带	自然风景、CBD、餐馆、酒吧、节日和庆祝活动、剧院、画廊、历史吸引物(历史景点和建筑等)、博物馆、体育竞技场、音乐厅等文化艺术类场所、广场、塔和高层建筑、购物和会议及贸易中心、酒店和汽车旅馆群、少数民族街区、公园和开放的空间(绿化廊道)、动物园
第二圈层	近郊休闲旅游带	旅游带工业与科技园区、历史建筑与名胜、野营地
第三圈层	乡村旅游带	野营地、度假村、旅游服务中心、水上运动与度假地、历史与乡土建筑、古镇、历史定居地(村落)、农场与牧场

续表

圈层	旅游带	主要游憩场所
第四圈层	偏远旅游带	国家规划建设的地方性公园、森林公园、野生动物保护区、国家野营地(露营、打猎、钓鱼、爬山、野外体验、远足)

在进行关于城市的体育旅游开发中,环城游憩带理论对城市体育旅游资源的开发和利用具有重要的意义。它启示我们在城市体育旅游研究中不能仅仅囿于城市的中心城区,还应该延伸到城市周边地区,促进城市体育旅游的合理开发。

四、旅游人类学理论

旅游人类学是综合运用旅游学基础理论和文化人类学理论,以比较文化的方法,对旅游活动中不同文化进行研究,尤其是旅游者和旅游接待地不同文化影响。在进行体育旅游资源开发时,应该注意旅游人类学的应用。

(一)确定体育旅游的文化性质

在运用旅游人类学理论时,首先可以确定体育旅游的文化性质,具体包括以下几个方面。

(1)运用旅游人类学理论找准体育旅游的定位,将体育旅游作为一种文化事业或文化产业来发展。例如,从人类学理论角度来看,我国少数民族传统体育不是被拟定的刻板运动项目,而是一种健康的民族文化和生活方式,这是少数民族传统体育旅游的真义所在。这就要求对少数民族传统体育旅游资源进行生态化开发,保留和传承少数民族传统体育旅游中的文化部分。[①]

(2)在进行体育旅游资源开发的过程中,应该将公民的整体

---

① 李晓通,张予云,张成胜.资源生态化开发作为西南少数民族传统体育旅游政策的人类学思辨[J].河北体育学院学报,2015(1).

素质和文化修养考虑在内，加强文化交流与合作，并结合我国国情，建立一条具有特色的体育旅游文化发展道路。

(3)运用旅游人类学中的主客关系理论、跨文化沟通理论等核心理论，可以将体育旅游的重点放在与国内外旅游者普遍交往的各种文化关系、文化现象上。

(二)引导体育旅游政策的制定

制定关于体育旅游的相关政策时，应根据旅游人类学的基本理论和基本理念进行，将重点放在以旅游者为核心发生的更为广泛的社会关系上，特别注重由于主客不同的文化背景，不同的价值观和意识形态而可能发生的各种矛盾和问题的解决。①

政府在体育旅游产业发展中扮演着重要的角色。政府的体育旅游工作人员，应通过系统学习旅游人类学知识，将旅游人类学的知识应用到体育旅游产业发展的工作实践当中，以更好地发现、分析和解决体育旅游发展中的各种社会文化问题。

(三)满足体育旅游者的文化需求

(1)帮助旅游服务人员充分了解体育旅游者的文化需求，为其提供优质的体育旅游产品。

(2)指导体育旅游服务提供者如何更好地为体育旅游消费者提供优良的、全方位的服务。

(3)促使体育旅游服务提供者探讨旅游产品对游客吸引力的规律，所提供的体育旅游产品能否代表当地特有的文化。

(4)促进体育旅游产品和体育旅游接待地的特色文化不断得到更新和发展。目前，许多体育旅游地都面临着对体育旅游地区文化过度开发、原有特色逐渐消失的问题，这会严重阻碍着我国体育旅游业的发展。因此，必须重视对体育旅游接待地旅游资源

---

① 王建.旅游人类学理论在中国旅游发展中的应用[J].旅游科学，2007(5).

的合理、有序开发，同时重视对不同地区特色文化的保留。

(四)提高体育旅游工作者的服务质量

(1)运用旅游人类学理论可以改善体育旅游工作者的知识和能力结构。

(2)运用旅游人类学理论可以促使体育旅游工作者更好地学习和理解职业要求和管理规章制度，进而提高体育旅游服务的质量和效果。

五、可持续发展理论

1987 年，时任联合国环境与发展委员会主席的挪威首相布伦特兰夫人在《我们共同的未来》报告中，首次明确提出了“可持续发展”的概念。“可持续发展”理论的核心是在社会经济发展的过程中，保护自然资源总量和总体上的生态完整，实现社会持续进步。可持续发展在体育旅游资源开发中具有重要的理论与实践意义。

(一)可持续发展的要素

1.人类需求

社会发展的主要目的就是在一定程度上满足人类不断增长的各种需求，包括人类的各种物质需求(对食物、水、住房等的需求)和精神需求(心理健康、安全感、自我价值实现等)。

2.地球资源的可承受能力

地球上的资源可以分为不可再生资源和可再生资源两大类，这两类资源和自然环境承载力都是有限的，因此要考虑到资源和环境的承受能力，达到人与地球关系的长远协调。

3.公平要素

可持续发展理论中的公平要素，是指既要实现同代与代际的公平，也要实现局部与整体的公平，同时还要做到自己发展与后代发展的机会平等。

（二）体育旅游资源开发中的问题

近些年来，我国体育旅游取得了快速的发展和进步，在发展过程中，由于对体育旅游资源的过度开发，从而出现了一系列问题，如自然性破坏、人为性损害等。具体表现如下。

1.自然性破坏

旅游资源的再生能力较弱，一旦遭到破坏就很难得到恢复。目前，各种旅游活动越来越多，这势必对自然生态环境造成某种程度的破坏，甚至对传统文化的发展也产生了不利的影响。近些年来，自然灾害频发，如地震、洪水、泥石流等，致使许多体育旅游资源遭到了较为严重的破坏。

2.人为性损害

(1)建设性破坏。由于体育旅游资源主要存在于偏僻的地方，需要进行人为的建设和开发。而在这一开发的过程中，许多自然的体育旅游资源遭到了严重的破坏，致使一个风景区尚未建设好，却已被破坏得非常严重。另外，由于缺乏对体育旅游资源开发的统一规划，在开发的过程中，使得许多本来具有较高价值的体育旅游资源遭到严重的破坏，使其旅游价值大大降低。

(2)游客的破坏。体育旅游管理的不足，常致使当地人、旅游者对体育旅游资源造成了一定程度的破坏。部分旅游者在文物上乱写乱画、涂抹，垃圾乱扔乱放；游客密度过大造成消耗磨损，体育旅游企业的开发与管理不到位等。

自然资源与人文资源是体育旅游资源的两个重要的部分，离开了这些资源，体育旅游将不复存在。由此可见，在对体育旅游资源开发和利用的过程中，对其进行积极有效的管理与保护是非常有必要的。这样才能促进体育旅游资源的可持续发展。

（三）体育旅游资源的可持续发展

1.做好体育旅游资源开发规划

在开发体育旅游资源前，要对体育旅游资源的各方面进行细致的可行性分析，不可盲目进行，要综合考虑以下几个方面。

(1)体育旅游活动直接作用于自然旅游资源的破坏性程度大小。

(2)如何管理和保护并且避免或减少破坏程度。

(3)体育旅游活动项目与整个景区的景观是否协调一致。

(4)对当地现有的水陆交通工具和运输量，宾馆、项目等各方面进行详细的分析和预测，并制定出开发的计划和应对破坏的具体方案。

2.杜绝对体育旅游资源的人为破坏

提高旅游者的基本素质，严防体育旅游资源的人为破坏，这是改善体育旅游人文素质的重要手段，对开发和建设的决策者、旅游业的经营者，或是普通的旅游者与当地居民都非常重要，只有当大众认识到体育旅游资源的重要性，意识到这是千百万年自然造化与人类文化遗产的精髓，了解人类生存与自然的关系，才能从根本上做到对体育旅游资源的保护。

3.加大对体育旅游资源的保护力度

对体育旅游资源的保护，要注意方法的选择，采取的保护措施和方法要注意科学性和合理性。在保护的过程中，各部门还要加强对体育旅游资源保护类人才的培养，通过培养出专业的资源保护人才，提高整个体育旅游资源保护的质量。

4.制定健全的体育旅游法律法规

我国先后颁布了《文物保护法》《风景名胜区管理暂行条例》《森林法》《环境保护法》《野生动物保护法》等相关法律和法规①,但是没有相应的体育旅游法律法规,应该根据可持续发展的需要,专门出台体育旅游资源保护的法律法规,或者在相关的法律中加入相关的章节,如在《中华人民共和国体育法》和《中华人民共和国旅游法》中加入相关章节,从而保障体育旅游的可持续发展。

第二节 我国体育旅游资源的分布与开发现状

一、我国体育旅游资源的分布现状

(一)我国自然旅游资源的分布现状

1.山体资源

我国的山体资源非常丰富。根据调查显示,在全国土地总面积中,山地丘陵约占43%,这些山体资源具备很大的体育旅游开发潜力,在体育旅游资源的开发过程中可重点考虑对一些著名的山体资源进行开发。我国主要的山体资源分布见表3-2。

表3-2 我国山体资源分布

省(自治区、直辖市)	山体资源
北京	鹫峰、灵山、香山、百花山、海坨山
河北	雾灵山、苍岩山、碣石山

① 陶宇平.体育旅游学概论[M].北京:人民体育出版社,2012.

续表

省(自治区、直辖市)	山体资源
河南	嵩山、石人山、鸡公山
甘肃	团结峰、党河山、大雪山、冷龙岭、七一冰山
四川	四姑娘山、松潘雪宝鼎、泸定贡嘎山、峨眉山、青城山
山东	泰山、崂山、蒙山、千佛山
山西	恒山、五台山
陕西	华山
湖南	衡山、五陵源、九嶷山、张家界
安徽	九华山、黄山、琅琊山、八公山
湖北	武当山、九宫山、神农架
江西	庐山、青原山、龙虎山、井冈山
吉林	长白山
福建	武夷山
台湾	阿里山
浙江	雁荡山、普陀山、天台山、莫干山
辽宁	千山
广东	鼎湖山、罗浮山、丹霞山
云南	玉龙雪山
新疆	托木尔峰、公格尔峰、博格达峰、慕士塔格峰、公格尔九别峰、雪莲峰、慕士山
西藏	启孜峰、乔戈里峰、珠穆朗玛峰
青海	阿尼玛卿、年保玉则、玉珠峰,祁连山脉岗什卡雪峰
内蒙古	包头九峰山、巴林喇嘛山

2. 水体资源

我国有丰富的江、河、湖、海等水体旅游资源。就内陆而言,据调查,我国有大小湖泊 2 万多个,大小瀑布数百个,瀑布群数十个,各类泉达 10 万之多。这些水体资源构成了风景优美、各具特色的湖景、海景、瀑景,一些泉水具有极大的疗养与旅游价值。就沿海来说，我国海岸线漫长曲折长达1.8万多千米，岛屿、群岛、列岛众多，丰富的海景旅游资源也为我国的体育旅游提供了丰富的资源（表3-3）。

表3-3　我国水体资源分布

水体资源	分布区域
河流	长江三峡；四川都江堰；广西桂林山水、漓江、资江、五捧河、龙胜三江河、柳州融水贝江、宣州古龙河；黑龙江沾河、伊春河、汤旺河、黑龙江；新疆叶尔羌河、塔里木河、和田河；湖南猛洞河、茅岩河、郴州东河
湖泊	青海青海湖；云南洱海、滇池；黑龙江镜泊湖、五大连池；福建武夷山九曲溪；江西鄱阳湖；湖南洞庭湖；新疆天山天池、赛里木湖、喀纳斯湖；安徽新安江水库；北京十三陵水库；江苏太湖
泉水	山东济南泉群；北京西山玉泉、小汤山温泉；杭州西湖虎跑泉；江西庐山聪明泉；西安骊山华清池；广东从化温泉
瀑布	壶口瀑布（陕西、山西两省交界的黄河中游河段），黄果树瀑布（贵州省西江支流北盘江的打帮河），蛟龙瀑布（台湾省嘉义县），江西庐山瀑布群，浙江雁荡山瀑布群，金华冰壶洞瀑布，四川九寨沟瀑布群，安徽天柱山瀑布群，吉林长白山瀑布
江海	河北北戴河、秦皇岛南戴河；山东烟台金沙滩、乳山银滩；辽宁大连金石滩；上海南汇滨海；广西北海银滩；广东阳江海陵岛；海南三亚天涯海角

3. 溶洞资源

我国的洞穴资源非常丰富，主要分布于贵州、广西、广东、云南、湖北、湖南、重庆、辽宁、河北、北京等省（自治区、直辖市）岩溶发育地区。其中，已经开放的洞穴约有300多处，大部分是在原有洞穴的基础上整修而成，具有不错的旅游价值（表3-4）。

表3-4　我国溶洞资源分布

省（自治区、直辖市）	溶洞资源
北京	房山石花洞
重庆	武隆芙蓉洞

续表

省(自治区、直辖市)	溶洞资源
河北	临城溶洞
浙江	桐庐瑶琳仙境
贵州	安顺龙宫
广西	桂林七星岩、芦笛岩、荔浦丰鱼岩、桂林冠岩
辽宁	本溪水洞

4. 沙漠资源

我国的沙漠分布比较广泛,约70万平方千米。沙漠的存在虽然给人们的生产、生活带来诸多的不便与危害,但是这些沙漠也是人们进行探险、挑战自己极限的理想场所。目前,我国已经被作为旅游资源开发的沙漠见表3-5。

表3-5　我国已被开发的沙漠旅游资源分布

地区	沙漠旅游资源
甘肃	敦煌玉门关、阳关沙漠
新疆	塔里木盆地塔克拉玛干沙漠
内蒙古	科尔沁沙地、巴丹吉林沙漠、库布齐沙漠、包头响沙湾
陕西	榆林沙漠(沿古长城)
宁夏	中卫沙坡头

(二)我国体育资源的分布现状

1. 民族传统体育资源的分布

我国有很多少数民族,各民族都有自己独特的历史文化、风俗习惯、节日活动以及体育活动。这些民族在自身长期的发展过程中所形成的民族传统体育活动,与本民族的民族风情、地域风光共同构成了具有民族特色的体育旅游开发资源,因此,应该积极挖掘我国民族传统体育项目中的地方特色,形成我国民族传统体育旅游的特色产业。目前,我国部分可供开发的民族传统体育项目见表 3-6。

表 3-6 我国部分民族传统体育项目[①]

民族	民族传统体育项目
纳谣族	赛马、木球、布球、射箭、转山海、赛跑、东巴跳、登刀梯、驯牛、摔牛跑罐等
瑶簇	武术、射弩、丢花包、陀螺、射击等
景颇族	景颇武术、担杠、秋千、爬竹竿、打汤跌等
藏族	射箭、赛马、双人拔河、顶头、牛角、撑台等
布朗族	爬竿、藤球、陀螺、跑马、思略兰等
普米族	射箭、射弩、摔跤、丢鸡毛球、板羽球、转山转海等
基诺族	丢包、高跷踢架、丢石头、跳/扭/翻/顶竹竿、跳牛皮鼓、拉绳等
德昂族	射弩、弹弓、跳象脚鼓等
蒙古族	游泳、划船、摔跤、跳乐、马术、赛马、打布备、布木格、套马、击石球、打唠唠球等
水族	赛马、狮子登高、跳桌子、翻桌子、荡秋千等
彝族	摔跤、车秋、荡秋、陀螺、飞石索、弩弓、骑术、跳大海、耍狮子、跳牛、潜水、顶斗、抵肩、扭扁担、三方拔河、跳高脚马、爬油杆、武术等
白族	赛花船、绕三灵、打霸王鞭、登山、陀螺、跳火把、耍海会、老虎跳、跳花棚、赛马、射箭、磨秋、耍龙、武术等
哈尼族	摔跤、陀螺、跳大海、阿弩塔、跳高跷、拉手、鼓刀跳、猴子、车秋、磨秋、抵肩、爬树追逐、射击、跳竹筒、武术等
傣族	赛龙舟、陀螺、放高升、打水枪、赛马、抓子、打滕球、独木舟、丢包、象脚鼓对踢、堆沙等
壮族	抛绣球、抢炮、走马、磨秋、车秋、荡秋、踩高跷、匝舟舟等
苗族	掷石、射弩、磨秋、车秋、跳狮子、摔跤、登山、掷鸡毛球、踢草球、斗牛、斗马、跳棍、叠人、爬花杆等

① 于素梅.中国体育旅游研究[M].北京:中国水利水电出版社,2006.

续表

民族	民族传统体育项目
回族	赛马、扳手腕、扭扁担、踢毛毡、耍狮子、叠罗汉、木球、方棋、汤瓶拳、查拳、凤影剑、梅花双刀等
傈僳族	爬绳、爬杆、四方拔河、游泳、球戏、辣地、滑板子、拉绳、陀螺、磨秋、荡秋、车秋、投掷、弩弓、射箭、爬刀杆等
拉祜族	爬藤、投茅、游泳、武术、赛马、射箭、摔跤、高跷、鸡毛球、秋千、打马桩、踩脚架、陀螺、跳葫、芦笙等
佤族	脚斗、顶杠、跳高、抢石、拉木鼓、骑射、射弩、摔跤、拔腰力、鸡棕陀螺等
独龙族	独龙天梯、溜索、绳梯、手劲、射弩、投石器、拉姆等
满族	骑马、射箭、摔跤、拉地弓、狩猎、追射、打铜锣、采珍珠(尼楚赫)、赛船(赛威呼)、嘎拉哈等
朝鲜族	摔跤、跳板、朝鲜象棋等
达斡尔族	波依阔、套力棒、掷坑、赛马、射箭、摔跤、游水、滑冰、抓“萨克”等
锡伯族	赛马、射箭、摔跤、打“螃蟹”、踢“熊头”、打瓦、滑冰、游水、嘎拉哈等
鄂伦春族	射箭、赛马、摔跤、滑雪、撑杆跳、扳棍、比颈力、搬石头、桦皮船比赛等
鄂温克族	滑雪、狩猎、赛马、套马、摔跤等
赫哲族	叉草球、射箭、叉鱼奏、划船、捧跤、游水、爬山、滑雪、打爬犁、秋千等
柯尔克孜族	赛马、射箭、摔跤、姑娘追、飞马拾银等
黎族	跳竹竿、打花棍、钱铃双刀、穿藤圈、射箭、粉枪射击、拉乌龟等
畲族	畲拳、越火堆、抄杆、蹴石磉、武术、打枪担、猎捕、马灯舞等
土家族	摆手舞、跳灵舞、靠灯舞、花灯舞、地盘子、连响、丈鼓舞等
维吾尔族	切力西、达瓦孜、萨哈尔地、帕尔孜
哈萨克族	叼羊、姑娘追、赛马、赛骆驼

2.体育赛事资源的分布

随着我国体育产业的不断发展,各项体育赛事在我国蓬勃发展,形成了比较系统的体育赛事资源,主要包括以下几类。

（1）职业体育赛事。目前，我国拥有中超和CBA两项比较成熟的职业联赛，近几年来，随着我国体育领域的深化改革，这两项赛事的吸引力不断增加，吸引了很多人的关注目光，特别是中超，大牌球星的加盟，带动了更多足球迷的关注，由于职业体育赛事的主客场赛制，带动了一批球迷来到客场为自己的主队加油，形成了一种体育赛事旅游，促进了体育旅游的发展。

（2）单项国际性体育赛事。随着北京奥运会在我国的成功举办，一些国际性体育赛事的举办地也开始花落中国，如2014年的南京青奥会、2015年的世界田径锦标赛，都吸引了很多人到现场去观看比赛，形成了一定的观赛游，2018年世界游泳锦标赛（25米）在我国杭州举办，2019年国际篮联篮球世界杯在我国8个城市举办，都进一步带动了我国体育赛事旅游热。

（3）我国本土优质体育赛事。目前，我国已经形成了一批具有国际影响力的体育赛事，如中国网球公开赛、上海网球大师赛、中国斯洛克公开赛、F1中国站等，这些优质赛事举办期间，会吸引来自全国各地的体育迷们到现场去观看比赛，形成较为稳定的观赛游。

（4）群众参与性体育赛事。近些年来，随着我国人民生活水平的不断提高，越来越多的人开始参加体育健身，其中跑步是最常见的健身运动，由此我国形成了马拉松热，根据官方数据显示，我国现有的马拉松数量已经达到了1000多场，分布在中国的几百个城市，跑步爱好者和参赛者通过参与马拉松，一方面可以促进自己的身体健康，另一方面可以促进当地旅游事业的发展，是一种非常经济实用的体育赛事旅游方式。此外，一些自行车运动赛事也在我国很多地方兴起，带动了自行车赛事举办地经济的发展，形成了非常好的体育赛事旅游效益。

（三）我国体育旅游资源分布现状

目前，我国有很多体育旅游资源正处于待开发之中。下面主要对黑龙江、内蒙古的体育旅游资源分布举例进行分析。

1.黑龙江的体育旅游资源分布

(1)自然资源

①山体资源

黑龙江省西、北、东三面环山，森林面积居全国之首。西部的大兴安岭有“北疆绿屏”之称，是森林观鸟、漫步、探险的理想场所；中北部的小兴安岭地势东高西低、南高北低，属低山丘陵地形，体育旅游资源开发潜力大；东南部的张广才岭、老爷岭、完达山等常年降雪，且雪量大、雪质好，同时山地坡度适中，发展冰雪旅游项目具有得天独厚的条件。就全省来看，黑龙江的山体资源丰富，可发展登山、攀岩、溜索、狩猎、森林徒步、滑雪、滑草等体育活动。

②水体资源

黑龙江的水系发达，河川纵横，湖泊星罗棋布，这些都有利于划船、垂钓、游湖等体育旅游项目的开发。

③花木资源

黑龙江省植被覆盖率高，有各类森林公园，如亚布力森林公园、雪乡森林公园、苇河八里湾森林公园、凤凰山森林公园等，可供开发开展很多的体育旅游活动。

(2)人文资源

①以二龙山为代表，黑龙江省目前已经开发了高山滑道、溜索、滑翔伞等很多体育活动。

②黑龙江省的长寿森林公园和亚布力森林公园都先后开发了森林穿越、野外拓展等户外体育运动。

③在游乐园方面，黑龙江省较为著名的太阳岛游乐场、北山公园、文化公园等游乐场开发出了许多体育旅游项目；在体育设施方面，黑龙江省先后建立工人体育场、哈尔滨市人民体育馆、体育馆冰上基地等，这些都为开展室内体育活动提供了很大的方便。

④黑龙江省节庆资源丰富，各种节庆活动都具有纪念、象征意义，体育旅游价值高，这些都很大程度上促进了当地体育旅游

的发展。

(3)民族传统体育资源

黑龙江省居住着包括满族、朝鲜族、蒙古族、鄂伦春族、鄂温克族、达斡尔族、锡伯族、赫哲族等很多的少数民族。这些少数民族的传统体育项目丰富多彩,具备很大的体育旅游开发潜力。

2. 内蒙古体育旅游资源分布

(1)自然资源

内蒙古自治区覆盖着面积广阔的草原,森林资源也非常丰富,还有多伦陨石坑、恩格贝沙堤景观区和月亮湖沙湖景观区等自然资源,因此具备很大的体育旅游业开发潜力。

(2)人文资源

内蒙古可供开发的人文资源主要包括宁城热水汤、辽中京大明塔、洞金山卧佛、岱海遗址、老虎山聚落、明长城、白二爷沙坝、小板升汉墓壁画等。

(3)民族传统体育资源

内蒙古一些民族传统体育项目的开发是促进其体育旅游业发展的重要方式,内蒙古的民族传统体育项目具体可以见表3-7。

表3-7 内蒙古民族传统体育项目分布①

民族传统体育项目	分布地区	民族传统体育项目	分布地区
滑雪、滑冰	呼伦贝尔盟(海拉尔市、满洲里市、牙克石市、根河)阿尔山	曲棍球	鄂温克族自治旗、莫力达瓦达斡尔族自治旗
草原深处骑马游	加格达奇、陈巴尔虎左旗、鄂温克族自治旗、根河、哲里木盟	布龙	鄂托克旗

① 于素梅.中国体育旅游研究[M].北京:中国水利水电出版社,2006.

续表

民族传统体育项目	分布地区	民族传统体育项目	分布地区
狩猎、斗马	鄂伦春自治旗、巴彦浩特镇	雪地叠罗汉	锡林郭勒盟、鄂温克族自治旗
滑草	根河、新巴尔虎左旗、新巴尔虎右旗、八大关牧场	赛骆驼	四子王旗、多伦、桑根达来、阿拉善右旗、阿拉善左旗、阿右旗额肯呼都格镇、鄂温克族自治旗、鄂尔多斯
驯马	加格达奇、陈巴尔虎旗、鄂温克族自治旗、阿巴嘎旗、正镶白旗、正蓝旗、镶黄旗	套马	哲里木盟、锡林郭勒盟、鄂温克族自治旗
赛马	阿拉善右旗、苏尼特右旗、阿巴嘎旗、四子王旗、多伦、桑根达来、太仆寺旗、鄂温克族自治旗、科左中旗、库伦旗、科左后旗	蒙古象棋	阿右旗额肯呼都格镇、伊克昭盟、额济纳旗
叼羊	锡林郭勒盟、西乌珠穆沁旗、东乌珠穆沁旗、鄂温克族自治旗、阿荣旗、鄂尔多斯市	驯鹿	鄂伦春自治旗
原始森林探幽	阿尔山、大兴安岭、小兴安岭、莫尔道嘎	抢枢	鄂温克族自治旗
漂流探险	阿尔山、巴彦浩特镇、哲里木盟	博克	锡林郭勒盟阿巴嘎旗
那达慕	呼伦贝尔盟、鄂温克族自治旗、锡林浩特市、巴彦淖尔乌拉特前旗	跳板、秋千、顶碗、拔河	阿荣旗新发朝鲜族乡东光村、乌兰哈达镇三合村
雪地摩托车	满洲里市、额尔古纳右旗	踢毛毽	呼和浩特市、乌海市
马拉雪橇、骆驼雪橇	牙克石市、海拉尔市、加格达奇、鄂温克族自治旗、鄂伦春自治旗	布鲁	锡林浩特市、鄂尔多斯

续表

民族传统体育项目	分布地区	民族传统体育项目	分布地区
滑沙	伊克昭盟(达拉特旗)、阿拉善右旗、额济纳旗、腾格里鄂里斯	爬犁	鄂温克族自治旗、鄂伦春自治旗
射弩	锡林郭勒盟、呼伦贝尔盟	颈力、皮爬犁、射弩	阿拉善右旗、额济纳旗、鄂温克族自治旗、莫力达瓦达斡尔自治旗
驼球	阿拉善右旗	撑杆跳、摔跤、射击	呼和浩特市、乌海市、阿拉善右旗、鄂温克族自治旗、鄂伦春自治旗
中国式摔跤	锡林郭勒盟	雪地颠马	鄂温克族自治旗、鄂伦春自治旗
珍珠球、跳马、跳骆驼	呼和浩特市、包头市、阿拉善右旗(巴彦浩特)		

二、我国体育旅游资源的开发现状

(一)我国已开发的主要体育旅游项目

根据相关研究,我国已经开发且发展较好的体育旅游项目包括滑雪、登山、游泳、漂流、垂钓、野营、攀岩、远足、滑冰、潜水、森林探险、运动会、滑翔、滑草、划船、狩猎、定向越野、滑水等。下面主要分析滑雪、登山、漂流、攀岩等项目。

1.滑雪

由于滑雪对气候环境的特殊要求,其主要分布于我国的北方地区,如吉林、黑龙江、辽宁、北京等地。其中,黑龙江省与北京市的滑雪旅游场地最多,黑龙江的亚布力滑雪场、玉泉滑雪场、黑河龙珠远东国际滑雪场等都是很著名的滑雪旅游景点。北京的八达岭滑雪场、密云南山滑雪场、怀柔滑雪场等每年都会吸引众多的滑雪爱好者前来进行滑雪和旅游。而随着科技的不断进步，在我国南方的很多地区也逐渐开发了一些滑雪场地，如云南丽江的玉龙雪山、四川成都的西岭雪山、峨眉山高山滑雪场等。随着我国 2022 年冬奥会的成功申办，越来越多的人开始参与到滑雪运动中来，将进一步带动我国的滑雪旅游热。

2. 登山

登山主要分布于山区，如新疆、西藏、甘肃、北京、四川、安徽、青海等。特别是新疆、青海、西藏这些省市都处在我国的高原地区，山岭分布较多，环境气候条件也更加适合登山旅游资源项目的开发，因此在已开发的登山资源项目中，这些省市所占据的数目比较多。例如，西藏的珠穆朗玛峰、乔戈里峰、启孜峰等都是对人体极限的一种挑战，登上这些山峰可能是一些登山者梦想的最高荣誉。新疆的托木尔峰、慕士塔格峰，青海的阿尼玛卿、玉珠峰、祁连山脉岗石卡雪峰等也是非常著名的登山旅游景点并且已经得到了开发。

3. 漂流

漂流项目分布在我国很多省份，其中广东省分布最多。在广东省境内已经开发的漂流旅游项目占到了全国漂流旅游资源项目的 30％左右，主要包括韶关九龙十八潭、从化流溪河峡谷漂流、梅州丰顺县龙鲸河漂流等 20 多个漂流旅游项目。此外，北京、重庆两个直辖市也有开展，北京的漂流项目主要分布在怀柔县与延庆县，如怀柔京北第一漂、延庆县妫河漂流、怀柔汤河漂流；重庆开发的漂流项目主要在铜鼓滩峡谷漂流、武隆芙蓉江、巫山小三峡。这些漂流旅游项目每年吸引很多的人前去游览，在此人们不仅能够欣赏优美的风景，同时还能够体验运动的乐趣。

4. 攀岩

攀岩是近些年来新兴的一种运动项目，其普及率正在不断提高。攀岩也逐渐成为一种体育旅游项目，如北京的国家登山队训练基地、雁栖湖、生存岛，山西的壶关县太行山大峡谷、广东的燕岩等。

（二）我国体育旅游资源开发现状总结

1. 不同地区的体育旅游开发存在差异

由于受到经济以及社会发展情况的影响，各个地区在体育旅游资源开发方面存在一定的差异。总体来说，发达地区体育旅游资源的开发情况较好，如北京、广东等地；经济落后地区体育旅游资源开发不是很好，如山西、甘肃等地，由于这些地区对体育旅游的认识不足，加上经济发展较为落后，对体育旅游资源的开发程度不够。

2. 不同体育旅游项目的开发存在差异

目前，在我国各地区，开发程度较高的项目多是一些较为生活化的体育旅游项目，一些科技含量要求高的项目开发程度较低。滑雪、垂钓、蹦极、徒步游、自行车游、自驾车游、高尔夫球等项目贴近人们的日常生活，难度相对较低，因此在我国的开发程度较高。但是，相对的冒险性体育旅游则并不理想，如蹦极、漂流探险、穿越、登山等，这些考验人们意志力和挑战性，难度较高的项目在我国的开发程度比较低。

3. 民族传统体育旅游资源开发基础薄弱

我国是一个多民族的国家，少数民族人口大约占据了我国总人口的10%左右，而这些少数民族经过几百年甚至几千年的发展积累了丰富而又独特的民族传统体育资源。这些民族体育旅游资源表现出很强的民族文化特性，很多人在旅游资源开发的过程中，为了经济效益可能会对这些体育旅游资源进行破坏与抛弃，还有一些是保护力度不够而没有进行系统地挖掘与开发，使得一些民族传统体育形态失去了原有的亲切真实、淳朴自然，这对民族传统体育资源造成了非常严重的损害。因此，在开发民族传统体育资源时，一定要注意进行保护，进行适度开发。

4. 缺乏专门的体育旅游专业人才

我国对体育旅游的开发较晚，在人才培养方面也很不完善。体育旅游资源中一些项目的开发需要专业的技术人员来保证游客的人身安全，如登山、攀岩、滑翔伞等。另外，在我国的一些高校当中，虽然都成立相关学科进行人才培养，但是体育旅游被分为了体育与旅游两个独立的学科，两学科不交叉、不相通，无法培养具有综合素养的体育旅游人才，从而造成了很大的资源浪费。根据相关对体育旅游人才的调查研究发现，他们中大多数毕业于旅游专业，没有扎实的体育专业知识，或者出自于体育专业，没有旅游相关知识，因此，总体上我国非常缺乏专门的体育旅游人才，这对于我国体育旅游资源的开发是不利的。

第三节　我国体育旅游资源开发体系的构建

一、我国体育旅游资源开发的原则

（一）系统性原则

体育旅游资源开发工作繁杂，所涉及的方面、问题较多，因而必须科学规划、统筹安排，坚持系统性原则。体育旅游资源开发过程中坚持系统性原则能避免由于局部问题造成的全局性失败。体育旅游资源的系统规划一般涉及四个方面，即体育旅游资源的数量、质量、特点、区位，同时考虑体育旅游资源与其他因素的协调一致，并且要对市场进行分析预测，确定投资规模与力度等，从长期利益和可持续发展的高度确保开发与利用的价值。

（二）保护性原则

在进行体育旅游资源开发时，可能会对原有的资源造成一定程度的“破坏”。因此，在开发过程中，一定要注意对体育旅游资源的保护，没有保护的开发是不可持续的开发，应该做到以下两点。

（1）宏观把握体育旅游资源的开发，不能仅仅将目标放在附属设施（包括道路、通讯设施、住宿设施等）的投资上，改变旅游资源的可进入性，功能性设施的建设要以不破坏旅游资源的审美与愉悦价值为前提。

（2）有限开发，对体育旅游资源与旅游景观进行有限开发，同时，注重其内涵、形式与资源的整体协调。

（三）效益性原则

体育旅游资源开发的效益性原则，是指开发者要认真研究和预测体育旅游资源开发的经济效益和社会效益。经济效益是旅游经营活动的一部分。对资源开发的投资来说，体育旅游资源的开发要始终遵循当地经济的综合需要，要谨慎选择开发的资源，并将自身的经济实力、投资效益考虑其中。同时还要考虑体育旅游给当地带来的社会效益，此外，当前我国越来越注重生态文明的前提下，一定要注意体育旅游资源的生态效益，将三者紧密结合起来，促进体育旅游资源的有效开发。

二、我国体育旅游资源开发的内容

（一）体育旅游景区

随着我国旅游业的快速发展，体育旅游这几年来也发展迅速，2016年，国家旅游局、国家体育总局联合发布了《关于大力发展体育旅游的指导意见》，提出到2020年，在全国建成100个具有重要影响力的体育旅游目的地和100家国家级体育旅游示范基地。因此，在进行体育旅游资源开发时，首先要做好体育旅游景区的规划和设计，可以参考一些比较先进的体育旅游示范基地的设计方案，并进行实地调研，根据自身的体育旅游资源进行合理规划和设计。

（二）交通设施

交通设施是体育旅游资源开发中的重要条件之一，直接影响体育旅游资源的开发程度和开发效果。体育旅游资源的开发与潜在旅游市场之间存在着一定的时间与空间距离，这种距离是体育旅游的不可移动性造成的，同时也是影响体育旅游资源进一步开发的重要因素，这也是旅游地与外界联系的先决条件，同时也有利于旅游地内部交通运输便利的实现。因此，在开发体育旅游资源时一定要将交通与通讯两者内容处理好。

实践证明，良好的交通设施能有效缩短旅游时间与空间的距离，加强和外界的联系与交往，旅游者只有能够进得去、留得住、出得来，才能吸引旅游者前去旅游。解决和提高可进入程度，包括交通设施建设、交通营运安排等。

（三）体育旅游设施

1. 旅游基础设施

（1）一般公用事业设施。一般公用设施主要包括排污系统、供电系统、供水系统、道路系统、通信系统等，以及关于此类系统的配套设施，如停车场、车站、港口、码头和机场等。

（2）满足社会生活所需要的基础设施。这类设施主要包括银行、医院、商店、治安管理机构等。

但在多数情况下，在选择开发的地点时，这方面都有一些原已存在的基础。然而这些原有的基础设施在数量或能力、布局上，大都是在决定发展旅游业之前根据当地人口的需求规模进行设计和建造的。随着旅游者的不断增加，有可能出现供应能力不足或资源限制，需要对体育旅游设施进行进一步的整修、扩建、增建和管理完善。

2.旅游服务设施

旅游服务设施是指那些虽然也可供当地居民使用，但主要是供外来旅游者使用的服务设施。这类设施主要包括饭店、旅游商店、旅游问讯中心、某些娱乐场所等。由于这类设施的主要使用人群是旅游者，因此应根据旅游者的需要、生活标准和价值观念来设计建造，并据此提供相应的服务。常见的体育旅游服务设施主要包括以下几种。

（1）体育旅游活动的设备与器材。如攀岩所需的安全带、安全头盔、下降器等，高山滑雪运动所需的滑雪器材与工具等。

（2）运动场所及配套设施。如攀岩场不同高度与难度的攀岩墙，或高山滑雪配套上山缆车或牵引车等。

（3）体育旅游活动的安全与保障服务。如选择安全的旅游路线，如漂流的水上救生衣及救护人员的配备，河段水流变化情况与河床情况，攀岩的岩石松动情况、安全保险设备。

（四）体育旅游服务人员

体育旅游服务人员的专业素质会影响体育旅游服务的质量，因此，对体育旅游地的专业服务人员进行培训是非常必要的。

体育旅游项目往往具有较强的参与性、挑战性、刺激性，体育旅游者在参与体育旅游活动的过程中多少会存在一些心理障碍，需要有人帮助他们解决困难，克服这些障碍，这就需要体育旅游服务人员的安全保护服务、专业技术指导服务、专业景区讲解服务等。在极限和危险项目的体育旅游活动中，旅游服务人员的专业素质是十分重要的，直接关系到旅游者的旅游体验效果和人身安全。

三、我国体育旅游资源开发的模式

(一)资源型开发模式

1.资源型开发模式概述

资源型开发模式主要包括两方面内容,即体育旅游自然资源和体育旅游人文资源,也就是说,通过依靠这些资源进行体育旅游开发,就是资源型开发模式。如2008年北京奥运会,为满足奥运会的需求而新建的各种基础体育设施,如比赛场馆的赛事利用,在保证能够满足特有的功效下,积极地对外开放,提供有偿服务,也可以开展各种形式的大众体育赛事。同时,借助“奥运会”这一品牌,借鉴各种体育旅游项目开发的经验,以参考利用促进发展。

2.资源性开发模式的注意事项

在进行资源型体育旅游资源开发时,一定要注意不能为了追求经济效益,而忽视对资源可持续发展的重视,具体来说,应该注意以下几个方面的要求。

(1)努力扩大体育资源渠道、降低体育资源成本、提高体育资源利用率。

(2)统筹兼顾,既要注重资源的使用效率,又要注重体育资源的合理分配,尽量满足国家、地方、个人等多个利益主体的需要。

(3)充分发挥政府的社会调剂职能,使体育旅游资源合理开发和利用,加强对体育旅游资源开发的监督。

(二)市场型开发模式

1.市场型开发模式概述

市场型开发模式主要是以消费者的需求为基础,来开发体育旅游产品,可以从以下几个方面进行开发。

(1)根据性别差异。女性多选择一些观赏性、娱乐性等富有美感和趣味性较强的体育活动;男性会选择一些亲身参与性强的体育活动。

(2)根据年龄差异。青年人多选择一些富有冒险和刺激性的项目;老年人多选择柔和的、修养身心等的项目。

(3)根据文化差异。如一些外国人对中国的民俗体育旅游产品很感兴趣。

此外,体育旅游需求还受到消费者的职业、教育程度、社会地位等因素的影响。要实现体育资源开发的针对性,应认真分析消费需求,如按市场型模式策划节庆活动,培育体育旅游节庆产品。具体来说,目标市场不同,体育旅游产品开发设计也不相同(表3-8)。[①]

表3-8 体育旅游产品设计表

体育旅游产品	目标市场	产品开发的作用
银发健身旅游产品	中老年人	养身健身,健康长寿
休闲度假健身产品	都市居民	放松身心、减轻压力
探险体育旅游产品	中、青少年	超越自我、挑战自我
民族体育旅游产品	异地游客	展现中华民族体育文化
体育观赛旅游产品	体育爱好者	弘扬体育竞技精神、体验激情
体育项目培训旅游产品	青少年	迅速提高专项体育技能
体育商务旅游产品	体育产品经营者	迅速提高专项体育技能开拓市场,提高企业知名度,建立业务网络

2.市场型开发模式的注意事项

促进体育旅游资源的合理开发和不同地区体育资源的合理

① 于素梅.体育旅游资源开发研究[D].河南大学,2005.

配置，必须优化体育产品的价格结构和比价，为体育产品的各类利益主体提供正确的市场方向，引导体育旅游市场合理发展。

(1)在市场经济条件下，任何供求关系都受市场运行规律的制约，体育市场也不例外，体育市场的供求关系同样受收入水平、市场规模、市场需求以及消费者偏好等因素的决定。例如，当消费者的生活水平提高、收入增加时，对体育产品的需求量就会增加；当消费者非常喜欢某一类体育产品时，该体育产品的需求量就会增加；此外，体育市场规模与体育产品的需求量成正比，此涨彼涨、此消彼消。因此，应时刻关注影响体育旅游的收入水平、市场规模、市场需求以及消费者偏好等指向标的的发展和变化。

(2)政府部门应有针对性地对体育产品实施管理，并结合体育产品的特性合理制定价格。针对营利性的体育旅游产品，应采取必要的宏观调控手段，监管市场秩序和价格，打击不正当竞争行为，促进体育旅游市场的健康发展。

(三)创新型开发模式

1.创新型开发模式的构建

(1)新兴型体育旅游项目

新兴体育旅游项目是进行体育旅游资源开发的一个重要途径。随着社会经济的不断发展，新兴事物不断出现，陈旧的体育旅游项目已经不能满足人们的需要。在这种形势下，为了能够更好的发展体育旅游事业，就必须开发出适合人们需要，尤其是青年人需要的新的体育旅游项目，例如军事体育项目(实弹射击、军事游戏)、极限训练等都是新兴的体育旅游项目。

(2)移植型体育旅游项目

移植型项目具体是指引入当地没有开展过的体育项目，这对本地体育旅游资源是非常好的丰富和补充，不仅可以丰富体育旅游项目的内容，而且会给更多的人带来新的乐趣，在我国一些内陆地区开展的滑草、滑沙、马球、马术等属于此类。

(3)经济效益型体育旅游项目

在经济全球化发展的今天,随着我国经济的不断发展以及国际间的不断交流,国外游客与日俱增,这就为当前的体育旅游资源开发提供了一个新的思路,即充分考虑国外游客的需要进行开发,以此获得更大的收益,其中典型的项目有高尔夫球、网球等,这些项目在国内的价格优势是其他国家远远比不上的,因此具有一定的市场竞争优势。

(4)高水平体育赛事

高水平赛事的举办对经济具有巨大的拉动力,并能够有效地推动体育旅游事业的发展。成功举办高水平赛事能够促进"消费链"和"产业链"全面发展(如交通、餐饮、住宿、购物等),同时能够带来更大的经济效益。例如,上海 F1 赛车的举办,餐饮、宾馆、交通、娱乐、服务等行业总外汇收入以亿美元计算,还能带来更多就业机会,为地区经济的发展起到重要的促进作用。近些年来,一些欧洲顶级足球俱乐部开始在我国开展各种商业赛事,如 2011 年鸟巢的米兰德比、南美超级德比等赛事,也是一些比较具有创新性的体育旅游赛事项目。

2.创新型开发模式的注意事项

创新发展是产业发展的生命,不断的创新能给予体育旅游产业强大的生命力。创新型开发模式,虽然新兴体育旅游项目很多,但是还不够稳定,没有形成统一的系统,不足以实现体育旅游事业好的效果。为了最大限度地建设体育资源创新型开发模式,促进体育资源开发模式完善,应做好以下几个方面的工作。

(1)树立创新意识。创新意识是意识的主观能动性的表现,这种主观能动性就是创新意识。创新意识强的人会积极地去发现问题,解决问题,从而达到创新的目的。

(2)确定创新方法。仅有强烈的创新意识显然不够,还必须掌握正确的创新方法,才能使创新成为实践。无论是体育产业结构内部还是外部，都存在着广泛而复杂的关系，所以，正确的创新方法可以将摸索变为正确的理论指导。

(3)重视体育旅游产业发展的理论研究，为体育旅游资源发展提供必要的理论指导，研究和探索产业创新规律和方法，剔除观念上的私念和保守，建立创新理论体系，为创新实践提供理论指导。

(四)产业化开发模式

1.产业化开发模式概述

所谓体育旅游资源的产业化开发模式，具体是指在吸收传统开发模式优势的基础上，提出的一种新模式。它以资源、市场等为基础，通过区域市场分析研究，找出有市场需求但尚需完善的内容，同时寻求能弥补单一体育旅游产业(含传统旅游业)不足的补充产业，如休闲旅游、文化娱乐等产业，形成产业的集群效应。选择有一定的自然资源、人文资源和市场基础的地区，如京津地区，这些地区的体育旅游产业发展潜力十足，需要认真规划和开发。

体育旅游资源开发者必须意识到，体育旅游重心在于旅游，而形式在于体育，换句话说就是可以将体育旅游看作是一种专业性旅游。因此，对相应区域的整体旅游态势进行市场分析研究，进而对产业化模式进行探讨能为体育旅游资源的产业化开发提供新的启发。

2.产业化开发模式的注意事项

(1)完善体育旅游市场管理机制

体育旅游市场的发展需要相关管理政策提供保障和支持，在加强旅游市场监督管理体制方面，政府应当对体育旅游产业市场主体进出市场的资格进行严格把关，严厉查处并惩罚体育旅游市场中的不正当竞争行为，通过政府的宏观调控手段对体育旅游市场中的经济活动实施监督和管理，保障体育旅游市场秩序的良好运行。

(2)重视我国民族传统体育项目的开发

在当今市场经济社会背景下，应该重视我国传统体育资源的产业化发展，把民族传统体育作为一个产业来开发，因此，在进行体育旅游资源的产业化开发时，应该将其作为体育旅游开发的一个重要资源，促进我国体育旅游事业的发展。

四、我国体育旅游资源开发的评价

(一)体育旅游资源开发的评价目的

体育旅游资源质量，是根据对体育旅游资源规模、结构、类型、功能、质量、性质的评价来确定的。在开发体育旅游资源之前，应先对其进行考察、评价，分析项目的可行性、吸引力、开发与利用的价值和规模。具体来说，体育旅游资源开发评价主要包括以下几个目的。

(1)通过科学合理的评价，为已开发的或部分开发的老旅游区改造、扩展与利用提供科学依据。

(2)通过综合评价，对某一区域的体育旅游资源发挥整体效应和社会效应提供借鉴经验。

(3)通过合理评价，为确定不同体育旅游地的建设顺序提供建议。

(二)体育旅游资源开发的评价标准

1.对体育旅游资源性质的评价

对体育旅游资源性质的评价，可以简单概括为几个字，即美、奇、特、险，对于体育旅游资源来讲，具备的条件越多，对旅游者就越具有吸引力(表3-9)。

表 3-9　体育旅游资源性质的评价标准

标准	说明	举例
美	美是包括体育旅游资源在内的所有旅游资源的首要特色，美感在很大程度上会影响体育旅游资源的吸引力，美的体育旅游资源可以使旅游者身心愉悦，心旷神怡	体育旅游者通常会通过景物和环境美感、运动美来评定观赏价值。如户外运动、漂流、滑翔等
奇	指体育旅游资源具有非同寻常的，能够充分体现自然或人类巧夺天工的品质。这类体育旅游景观的形态奇异多变，通常使人陷入迷幻、惶惑，甚至惊惧的心理状态	如奥秘无穷、幽深莫测、曲折而出、扑朔迷离的溶洞探密
特	具有独特的品质、能标新立异的体育旅游资源项目往往更能吸引体育旅游消费者，给体育旅游者带来无尽的刺激与欢乐，留下深刻印象	如与民族民俗节日活动相结合的体育旅游活动，敦煌鸣沙山的登沙丘与滑沙等
险	具有刺激性和挑战性的体育旅游项目通常是针对极限运动者和探险者准备的，根据项目的难易程度及地质与地貌险性评定与分析	如空中冲浪，攀岩或徒步横穿新疆塔克拉玛干沙漠等

2. 对体育旅游资源环境的评价

评价内容主要包括体育旅游资源的可开发项目与周边地区的旅游区域和旅游景点及环境的协调程度，可利用和开发的土地情况，可进入性分析，体育旅游对旅游资源的破坏性分析与污染状况。① 与旅游区域相互协调的体育旅游资源的开发价值更高。

3. 对体育旅游资源市场吸引力的评价

采用市场标准对拟开发体育旅游资源进行评价，主要是针对开发后的体育旅游资源对客源市场的吸引力进行分析。体育旅游市场的评价重点在于对体育旅游资源社会需求性的特征进行

① 柳伯力. 体育旅游导论[M]. 北京：人民体育出版社，2003.

分析。

4. 对体育旅游资源可持续发展性的评价

在对体育旅游资源进行开发评价时，应该注意对体育旅游资源的可持续发展进行评价，这是因为体育旅游产业是一项绿色生态产业，要想促进其可持续发展，在进行体育旅游资源的开发时，就应该充分考虑到其可持续发展性。

第四章　我国体育旅游市场的经营与管理

在新时代下，体育旅游的消费观念和消费行为都呈现出新的特征，这就要求围绕消费的新特征有针对性地开发体育旅游产品、加强体育旅游市场经营管理。体育旅游市场开发应以满足消费者的需求为主，使消费者获得享受和愉悦。体验经济时代为体育旅游市场的发展提供了新的方向和消费视角，因此要抓住这一机遇进一步扩大与完善我国体育旅游市场，创新体育旅游产品，进而推动体育旅游产业的健康发展。本章主要就我国体育旅游市场的经营与管理进行分析，主要内容包括体育旅游市场基本理论、我国体育旅游市场经营管理体系构建及体验经济时代体育旅游产品的开发与创新。

第一节　体育旅游市场基本理论

一、体育旅游市场的概念

体育旅游市场指的是体育旅游产品供求双方交换关系的总和。体育旅游市场是一个交叉型复合市场，包含体育产业与旅游产业两大产业，融合了多个层次的休闲需求，如消费者的旅游观光、体育健身、休闲娱乐等，体育旅游者参加体育旅游活动，同一时间可以享受多重服务内容，多方面的需求可以同时得到满足。

二、体育旅游市场的要素

体育旅游市场包括以下三个要素。

（一）市场主体

体育旅游产品的生产者、体育旅游产品消费者是体育旅游市场的主体，也就是体育旅游产品交换的买卖双方。

生产体育旅游产品与提供体育旅游服务的企业、个人以及其他社会团体等都是体育旅游产品的生产者。

（二）市场客体

可供交换的体育旅游产品是体育旅游市场客体，体育旅游产品可使体育旅游者的需求得到满足。

常见的体育旅游产品主要有以下几种类型。

（1）有形的体育旅游资源和体育旅游服务。

（2）无形的体育旅游资源和体育旅游服务。

（3）现有的和未来的体育旅游资源及服务。

（三）市场中介

体育旅游市场中介是将体育旅游市场主体和体育旅游市场客体联结起来的桥梁。主要包括竞争、价格、旅游质监机构、旅游中间商等内容。

三、体育旅游市场的细分

（一）细分标准

以体育旅游者的偏好、需求、购买行为和购买习惯等差异为依据，将完整的体育旅游市场划分为多个不同消费者群的市场，就是对体育旅游市场的细分。

进行体育旅游市场细分，可参考地理因素、体育旅游项目因素等标准，依据不同标准所划分的市场类型见表 4-1。

表 4-1　体育旅游市场细分标准及类型

细分标准	市场类型
地理因素	国际体育旅游市场
	国内体育旅游市场（城市体育旅游市场和农村体育旅游市场）
	出境体育旅游市场
体育项目因素	球类和非球类项目的体育旅游市场
	陆上项目、冰雪项目、水上项目等体育旅游市场
	室外和室内项目体育旅游市场

（二）细分步骤

细分体育旅游市场的程序如下。

1. 营销调研

通过调研对有价值的信息进行搜集，对体育旅游消费者的旅游需求及影响其消费行为的因素，要尽可能详细了解。

2. 确定细分标准

对搜集的信息进行分析与处理，将其共同性因素抛去，将差异性因素保留下来。不同的旅游者对体育旅游的需求是有差异的，健康、人口统计、地理、可观赏、探险、行为和心理等因素是引起旅游者需求差异的主要原因，这些因素都属于体育旅游市场细分变量。对体育旅游市场进行细分，需要将其中的一些变量因素作为主要参考。

3. 分割市场

将所选的体育旅游市场细分变量因素作为细分标准，对体育旅游市场进行分割。一般先依据最基本的变量因素对体育旅游市场进行粗略分割，进而将其他变量因素作为细分标准来进一步分割市场。

因为体育旅游需求属于高层次心理需求，所以要特别注意从心理因素和行为因素等方面着手对人们的体育旅游动机加以了解，并对体育旅游市场中不同子消费者群之间的内在联系进行识别与分析，发现某些新的体育旅游细分市场，市场是否有很强的商业开发价值是需要重点考虑的一点。

需要注意的是，在细分体育旅游市场中，不能在“分”上面一直走下去，还应适当地“合”，有些体育旅游子市场存在内在关联性，合并或重组这些市场可促进新的体育旅游细分市场的形成。

4. 选择目标市场

明确体育旅游细分市场应具备哪些特征，对照细分市场的特征对市场细分结果进行评价。若细分有效，进而选择和确定目标市场；如果细分结果无效，需要重新参考新的标准进行市场细分，直至细分结果有效。

四、我国体育旅游市场的发展态势

（一）当前我国体育旅游市场的总体发展概况

改革开放为我国社会的进步与经济的快速发展提供了良好的契机和保障，我国人民的生活水平也因此而有了明显提高，进而也推动了我国旅游业的飞速发展。现阶段，人们参与旅游活动的形式与内容在不断变化，体育旅游作为一种新的旅游形式受到人们的青睐。参与体育旅游活动的人主要目的大概有娱乐、健身、探险、观赛、康复等几种，现代人已经将体育旅游当作自己生活的一部分，在建立了广泛群众基础的条件下，我国体育旅游的市场规模一定程度上已经初步形成，而且发展趋势良好。

目前，我国体育旅游市场的总体发展如下。

第一，我国开发了大量的体育旅游项目。

第二，我国越来越重视体育旅游基础设施建设，努力为体育旅游业的发展提供基础保障。

第三，我国体育旅游人口数量逐渐增加，体育旅游需求也随之不断加大。

第四，我国人民的体育旅游消费水平日益增长，体育旅游消费份额在旅游业和体育产业中非常可观。

第五，我国体育旅游市场发展得到了国家的政策支持。

据不完全统计，现阶段，我国体育赛事或旅游节庆有 100 多个，体育旅游专项产品已超出 10 个。而且，我国体育旅游的发展因《全民健身计划》的实施、北京奥运会的成功举办等而获得了更广阔的发展空间和更有利的发展条件。

（二）我国体育旅游市场发展中存在的问题分析

1. 体育旅游资源开发利用程度不够

我国体育旅游业的发展还处于起步阶段，规模比较小，还有很多体育旅游资源有待开发，目前已开发的体育旅游项目较为单一，生命周期短，而且体育旅游资源本来就有限，再加上利用不充分，所以开发利用程度较弱。

我国现有的体育场所和体育设施大部分属于各系统，很少向市场和社会开放。同时，很多体育旅游经营者向市场推出高档次、高规格、高价位的“三高”体育旅游产品，市场定位不准确，有明显贵族化倾向，这就限制了工薪阶层与学生在我国体育旅游市场中重要作用的发挥，面向普通群体而服务的经营理念较差。

此外，我国体育旅行社少，体育旅游专业人才少，体育旅游产品少等供给类因素也对我国体育旅游市场需求造成了限制。

2. 体育旅游设施不完善

体育旅游市场运营中，体育旅游设施是最基本的物质设备条件。体育旅游设施包括旅游交通工具和设备、旅游饭店、旅游宾馆、供应旅游商品的商店、供旅游者运动和娱乐的设施以及能够满足旅游者不同需要和爱好的各种设施。具体而言，滑雪板、缆车、滑雪服装和急救设备是滑雪旅游的必备旅游设施；划艇、划水板、摩托艇、救生艇、急救车等是水上运动的必备旅游设施，这些设施都是接待游客的基础条件，也是必备条件。体育旅游市场开发程度在一定程度上从体育旅游设施是否齐全、服务是否周到等方面反映出来，设施齐全、服务周到是体育旅游市场发展的硬件条件，但目前来看，我国在这方面做得还不够，与体育旅游先进国家还有明显的差距。

3. 居民收入水平较低，体育旅游需求不足

我国同发达国家相比，居民恩格尔系数较高，在居民日常消费中，占比较大的依然是基本物质品，我国经济发展不平衡，地区间、城乡间差距明显，经济发展较好的东部地区和广大城市中的体育旅游消费人口在我国体育旅游消费总人口中占多数，这就影响了我国体育旅游整体消费水平的提高。

我国正处于社会主义市场经济转型期，各项社会保障制度有待完善，未来经济发展有很大的不确定性，人们的消费预期增加，因此我国体育旅游需求较少。体育旅游，尤其是蹦极、漂流、探险等刺激类体育旅游项目与其他形式的旅游相比，存在严重的安全风险，易发生事故，再加上管理方面的法规、措施还不够健全完善，所以影响了人们对这类体育旅游产品的消费。

4. 体育旅游政策扶持力度较弱

我国体育旅游起步晚，目前有关体育旅游的系统性法规政策严重缺乏，体育旅游管理部门还没有明确，政府部门对体育旅游

资源开发的经济效益也不够重视。体育旅游资源开发缺乏优惠政策扶持和资金支持，导致体育旅游发展需求无法得到满足，经费短缺对体育旅游资源开发、体育人才培训、体育旅游宣传营销等都是一个致命的影响因素。

5.体育旅游产品结构单一、形式老化

随着我国体育旅游市场中国际客流的增加、游客自主意识的增强及体育旅游需求层次的提高，我国体育旅游产品供给不足的问题越来越严重，整体而言显得被动和力不从心。包价形式的体育旅游产品长期以来无法满足不同体育旅游群体的多元化需求。另外，体育旅游产品质量问题也是困扰体育旅游市场发展的一个大问题。

第二节　我国体育旅游市场经营管理体系的构建

一、做好体育旅游市场规划与目标市场选择

（一）制定整体发展规划，相关部门相互协调配合

体育旅游的发展与旅游产业、体育产业息息相关，只有相关部门相互协调、合作，才能实现提高体育旅游效益的目标。此外，体育旅游是一种特种旅游，对场地、设备、器材、安全设施等多方面条件都提出了较高的要求，而且特别重视安全问题。所以，要打破管理部门的条块分割，促进相互之间的交融与渗透，共同推动体育旅游产业的发展。

体育旅游市场巨大，需将体育部门、旅游部门充分联合起来，摒弃门户之见，共同将体育旅游产业做强、做大，体育旅游产业决策者及从业人员应主动出击，发挥旅游部门在全国各地广泛分布

的优势，利用这些分支机构推广体育旅游。另外，旅游部门也应积极配合，成立专门的体育旅行社，向体育旅游消费者提供专业服务，促进体育业和旅游业双赢。

（二）体育旅游目标市场的选择

能否科学选择体育旅游目标市场，直接决定体育旅游市场效益。在具体选择中，要严格坚持原则，采取科学而有效的策略，下面对选择原则和选择策略展开分析。

1.选择原则

体育旅游目标市场的选择需贯彻如下原则。

（1）可盈利性

获取经济利益是体育旅游企业的最终目标。因此，应保证所选的体育旅游目标市场在较长时间是可以盈利的。

（2）可进入性

在经济、政策、文化、资源等各个方面因素的限定下，某一企业能否进入目标市场就是体育旅游目标市场的可进入性。目标市场的进入门槛要与企业条件和经营目标相符，如果门槛较高，且不确定是否能够从中获益，就要选择放弃。

（3）可测量性

选择体育旅游目标市场时，要坚持可测量的原则，即可以对所选目标市场的规模、购买能力及未来发展进行衡量与预测。

2.选择策略

常见的体育旅游目标市场选择策略如下。

（1）差异性市场策略

差异性市场策略指的是将整个体育旅游市场划分为多个需求量基本相同的细分市场，然后以企业自身条件为依据，针对各个细分市场分别进行体育旅游产品策划的营销策略。采用这一策略可以使不同特征顾客群的体育需求充分得到满足，有利于体育旅游企业扩大市场占有率，提高营销绩效。

但是，差异性市场策略会使产品设计、销售渠道开发、营销策略实施等方面的经营成本增加，这是该策略的主要缺陷。

(2)无差异市场策略

无差异市场策略指的是将体育旅游市场看作一个大目标市场，不进行详细划分，用单一的产品、市场营销组合为整个市场的顾客群服务的策略。采用这一策略时，体育旅游企业不需要深入研究市场，只是提供标准化的产品，这就大大减少了产品开发、营销、市场调研等方面的支出费用，对于企业形成规模经济有重要意义。

无差异市场策略也有自身的问题，主要表现为无法满足不同体育旅游者的需求，很难争取更多的消费者。

(3)集中性市场策略

集中性市场策略指的是将整个体育旅游市场细分为多个子市场后，只选择其中一个或少数几个子市场作为目标市场，针对所选市场的顾客群进行相应产品开发的策略。运用这一策略可提高体育旅游市场经营的针对性和目的性，促进产品市场形象和市场占有率的提高，此外该策略也有节约产品经营成本的优势。但采用这一策略需要冒很大的风险。

以上这些策略各有利弊，在具体运用中要根据市场情况及需求来选择，也可以根据实际情况结合起来使用，取长补短，提高效率。

二、科学实施体育旅游营销策划

(一)体育旅游市场营销策划方案

一份完整的体育旅游市场营销策划方案通常主要包括以下几部分内容。

1. 执行概要和目录

在体育旅游市场营销策划方案设计中，开头应该简短陈述主要目标和内容，包括概要、目录两部分。

（1）概要

概要就是高度概括说明策划内容，目的是使客户在短时间内明确策划的核心与重点。

（2）目录

简单罗列各部分内容的清单就是所谓的目录，目录能够使客户对策划内容的全貌形成快速了解，并为客户查阅相关内容提供方便。

2. 当前营销状况

营销策划方案中当前营销状况这部分内容应包括体育旅游产品在当前营销中的市场情况、竞争情况、分销渠道等，详细说明这部分内容，有助于对体育旅游目标市场以及公司在目标市场中的地位进行准确把握。

3. 机会和问题分析

依据当前营销状况，总结当前市场形势，对公司和产品面临的 SWOT（机会、威胁、优势、劣势）及在整个策划期内面临的问题进行综合分析。

一般用 SWOT 分析工具对公司与产品面临的机会和问题进行分析，通过分析可以对公司和产品的内外环境做出全面评估，进行整体了解。

4. 营销目标

本计划期内要达到的目标就是营销目标，实施营销战略和行动方案需要以营销目标为指引。要实现预期的营销目标，不仅要销售高质量的产品，获得利润，还要不断深入开发和科学培育市场，美化与提高企业与产品形象。

一般应在分析机会与问题的基础上制定营销目标，这是营销策划的核心部分，必须重视起来。目标一经确立，就要积极付诸行动，为达成目标而努力。

5. 营销策略

为实现营销目标而采用的手段和途径就是营销策略，包括目标市场选择策略、市场定位策略、营销组合策略等。

在这一部分，要对每个营销组合要素的具体措施进行阐述，对每项战略如何应对机会和威胁做出解释，并且说明策划中的关键问题。

6. 行动方案

为开展计划而采用具体行动时，需要事先做好行动方案，方案中要说明的问题一般包括要做什么、需要投入多少成本、什么时候开始做、什么时候完成、由谁负责什么工作等方面。总之，要对战略实施的各个因素、环节进行全方位细致的考虑。

在实践策划中，可以将以上问题和每项活动的具体程序表详细列出，这样能够为执行计划和检查实施效果提供方便。

7. 预算和控制

在营销策划中，要将各项收支预算明确列出，这是企业购买材料、安排生产、开展营销活动的重要依据。此外，还要充分控制执行营销策划的整个过程，督促各部门改进工作，高质量完成任务，达成预期目标。

（二）体育旅游市场营销策划的内容及方法

1. 产品策划

从市场营销学角度来看，市场中提供的可以使人们某种需要得到满足的所有物品和劳务就是产品。产品的表现形式丰富多样，既包括实物、组织等有形的形式，又包括服务、意识等无形的形式。随着科技的不断发展，人们的体育旅游需求逐渐增多，为了满足人们的多元化需求，必须向消费者提供多样化、高质量的体育旅游产品，而前提是从全面的视角来深入认识和理解体育旅游产品的整体概念。

一般将体育旅游市场中提供的可以使体育旅游消费者各种需求得到满足的一切物品和劳务称作体育旅游产品，体育旅游者在旅游过程中经历的各种事物与现象的总和都包含在体育旅游产品这一整体概念中。开展体育旅游活动，要以体育旅游产品为基础和前提，而进行体育旅游经营，则应以旅游产品策划为核心。体育旅游产品的策划环节对其他经营活动策略有非常重要的影响。一般来说，以体育游览为主要目的的旅游活动都属于体育旅游产品的范畴。体育旅游产品与一般旅游产品有明显的不同，这主要从以下两个方面体现出来。

一方面，体育活动是体育旅游活动的核心，必须围绕体育活动这一核心来提供产品和服务。

另一方面，以体育旅游消费者参与方式的差异为依据，可以将体育旅游产品分为两种不同的类型，即参与性体育旅游产品和非参与性体育旅游产品。

作为一种综合性产品，体育旅游产品有很多组合形式，常见的有以下三种。

(1)时间组合型。主要以季节变化为依据对不同的旅游产品进行组合。吉林夏季的登长白山、秋季的狩猎游、冬季的冰雪体育游等就属于时间组合型的产品组合形式。

(2)空间组合型。主要是通过地域空间转移促进旅游内容不断丰富。篮球两地竞赛游等就属于这类组合形式。

(3)内容组合型。主要以体育活动的主题为依据，对活动的组成部分进行选择。一般将体育旅游内容组合型产品分为两种类型，即专业型组合产品、综合型组合产品。少林武术精髓游、少数民族体育文化游等就是这类组合形式。

体育旅游产品的不同组合形式促进了体育旅游结构的丰富与完善，促进了体育旅游吸引力的增强。在对体育旅游产品进行组合的过程中，应对体育旅游产品策划的针对性、完整性、优惠性及多样性等进行全方位的考虑。

发展体育旅游业，对体育旅游新产品进行开发是关键，体育旅游经营单位生存能力的高低主要反映在其开发旅游新产品的能力中。对体育旅游产品中的任何部分进行改革与创新，最后呈现出来的产品都是体育旅游新产品。不管是改革还是创新，都必须保证体育旅游新产品比原有旅游产品更好，更能满足体育旅游市场需求，更能吸引消费者。

体育旅游参与者不管是参与型还是观赏型，它们具有共同的旅游消费心理，即满足自身的"新奇""刺激"的需求。所以，除了一般性的体育旅游项目外，江河漂流、沙漠徒步、高山探险及武术等独一无二的体育旅游资源和民族民间特色鲜明的体育旅游项目对体育旅游者的吸引力更强。体育旅游经营单位要注重开发与拓展这些有鲜明特色的体育旅游业务，从而吸引更多的体育旅游消费者。

2. 时空策划

(1)时间策划

开展体育旅游经营活动，必须先进行体育旅游经营的时间策划，就是以不同季节特征为依据对相应的体育旅游产品进行开发，将不同的旅游产品提供给消费者，这也是发展体育旅游的一项重要原则。季节性明显的体育旅游项目主要有水上运动、冰雪运动、登山运动等。一般来说，应在夏季开发登山旅游项目、水上运动项目，冬季开发冰雪旅游项目。

在国际或国内重大赛事举办期间，可以借此契机拓展体育旅游业务。对于体育旅游经营单位而言，各种类型的重大国际或国内体育比赛对其来说都是宣传体育旅游产品与服务的绝佳机会，这个机会一旦错过，就很难在短时间内扩大体育旅游市场了。在利用重大体育赛事扩大体育旅游市场，宣传体育旅游产品及服务方面，国外旅游公司积累了丰富的经验，并取得了可观的成果。

例如，1984 年初，南斯拉夫借助冬季奥运会使本国经济获得了极大的发展。南斯拉夫将体育旅游和运动比赛巧妙结合起来，从而使该届冬季奥运会成了全世界冬季体育旅游的中心。再如，中国足球队首次进入世界杯是在 2002 年的日韩世界杯，韩国旅行社抓住这一天赐良机，通过增开航班、增加座位、增设旅馆等措施来满足中国球迷的观战需要，从而获得了巨大的经济利润。可见，将重大体育赛事利用起来对推动体育旅游经营发展具有重要意义。

(2)空间策划

合理选择与确定空间也是开展体育旅游营销活动的一项重要策划。体育旅游者选择滑雪地、海滨浴场时要遵循因地制宜的原则。国外体育旅游者尤其是欧洲、日本、美国等体育旅游者大多是不怕冷的。因此在北方地区除了开发滑雪等冬季旅游项目外，还可以开发其他体育旅游项目。体育旅游项目大都是室外项目，因此在确定体育旅游的空间时，应尽可能以北方地区为宜。

此外，合理选择空间还包含另一方面的含义，即所选的体育旅游项目开发地的自然环境和生态环境良好，没有遭到污染和破坏。需要注意的是，确定体育旅游空间时，尽量不要选在工业区和城市中心，因为体育旅游爱好者只想通过参与自己感兴趣的体育旅游项目而获得难忘的体验，对自己需求和动机之外的其他事务一般不感兴趣。而工业区和城市中心又比较嘈杂，而且污染严重，这会严重影响体育旅游者的旅游体验。

3. 促销策划

体育旅游促销策划中最常见也最重要的形式是促销组合，企业为促销的需要适当选择及综合编配广告、销售促进、宣传与人员推销等多种促销方式的过程就是促销组合。

目前我国体育旅游的发展还处于起步阶段，未开发与利用的体育旅游资源还有很多，所以，体育旅游的经营单位要进一步对我国的体育旅游资源、设施、服务等广泛宣传，不断扩大对体育旅游经营业务的拓展，将国内体育旅游市场和国际体育旅游市场的全面开发充分重视起来。在开发过程中，一方面要吸引外国的体育旅游爱好者来我国参与体育旅游活动；另一方面要组织我国的体育旅游爱好者去其他国家参与体育旅游活动。只有这样，才能促进我国体育旅游市场的扩大和体育旅游经营单位经济效益的提高。

通常，广告、宣传品、公共关系等是常见的几种体育旅游促销方法。要想将这些促销方法在目标市场中的作用充分发挥出来，必须对体育旅游产品的特征、体育旅游消费者的特征等因素进行仔细分析，从而对具体促销策略做出正确选择。

作为一种较为常用且非常有效的体育旅游促销方法，广告能够在极短的时间内向众多的体育旅游消费者传达体育旅游信息。采用广告促销方式主要对体育旅游产品意识进行建立，因此在采取这种方式时，必须注意对体育旅游产品的独特性进行强调。出版物、电视、音像制品、报纸、杂志、网络等都是非常重要的广告媒体。不同传播媒体的特征和读者群各不相同，在具体运用时，应以实际需要为依据恰当做出选择。

散发体育旅游宣传品也是一种非常有效的产品促销方式。体育旅游经营单位对体育旅游产品和体育旅游服务进行宣传时所采用的宣传册、纪念品等都属于体育旅游宣传品。将体育旅游宣传品散发出去，可以将重要的体育旅游产品与体育旅游服务信息传递给目标市场，从而吸引目标体育旅游消费者的目光和注意力，使其对体育旅游产品和服务做出相应的消费行为。体育旅游消费者的购买行为反过来又能够进一步推动体育旅游产品及服务的宣传。

体育旅游经营单位对体育旅游产品及服务进行宣传时，必须与社会公众建立良好的公共关系。公共关系指的是为了使体育旅游经营单位与公众之间建立良好的关系，并对体育旅游经营单位提供的体育旅游产品和服务进行改善而设计的一系列沟通手段。有效的公共关系能够产生大量的人群影响，能够鼓励更多的人对体育旅游产品和服务做出消费行为。将精心选择的消息导向主要目标群体是公共活动的关键，在这一过程中，公关部门必须与新闻界建立并保持良好而稳定的关系，并通过宣传报道来吸引消费者的注意。向社会大众宣传体育旅游产品时，有必要针对体育旅游目标消费者开展咨询服务，将一些重要的咨询建议提供给体育旅游经营单位的管理者，同时还要注意积极前往政府相关部门进行沟通，使体育旅游经营单位的发展得到政府的大力支持与保护。

（三）体育旅游市场营销的实施

体育旅游市场营销的实施具体包括如下工作环节。

1.制定行动方案

为了有效实施营销战略，需科学制定营销方案，将营销战略实施的关键性决策和任务明确下来，并合理安排任务，使个人或小组都能高效率地完成任务。此外，在行动方案中还要做好具体时间的安排工作。

2.建立组织机构

在实施营销战略的过程中，建立组织机构具有决定性作用，这主要是因为组织结构具有以下重要功能。

第一，明确分工，将全部工作分解成几个部分，再分配给有关部门和具体人员，以便管理。

第二，发挥协调作用，通过组织联系和信息沟通网络对部门之间的行动进行有效协调。

体育旅游企业的发展战略不同，需要建立的组织结构也就不同，二者必须保持协调一致。

3.开发人力资源营销战略

人力资源的开发涉及选拔、培训、激励、考核等多个环节。在对体育旅游产业相关人员进行聘用配置时，要人尽其才。为提高这些资源的工作积极性，要制定合理的工资制度、福利制度和奖惩制度，发挥这些制度的鼓励与监督作用。

4.设计决策和报酬制度

营销战略实施的成功与否与这一环节有直接关系。以评估和报酬制度为例，如果以短期经营利润为标准来评估工作人员，就无法长期鼓励人们工作的积极性。

5.协调营销战略实施系统各要素的关系

为了将体育旅游市场营销战略真正付诸实践，必须充分协调战略实施系统内部各要素之间的关系，高度发挥各要素的作用，最大化地提高实施效果。

6.建立企业文化

体育旅游企业的经营思想和领导风格、工作人员的工作态度和作风等都受企业文化影响，因此必须建立和完善体育旅游企业文化，发挥企业文化的积极影响。

(四)体育旅游市场营销控制

体育旅游市场营销控制就是对体育旅游企业的市场营销业绩进行检查与评估。具体程序如下。

(1)制定评估原则。

(2)评估营销业绩。

(3)对比业绩标准。

(4)分析造成差距的原因。

(5)改进营销方案。

(6)修订业绩标准等。

体育旅游市场营销控制的主要目的是有效调节体育旅游市场营销活动,更好地适应企业不断变化的内外环境。

体育旅游市场营销控制主要包括以下三种类型。

1. 赢利控制

体育旅游企业分析与评估各类体育旅游产品、消费群、分销渠道等的获利能力,这就是赢利控制。分析赢利能力需要全面处理财务报表和数据,把企业所获得的利润分摊到地区、产品、渠道、消费者等因素上,从而对每个因素的获利能力及其对企业最终获利的贡献大小进行分析与把握。分析各个因素的获利能力主要是为了发现妨碍获利的因素,采取有效的措施将这些不利因素排除或削弱这些因素的不良影响。因此,体育旅游市场营销管理者必须从各方面因素的特点和类别出发,将财务报表充分利用起来,重新对各种营销损益表进行编织,并对各损益表进行深入分析。由于体育旅游产品形式多样,所以赢利渠道也是多元的,企业要不断开发各种有利的渠道来获取利润。

2. 年度计划控制

确保获得年度计划中确定的销售利润、市场份额,实现年度计划中的其他目标,这是实施年度计划控制的主要目的。这种控制类型的主要内容是控制销售额、控制市场占有率、控制费用率等,控制过程如图 4-1 所示。

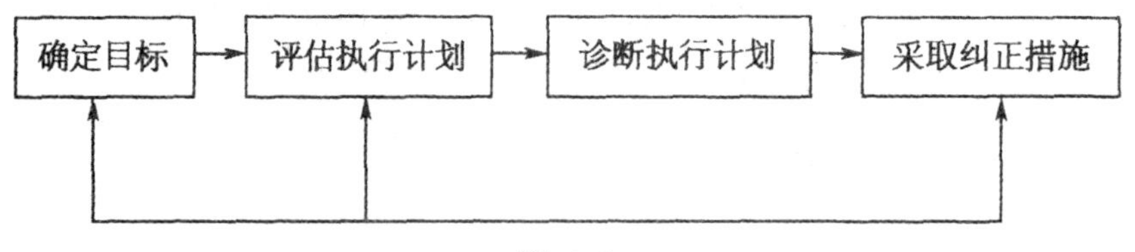

图 4-1

3. 战略控制

确保体育旅游企业的发展目标、政策、战略与市场营销环境相适应，这是战略控制的主要目的。体育旅游市场环境复杂多变，所以预定的目标和战略也不是一成不变的，要根据环境的变化进行适当调整。随着市场的变化，企业应该利用“营销审计”工具重新对企业的营销战略和实施情况进行批判性的评估。营销审计指的是定期对企业的营销环境、营销目标、营销战略和营销活动进行独立、系统、综合的审查，寻找营销机会，发现问题，提出改善的行动计划和建议，供企业决策参考和采纳。①

三、完善体育旅游市场经营与管理

（一）体育旅游市场经营策略

1. 明确目标市场的需求

制定体育旅游产品营销计划的首要条件就是了解体育旅游者的特殊需求。体育旅游者与普通旅游者和体育爱好者都不同，这是比较特殊的群体，他们的需求欲望也比较独特。市场营销观指出，明确目标市场需求，并能以有效和高效的方法满足市场需要，是达到企业目标的关键。

经济的发展和生活方式的现代化改进使人们的物质财富和余暇时间不断增加，但同时也产生了一些对人们健康和生活不利的因素。现代社会中，人们面临越来越大的压力，社会竞争不断加剧，再加上缺乏运动，亚健康人数不断增加，对此，人们渴望摆脱压力，放松身心，这些需求在体育旅游中可以得到充分满足。

有关调查表明，目前我国普通客源市场比例大约占 45％，这

---

① 刘勇. 体育市场营销[M]. 北京：高等教育出版社，2007.

类市场以实践型、休闲娱乐型为主，与现阶段我国体育旅游产品的供求能力相符；而特殊客源市场比例大约为33%，以冒险型、极限型为主，可见我国体育旅游市场的开发前景良好。潜在客源市场大约占22%，以康乐保健型、启迪开智型为主，这说明我国体育旅游产品的开发潜力非常大。

2. 构建体育旅游产品的区域定位策略和营销组合策略

在对体育旅游产品进行细致分析的基础上，按区域细分体育旅游产品市场，对目标市场加以选择并明确下来，对客源市场进行深入调查与研究，将能够满足消费需求的体育旅游产品和产品项目列出，这是体育旅游市场分析的主要目标。明确目标后，再分析体育旅游市场经营与发展的环境制约因素。

体育旅游产品与一般旅游产品相比，对自然环境因素的依赖性更大，因此很容易被自然环境因素影响和限制。在此基础上，可开发适应性较强的地域性体育旅游产品及容易建设的体育旅游产品，突出产品特色，这对提高体育旅游市场开发的整体水平是有积极影响的，通过此可将区域定位策略和营销组合策略确定下来。

3. 制定恰当的体育旅游产品策略

在体育旅游市场营销策略中，体育旅游产品策略是核心部分，其中包括现有体育旅游产品的经营、开发以及设计新的体育旅游产品等。企业要从市场需求出发树立品牌意识，提高体育旅游产品的品牌影响力，刺激消费者的需求，然后尽可能满足消费者。

对体育旅游产品线进行设计时，需要严格遵循市场规律、突出产品的主题和特色，坚持产品的丰富多样性原则。同时，营销策略的前瞻性和可行性也是要重点考虑的问题。

4. 建立体育旅游产品的分销系统

我国体育旅游起步较晚，群众基础还不够稳定，因此还需继续扩大宣传，通过舆论导向推动体育旅游市场的稳定发展。在体育旅游产品宣传方面，有关部门要充分发挥自身的职能，通过举办一些主题活动扩大体育旅游的影响力。

此外，在体育旅游宣传中，要将广播、电视、报刊、网络等新闻媒体充分利用起来，发挥这些媒介的作用。另外，企业还可以利用新科技建立体育旅游热点网站，深入开展网络营销，从而使体育旅游产品线的知名度不断提高。

5. 建立体育旅游者反馈信息系统

体育旅游人群相对来说是较为稳定的，如球迷、体育爱好者等，针对这些群体建立体育旅游者反馈信息系统，适时听取他们的意见和建议，可以有针对性地对旅游产品和服务进行改进和创新，从而使体育旅游产品更好地满足旅游者的需求，以巩固老顾客，增加新顾客。

（二）体育旅游业务日常管理

体育旅游业务日常管理程序及环节如图 4-2 所示。

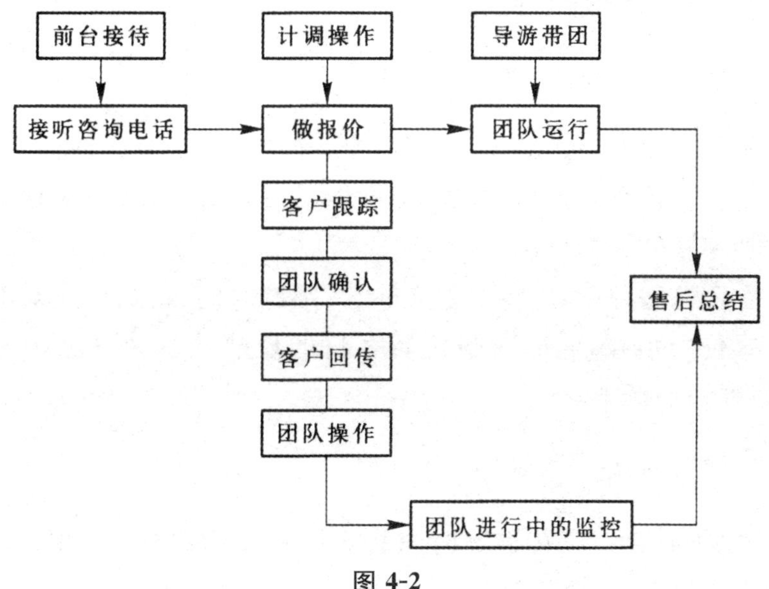

图 4-2

1.客户询价

前台接待人员接听咨询电话，将对方的姓名、电话、人数、出行日期、行程线路、等级标准和特殊要求等一一问清楚，并将这些信息详细记录下来。

2.做报价

前台接待人员将客户询价信息转交到计调。计调人员找出客户需要的产品，给出报价。与客户认真沟通，将客户出行计划确定下来。沟通过程中，计调人员应注意以下几点。

(1)了解客人在行程中可能的适应状况，如果客人所选的线路不符合客人实际状况，要善意提醒与劝阻。提前告诉客户有关体育旅游线路的政策性变化，以使客户及时对行程做出调整。耐心、认真地解答客户提出的问题，实事求是，不隐瞒，不夸大。

(2)合理报价，不要一味追求高利润。因为对于公司来说，首先要提高市场占有率。

(3)准确做出报价回复。

3.客户跟踪

报价后要及时跟踪，在保证质量、确保可以盈利的前提下，以实际情况为依据对价格和供应标准灵活进行调整，从而提高报价的成功率。

在团队跟踪中，应将跟踪人姓名、跟踪时间、跟踪情况明确标注在报价单顶端，同时对报价后客户的反映认真做好分析与评估，以便适当调整。

4.团队确认

团队确认后，应在第一时间将定购单交给票务部，对票务预定状态进行核实、确认。

5.客户回传

客户回传后做好以下安排。

(1)通知客户需要带哪些证件,将出票时间、收款方式向团队告知。

(2)向票务部发出通知,让工作人员出票。

(3)按照一定的要求认真填写旅游团队财务通知单。

6.团队操作

将计划书发送给各有关单位,逐一落实,包括用房、用车、用餐、地接社、返程交通等。

7.团队运行

遵循"一进一出"原则,即要密切关注团队抵达第一天及返程最后一天。遇到问题或投诉时,及时与客户取得联系,认真沟通,迅速解决问题,保护客户的利益。

8.售后服务

团队返程后,主动与客户沟通,了解客户意见。如无问题,整理团队资料并存档。

(三)体育旅游市场风险管理

因为体育旅游的特殊性,所以在体育旅游市场中难免会遇到各种风险,这就引发了体育旅游的安全问题,安全事件的出现对体育旅游市场的健康与可持续发展造成了严重影响。为了规避风险,减少对体育旅游市场的影响,需在体育旅游经营管理中加强风险管理。

下面主要分析体育旅游风险的基本知识及管理方法。

1.常见的体育旅游风险

依据体育旅游风险产生的原因,可以将其划分为以下三种类型。

(1)自然风险

地震、海啸、暴风雪、洪水等是常见的自然风险,不可预见、不可抗拒是这一风险类型的主要特征。

(2)人为风险

体育旅游中造成人为风险的主要原因如下。

①体育旅游者缺乏一定的专业知识和专业能力。

②体育设施陈旧,没有及时维修与更换。

③体育旅游景区管理不当等。

(3)社会风险

体育旅游中遇到的民族冲突、恐怖袭击等属于社会风险。

对以上几种常见的风险类型进行有效识别是顺利开展体育旅游风险管理工作的基础与前提。

2.体育旅游风险的形成

体育旅游风险的形成与以下两大因素直接相关。

(1)体育旅游内部因素

体育旅游集休闲、趣味、刺激等特点于一体,深受广大旅游爱好者及体育爱好者的喜爱,其以自身放松身心、增添生活情趣等功能吸引了大量的旅游者。但体育旅游同时具有惊险性、刺激性,所以有一定的危险因素。刺激性的体育旅游项目本身就有很多的惊险动作,而且动作难度较高,甚至有些项目带有探险性质。如果有关部门不妥善管理这些刺激性的项目,或者旅游者没有准确掌握难度动作,就容易引起意外伤害。

(2)体育旅游外部因素

体育旅游中,有些意外事故是由交通、气候突变等原因引起的,有些是因为景区治安不当、公共卫生等而引起的,这些都是外部因素所致。具体来说,体育旅游风险形成的外部因素主要包括政治影响、洪水、台风、流感、海啸等公共灾害事件,这些因素对旅游者的人身财产安全、景区的经营管理都造成了严重影响。

3. 体育旅游风险的影响

体育旅游风险对旅游者的身心、财产以及体育旅游市场的稳定所造成的严重影响，具体表现如下。

（1）风险对游客的影响

在体育旅游景区，一些风险因素的存在会引起游客的恐惧与恐慌，游客在感觉到风险后，会放弃继续旅游。旅游景区一旦发生交通事故或重大治安事件，就会减少对游客的吸引力，游客在考虑自身生命与财产安全的基础上会主动放弃去该地旅游。所以说，体育旅游风险对游客选择景区有重要影响。

（2）风险对旅游经营的影响

体育旅游风险事件是非预期事件，其不仅会对游客旅游的心情和旅游景区的经营秩序造成影响，还会使旅游景区所在地其他链条的从业人员减少，并造成当地物流、信息流、资金流的减少，从而给当地经济收入造成损失。因此说，游客的旅游决策一旦因为旅游风险而受到影响，当地经济发展也会因此而受到影响。

4. 体育旅游风险基本管理技术

（1）风险规避

体育旅游者个人或团队放弃原先承担的风险，通过回避风险的方式来脱离风险的危害，这就是风险规避。这种风险管理方法最为简单、有效，能够使风险发生概率降到零。但是，这种风险管理比较消极，旅游者为了回避风险，在体育旅游过程中不得不放弃计划了很长时间的旅游，失去了放松心情、亲近大自然、锻炼体力及获得最佳体验的机会。一般来说，如果旅游者即将参与的旅游项目很容易发生风险，而且风险造成的伤害和损失很严重或发生风险的概率小，但一旦发生很严重的后果时，可以采取风险规避方式。例如，体育旅游者如果准备去登山，但天气情况十分恶劣时，最好放弃登山计划，规避风险，保障安全。

(2)风险控制

预防体育旅游风险或者减少体育旅游风险带来的损失就是风险控制。体育旅游者在开始旅游之前,需先做好充分的准备,对可能发生的体育风险事件以预防为主,这样在出现风险后,可减轻风险造成的损失。风险控制包括风险预防、损失控制。

①风险预防

风险预防指的是在事前采取各种有效措施减少风险发生的概率,风险预防关键在于"防"。与传统旅游相比而言,体育旅游风险较大,所以,体育旅游者在参与体育旅游活动前,一定要有高度的安全意识,树立风险防范意识,对一些基本的应急知识、应急处理方法加以掌握,根据自己的身体素质量力而行。体育旅游领队更应该注意这些方面的准备,不断提高自身的风险应对能力、领导能力、沟通能力以及专业素养。

②损失控制

损失控制指的是在出现风险后,采取各种可行措施降低风险所造成的损失。在体育旅游过程中,一旦遇到了风险,领队要注意对全局的掌控,与团队成员共同商讨如何应对风险,避免因风险事件进一步恶化而造成更大的伤害与损失。

(3)风险转移

把风险转嫁给别人,避免或减少给自己造成损失的风险管理行为就是风险转移。一般来说,体育旅游风险的转移方法主要有以下两种形式。

①转移风险源

将大部分风险转移给有丰富经验、先进技术装备、较强风险抵御能力的俱乐部或户外旅游社等,这就是转移风险源。

②转移全部或部分风险损失结果

转移部分风险损失结果或全部风险损失结果时,需先购买相关保险,从而将损失转移到保险公司。

体育旅游过程中,风险随时都有发生的可能,而且体育旅游者不管采取哪种措施,都难以完全避免。在发生风险后,对受害者进行保护与补偿的最好方式就是保险。需要注意的是，在出现风险的概率低但一旦发生风险，损失就很严重的情况下，风险转移的管理方法比较可取。

(4)风险自留

体育旅游者自己承担发生的风险就是风险自留。通常可以将风险自留分为以下两种类型。

①主动风险自留

主动风险自留指的是对比各种风险处理方式，对各种方式的利弊进行权衡后对自己承担部分风险还是全部风险做一个决定，这种风险管理方式比较周密，而且旅游者可以承担风险带来的损失。

②被动风险自留

被动风险自留指的是出现风险后，因为对风险的评估不准确而无法应对风险时，不得不承担风险带来的损失。一般来说，被动的风险自留会给体育旅游者造成不利影响，旅游者难以承受风险带来的损失。因此，体育旅游者尽可能不要采取这一风险自留方式，以免造成不可预测的损失。

在风险发生概率小，且风险发生后带来的损失少的体育旅游活动中，采取风险自留的管理方式比较可行，如果体育旅游活动的风险发生概率高，且损失严重，不适宜采取这种管理方式。因此，体育旅游者应根据不同的旅游活动来采取适当的风险管理方式。

5.体育旅游风险防范与管理策略

(1)在风险防范与管理中投入一定的技术力量

在体育旅游风险防范与管理中，技术投入非常重要，不管是政府部门的监督管理，还是体育旅游企业的内部管理，都应该将这个环节重视起来。

专业技术人员的风险防范管理在体育旅游风险管理中是非常重要的一环，各级部门及企业内部要做好技术培训工作，加强风险知识教育,及时维修设施,加强技术防范,充分发挥技术力量的作用。

(2)完善风险预警与应急处理机制

体育旅游风险管理系统既包括风险预警,又包括应急处理。在风险预警中,要做好风险监测、处置等工作。在应急处理中,体育旅游部门要依据规范和要求认真处理风险事件,争取将风险造成的不利影响控制到最小。

(3)加强风险防范与管理的综合治理

有些体育旅游风险是可预见的,而有些风险是不可预见的,造成旅游风险的因素有很多,因此必须加强综合性的管理与治理。对此,国家要加强对相关法律的制定,并不断健全与完善,将严格规范的防范管理要求明确提出,对各地、各部门、各级政府和旅游企业的职责加以明确,综合检查、综合治理、综合监督,做好监管与预防风险的工作。

(4)注重风险事件发生后的形象宣传

体育旅游风险事件发生后,旅游企业应该冷静对待媒体,实事求是地提供事件信息,以免一些不切实际的流言蜚语给企业带来不利影响。同时,企业要积极宣传景区的美好形象,消除游客的心理阴影。总之,企业要从各方面积极应对风险事件发生后的问题,争取减少损失,重新树立形象。

第三节　体育旅游产品的开发与创新

一、体育旅游产品的特征

(一)体验化特征

在传统消费环境中,消费者对产品的功能和质量更为重视,但在当前的体验经济时代下，消费者对产品带来的体验感较为偏重。随着社会的发展，很多人的需求已从物质需要过渡到体验需求，所以消费需求也发生了相应的变化，体验化需求越来越强烈。

（二）个性化特征

当前，旅游者积累的旅游经验越来越丰富，他们已经厌倦了传统的服务和产品，并对充满个性的服务和产品展开追求。传统大众旅游模式近些年在我国乃至全世界都在慢慢衰退，而更能满足旅游者体验需求的专题旅游、特色旅游及度假旅游等参与性旅游产品得到大量开发，获得了快速发展。

（三）情感化特征

随着人们经济收入的增加和生活水平的提高，他们对生活质量的追求越来越强烈，体现在体育旅游方面，就是将关注焦点从体育旅游产品的价格及质量转移到旅游产品对自身情感的满足程度，能够与自身情感产生共鸣的旅游产品更容易吸引旅游者。

（四）主动化特征

体验经济时代，体育旅游者正从被动接受慢慢转为主动参与。旅游者希望可以和旅游企业共同开发符合自己意愿的旅游产品，在参与产品生产设计的各个环节中，他们将自己的创造力和想象力充分发挥出来，使创造出的旅游产品更有个性与价值。

（五）绿色化特征

体育旅游的发展需要坚持可持续发展理念的指导，在可持续发展背景下，旅游者的绿色消费观不断提高，重视环境质量、追求绿色消费的旅游者越来越多，因此绿色体育旅游产品赢得了人们的青睐。当前，旅游者热捧的生态旅游产品已经迅速发展起来，可见体育旅游产品呈现出绿色化特点。

二、体育旅游产品开发的一般原则与程序

(一)体育旅游产品的开发原则

体育旅游产品开发需贯彻以下原则。

1. 市场导向原则

体育旅游产品的生产与发展方向直接由体育旅游需求决定。因此,开发与设计体育旅游产品必须以体育旅游消费者的需求为依据,坚持市场导向原则,具体应做到以下两点。

(1)深入分析体育旅游市场,明确市场定位,遵循市场经济规律。

(2)以体育旅游市场的变化和体育旅游产品的生命周期变化为依据,不断挖掘现有产品的新功能,不断开发新产品,使旅游者的需求尽可能得到最大满足。

2. 系统开发原则

体育旅游产品是综合性产品,其功能与一般旅游产品不同。开发体育旅游产品涉及多个部门,过程复杂。因此开发过程中必须站在综合、系统的角度上全面规划,协调好每个环节。

3. 突出特色原则

对于体育旅游产品而言,特色就是灵魂,要提高体育旅游产品的竞争力和吸引力,必须从挖掘与强化产品特色入手。突出特色原则要求体育旅游企业对体育旅游产品的文化进行深入研究,将其不同于其他产品的独特性提取出来,并不断强化产品特色。

4. 可持续发展原则

体育旅游产品开发以丰富的体育旅游资源为基础,部分体育

旅游资源不可再生，因此开发体育旅游产品必须遵循可持续发展原则，具体做到以下两点。

(1)尊重体育旅游产品的生命周期规律，针对不同阶段产品的特征对体育旅游产品进行开发。

(2)在体育旅游产品开发中有意识地保护生态环境，节约资源。

(二)体育旅游产品的开发程序

开发体育旅游产品不仅是设计新产品，还要改进现有产品。体育旅游产品的开发并非一个线性过程，开发后还要进行科学检测和及时反馈，不断改进与完善。因此，体育旅游产品开发是一个循环过程，具体包括图 4-3 所示的步骤。

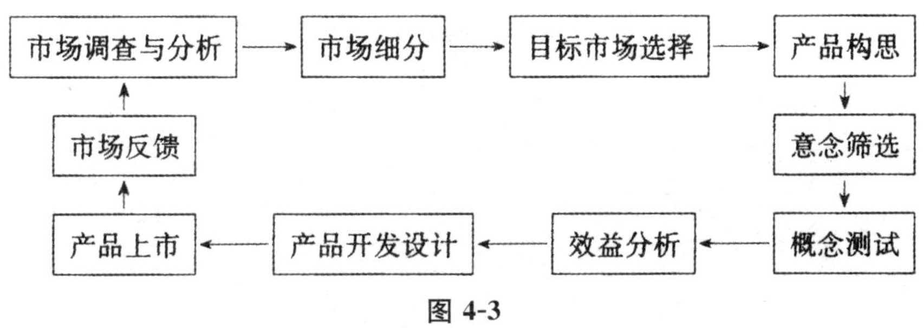

图 4-3

下面对图 4-3 所示的步骤逐一进行分析。

1. 市场调查与分析

通过进行体育旅游市场调研，探索没有被满足的市场需求，进一步筛选市场需求，将市场价值高的有效需求确定下来，再根据其特征对新体育旅游项目和产品进行开发。

2. 市场细分

依据影响体育旅游者需求变化的因素，把整体有效需求市场划分为若干具有不同需求的旅游者群体，然后再根据不同旅游群体的实际需求对旅游市场进行细分。

3.目标市场选择

评估细分后的各个市场,对每个细分市场的发展潜力进行评估,选择开发价值最高的细分市场为目标市场,以此为依据将体育旅游产品开发的具体事宜确定下来。

4.产品构思

以体育旅游目标市场的特征与需求为依据,设想体育旅游产品的基本轮廓。企业内部、企业外部(旅游者、竞争对手等)都是构思的主要来源。

5.意念筛选

从企业的资源、条件、市场状况、经营管理水平等方面着手对上面得出的构思进行综合评价,将不可行的想法排除,明确可开发的构思方案。

6.概念测试

把确定后的体育旅游产品构思转化成具体的产品概念,接受目标市场测试,从中获取反馈,并对比与分析产品概念与竞争对手、顾客需求之间的差异,从而明确旅游产品定位,对相应的营销计划进行设计与安排。

7.效益分析

评估新旅游产品的可行性和收益率,以此来决定是否开发该旅游产品并将其投入市场。

8.产品开发设计

产品开发设计是体育旅游产品开发的实际运作环节,企业着手开发与设计有开发价值的旅游产品时需完成以下工作。

(1)投入资金,采购设备。
(2)调配各部门的力量。
(3)选聘专业人员。
(4)建立各种沟通关系。
(5)与有关供应商讨论合作事宜等。

9. 产品上市

产品上市即正式向市场投放开发成功的体育旅游产品,销售新产品。随着市场需求的变化,企业及时收集反馈信息,根据市场需求改进与更新旅游产品,以满足体育旅游市场的新需求。

10. 市场反馈

将新产品投放市场销售后,企业应进一步深入了解消费者对新产品的评价,收集反馈信息和意见,认真分析,从而有针对性地改进产品和服务,提高产品质量。

三、体育旅游产品的生命周期及调控

(一)体育旅游产品生命周期理论

体育旅游产品的生命周期指的是体育旅游产品从进入市场到最后被市场淘汰、退出市场的整个过程。体育旅游产品生命周期理论是从时间层面对产品进行研究和评价的,该理论为体育旅游产品演化、发展的分析及预测,为体育旅游产品的市场营销提供了重要理论依据。

一个旅游产品的发展变化过程一般经历导入期、成长期、成熟期和复兴期或衰退期共 4 个阶段(图 4-4)。

下面具体分析图 4-4 所示的几个时期。

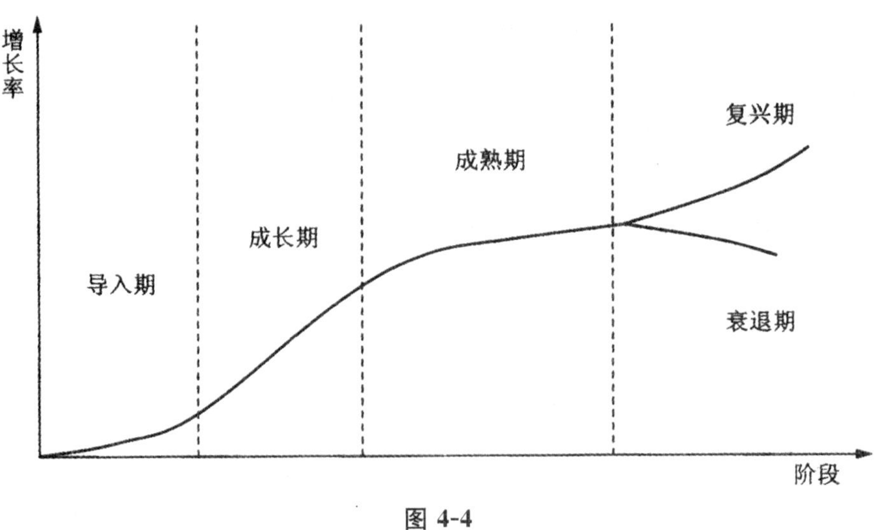

图 4-4

1. 导入期

新的体育旅游产品进入体育旅游市场的时期就是导入期，主要表现为建成新的旅游景点、旅游娱乐设施，开通新的旅游线路，推出新的旅游项目等。

导入阶段的体育旅游产品具有以下几个特点。

(1)体育旅游者对新的体育旅游产品还没有完全了解和接受，新产品的销售缓慢增长，而且还不容易发现规律。

(2)企业通过大量的广告和促销手段使体育旅游者了解与认识新产品的特征与价值，营销成本高。

(3)体育旅游企业投入大量费用，但接待量很少，经营成本高。

(4)旅游者试验性购买新产品，重复购买较少。

(5)企业销售量小，销售额低，利润小，甚至有些企业会亏损。

(6)还未出现同行竞争的情况。

2. 成长期

在成长阶段，体育旅游景点、旅游地的开发已经初具规模，体育旅游设施和服务配套提供，体育旅游产品的特色已渐渐呈现出来，前期宣传效果日渐明显。

成长阶段的体育旅游产品具有以下几个特点。

(1)体育旅游产品拥有一定知名度，销量增长迅速。

(2)旅游者基本熟悉了产品，试用的人减少，重复购买的消费者增加。

(3)广告宣传方面的投入相对减少，销售成本下降，利润增加。

(4)市场上出现相同产品，同行竞争日益激烈。

3. 成熟期

成熟期的体育旅游产品具有以下特征。

(1)潜在顾客减少，重复购买者增加。

(2)市场需求量达到饱和，销售量达到顶点。

(3)前期销售量持续增加，中期不增不减，后期几乎不再增长，甚至会减少。利润增长基本达到最高点，并逐渐下降。

(4)市场上的同类产品和仿制品层出不穷，市场竞争激烈。

4. 衰退期

产品的更新换代阶段就是产品的衰退期，这一时期的体育旅游产品主要有以下特点。

(1)新产品已进入市场，老产品逐渐被替代。

(2)旅游者对老产品不感兴趣，注意力集中在新产品上。

(3)大部分老产品市场销售量日益下降，少数名牌产品还比较稳定。

(4)同类产品之间价格竞争激烈，导致价格下跌，利润减少，甚至一些企业出现亏损迹象。

表 4-2 概括总结了四个不同阶段体育旅游产品的特征。

表 4-2　不同发展阶段体育旅游产品的特征

特征＼阶段	导入期	成长期	成熟期		衰退期
			前期	后期	
旅游人数	少	快速增长	缓慢增长	稳定或下降	下降
企业利润	亏损	增加	最高	盈利减少	低或亏损
市场占有率	低	扩大	最大	饱和	下降
单位成本	同	下降	最低	增加	增加
竞争	少	兴起	增加	最多	减少

(二)影响体育旅游产品生命周期的因素

体育旅游产品生命周期的长短主要受以下因素影响。

1.需求因素

需求因素具体指体育旅游消费者的愿望或动机,这是影响体育旅游产品生命周期的重要因素,体育旅游产品的产生、发展和消亡在很大程度上直接由消费者的需求决定。

随着现代人收入的增加、消费观念的变化及社会新旅游景点的出现等,体育旅游消费者的需求也发生了相应的变化,从而对体育旅游产品生命周期的演变造成重大影响。

2.供给因素

体育旅游产品的种类、质量,主导旅游产品的生命周期阶段以及体育旅游产业各部门间发展的平衡性都对体育旅游产品的生命周期有重要影响。

体育旅游产品种类少,难以吸引游客,会导致体育旅游市场的发展空间缩小。体育旅游产品质量差,影响体育旅游产品的美誉度、游客的满意度和忠诚度,会导致长期稳定消费者的数量减少。

3.吸引力因素

体育旅游资源的吸引力也是影响体育旅游产品生命周期的关键因素之一，具体表现如下。

(1)体育旅游资源具有吸引功能，体育旅游产品对旅游者的吸引力直接由该功能决定。一般来说，体育旅游资源越有个性与特色，就拥有越强的吸引力，从而促进客源增加，延长体育旅游产品的生命周期。

(2)体育旅游资源具有效益功能，体育旅游业发展水平直接由该功能决定。体育旅游资源的经济效益、社会效益、环境效益等越高，体育旅游业的发展环境就越好，这就会延长体育旅游产品的生命周期。

4.环境因素

这里的环境主要是指体育旅游企业的经营环境。体育旅游产品的生命周期在很大程度上受旅游企业经营环境的影响，这不仅体现在环境系统本身所产生的影响上，效应、需求和供给等因素注入企业经营环境后也会对旅游产品的生命周期产生影响。

从环境因素来看，体育旅游企业在经营中应积极适应社会大环境，与外部经营环境相互配合与协作，不断调整内部组织结构，完善内部管理体系，构建企业文化，树立良好企业形象，做好营销宣传工作，这样才能延长体育旅游产品的生命周期。

5.效应因素

对体育旅游产品生命周期产生影响的效应因素具体是指以下三个。

(1)经济效应

经济效应从以下两方面影响体育旅游产品的生命周期。

第一，正面的经济效应能推动体育旅游产品从导入期进入发展期和成熟期，并使其成熟期的时间延长，同时，还会促进体育旅游产品的进一步开发与发展。

第二，负面的经济效应会使体育旅游产品进入衰退期的时间提前。

(2)环境效应

环境因素对体育旅游活动的影响非常大。如果体育旅游产品管理不当，则会严重影响旅游地的环境，从而影响体育旅游者的消费需求和旅游愿望。

(3)社会效应

体育旅游产品进入导入期和成长期后，消费者能够积极推动体育旅游产品的生命周期演进；而在体育旅游产品进入成熟期后，因为同类产品大量涌现，消费者的消费目标发生转移，所以会导致旧的体育旅游产品快速进入衰退期。

(三)体育旅游产品生命周期的调控

为了提高体育旅游产品的经济效益、社会效益和环境效益，需要在体育旅游产品生命周期演变的不同阶段实施针对性调控，具体分析如下。

1.体育旅游产品导入期的调控

打造体育旅游产品的知名度，提高体育旅游产品的市场占有率是体育旅游产品导入期的主要营销目标。在这一时期，体育旅游企业应做好以下工作。

(1)想方设法让新产品快速进入市场，提高新产品市场占有率。

(2)提高企业的声誉，树立良好的企业形象。

(3)提高体育旅游产品的利润率，争取短时间内收回成本。

2.体育旅游产品成长期的调控

追求市场份额最大化是体育旅游企业在旅游产品成长期的主要营销目标。企业应积极调整营销策略，以提高产品市场占有率，继续维持市场增势，具体措施如下。

(1)提高产品质量，促进产品外延部分的扩大，探索和进入新的体育旅游细分市场。

(2)降低产品价格，吸引潜在消费者。

(3)积极进行宣传与促销，将潜在消费者的兴趣和购买欲望激发出来，从而成为固定消费者。

3.体育旅游产品成熟期的调控

保护市场份额、争取最大利润是体育旅游企业在旅游产品成熟期的主要营销目标，为实现该目标，企业必须加强对产品的创新，具体从以下三个方面着手。

(1)市场创新

通过市场渗透、市场开发使现期产品的消费量不断增加。

(2)产品创新

根据市场需求的变化改进现有旅游产品，提高体育旅游产品的吸引力。

(3)营销组合创新

以市场竞争状况为依据不断改进市场营销组合模式，尽量延长体育旅游产品的成熟期时间。

4.体育旅游产品衰退期的调控

压缩开支，获取剩余品牌价值是体育旅游企业在旅游产品衰退期的主要营销目标。为此企业可采取以下几种针对性策略。

(1)收获战略

针对知名度仍然较大或拥有一定市场占有率的产品，减少开发和宣传成本，继续对外销售，获取短期利润。

(2)放弃战略

企业应尽早放弃那些已经失去经营价值的体育旅游产品。

(3)维持战略

重新定位体育旅游产品或深入挖掘旅游产品的新功能，使其进入复兴期。

表 4-3 概括总结了不同阶段体育旅游产品的营销策略。

表 4-3　体育旅游产品各阶段的营销策略

<table>
<tr><td rowspan="2">阶段
策略</td><td rowspan="2">导入期</td><td rowspan="2">成长期</td><td colspan="2">成熟期</td><td rowspan="2">衰退期</td></tr>
<tr><td>前期</td><td>后期</td></tr>
<tr><td>策略重点</td><td>进入市场</td><td>扩大市场</td><td colspan="2">保持市场份额</td><td>选择撤退时期</td></tr>
<tr><td>生产策略</td><td>少量生产</td><td>扩大生产能力</td><td colspan="2">增加产品特色</td><td>转移生产方向</td></tr>
<tr><td>产品策略</td><td>试销产品</td><td>完善产品</td><td colspan="2">产品与市场改革</td><td>开发新产品</td></tr>
<tr><td>促销策略</td><td>宣传以增加了解</td><td>强调品质、品牌</td><td colspan="2">服务促销</td><td>发展新顾客</td></tr>
<tr><td>价格策略</td><td>一般较高</td><td>较低</td><td colspan="2">更低</td><td>最低</td></tr>
<tr><td>营销策略</td><td>树立形象</td><td>建立偏好</td><td colspan="2">建立品牌忠诚</td><td>保护品牌忠诚</td></tr>
</table>

四、体育旅游产品开发与创新的策略

(一)重视体验化项目开发

开发体育旅游产品,要把握一个核心内容,即体验,企业开发体验式体育旅游产品,要将旅游者的体验感受和体验需求重视起来,深入了解旅游者的需求,并了解本地资源特色,在此基础上开发体验式体育旅游项目。只有将旅游者的体验感受重视起来,并立足于本地特色进行创新开发,才能提高旅游体育产品的吸引力,如我国云南民俗村、上海迪士尼等体育旅游项目的开发就是结合当地特色而进行的体验化项目开发的成功案例。

(二)重视个性化项目开发

体育旅游者对体验项目的需求是多元的,随着体验式旅游人数的增加,每个年龄段都有不同的体育旅游消费者,如青少年儿童喜欢卡通色彩的体验项目，年轻人喜欢刺激性体验项目，中年人喜欢休闲性的体验项目，老年人喜欢有历史性的且绿色化的体验项目，面对不同旅游者的不同需求，在体育旅游产品的开发创新中，要结合当地特色与消费人群的不同需求来开发个性化的项目，提高开发的针对性及实效性，从而提高消费者在这方面的消费关注。

（三）重视情感化项目开发

体验经济时代下，体育旅游者作为体育旅游活动的参与主体，其感受对旅游产品应用的成败有直接的决定作用，因此，在体验式体育旅游产品的开发与创新中，也要对旅游者的心理情感需求加以把握，在对旅游者消费行为模式、消费情感、消费心理等深入了解与分析的基础上开发情感化体育旅游项目，通过不同的消费体验方式吸引他们的注意力。例如，年轻人有寻求刺激的情感需求，因此蹦极、漂流等体验项目活动成为其参与体育旅游的首选，他们通过这些活动满足自身追求刺激的情感需求。各地企业应在本地地理条件基础上开发这类项目，吸引更多年轻人的眼球。

（四）重视互动化项目开发

在体验经济背景下开发体育旅游产品，再结合当地特色加强互动性开发，使旅游者在环节参与和体验中的情感需求得到满足，提高旅游者参与的积极性和能动性，通过互动体验交流，及时把握旅游者的需求变化，从而达到效益最大化。此外，开发互动化体育旅游产品还有利于使旅游者把握旅游项目的内涵，达到更深刻的旅游体验。

（五）重视绿色化项目开发

在环境不断恶化的当下，人们在体育旅游体验过程中逐渐开始关注环境保护，绿色旅游理念渐渐深入人心。可持续发展战略要求体育旅游企业开发绿色化旅游项目，在保护环境的基础上进行产品创新，这既能满足旅游者对绿色消费理念的贯彻实施，也能使企业形象得到提升。

第五章　我国体育旅游产业发展的实证

当前，我国体育旅游产业已经得到了较好的发展，并且取得了一定的成果，成为我国旅游业中发展迅速的一个重要部分。尤其是在体验经济时代的背景下，我国体育旅游产业发展在各个地区都有不同的状况。本章主要对我国西部地区、环渤海地区、东南沿海地区体育旅游产业的发展进行分析和阐述，由此使人们对我国体育旅游产业发展有更加具体的了解和认识。

第一节　我国西部地区体育旅游产业的发展

一、西部地区体育旅游产业发展中存在的问题

西部地区是我国各个地区中面积最大的，但由于其深居内陆，受各方面条件的制约，经济发展水平较为落后，这也就在一定程度上决定了该地区体育旅游产业的发展状况。具体来说，我国西部地区体育旅游产业发展过程中存在着一定的问题，主要表现在以下几个方面。

(一)管理体制较为落后，服务质量有待提高

1. 观念落后是影响西部体育旅游业管理体制落后的关键性因素

尽管在日常工作中经常强调观念的更新和转变，但还有相当

一部分相关部门和人员在观念上存在对西部体育旅游业发展方面的误区。对此，他们的主要观点是，对体育旅游业的开发在地方体育管理部门本身上面不会产生直接的经济利益，而且即便是发展起来了，获得利益的也是旅游局和旅游企业，在带动地方经济发展方面的功效并不理想。西部各省区对体育旅游业仍然普遍存在着领导不善、管理缺位、政出多门、管理体制不健全的现象，还有一些不应该成为企业的部门在进行企业化操作，有些单位明明是企业却被赋予一定的政府或行政职能。长期以来，旅游和体育长期都被划分在文教事业中，政府主管部门或领导之间共谋发展的合力较弱，而旅游部门和体育部门由于职权范围限制，对发展体育旅游业形成有效的协调配合的难度比较大。同时，在管理手段和宏观调控能力上也较为缺乏，再加上一些地方政府的计划经济痕迹明显，往往就会导致当前西部体育旅游业管理乏力、规划不足、监管无力。管理体制的不健全，就会对体育旅游景区的市场形象和长远发展产生不利的影响。

2.部分从业人员素质较低，服务意识有待提高

西部旅游服务质量差、服务意识薄弱的问题较为普遍，这一问题亟需解决。

具体来说，导致这一现象产生的原因有很多，主要表现在以下几个方面。

第一，传统体制中人们缺少竞争，很多人对“大锅饭”体制过分依赖。

第二，西部旅游资源丰富、稀缺、独特，因此一些人产生了“皇帝的女儿不愁嫁”的心态，对服务和宣传有所忽视。

第三，西部体育旅游业中专业旅游指导人才缺少，经营、管理、开发、服务意识不强。

第四，西部地区的相关部门和企业对体育旅游业服务质量缺乏监督和管理，业内人员无自律标准和服务规范。

第五，西部地区体育旅行社较少，不能将体育旅游的轴心作

用和市场基础作用充分发挥出来。

第六，参与体育旅游业中的各个行业（行、游、住、食、购、娱）的经营者对经济效益的重视程度过高，导致产品价格混乱、宰客现象时有发生。

除了上述两个方面的问题之外，西部体育旅游市场还存在经营无序、管理乏力的问题，再加上内部管理机制不合理、不科学，旅游秩序较乱、安全隐患多，部分游客应有的权益得不到切实和充分的保障，这就导致了旅游质量相对较差。

（二）资源开发不足，规模效应还未形成

尽管当前我国西部地区的旅游业中所涉及的类型是多种多样的，但是，其中最主要的还是观光型旅游产品，知识情趣型、健康舒适型、参与娱乐型的旅游产品相对比较少，旅游的自主参与性差。青海的旅游产品发展就是较为典型的，青海省的旅游资源开发利用程度低，且多停留在游览观光的低层次上，在旅游新产品开发、环保科研等方面基本未涉及。西部地区对现有旅游产品文化蕴涵的发掘力度不够，这就一定会对旅游者缺乏内在的吸引力。

从整个西部地区入手来看，其特点主要表现为：高层次、高文化含量和个性化旅游产品少，体育旅游资源开发浅显、经营粗放、知名度低。

具体来说，西部体育旅游产品品位低、开发深度不够主要从以下几个方面得到体现。

第一，体育旅游景点的产品单调，内容单一，不能满足现代旅游中游客的多样化需求。

第二，相关部门对体育旅游业发展的规划不力，新产品开发缓慢，景点接待能力和条件差。

第三，体育旅游景区在调控手段方面较为欠缺，不少景区经营状态散乱，盲目上马项目过多且质量不高，这就使景区所应有的形象遭受了较为严重的破坏。

第四，一些体育旅游产品的市场定位泛化，目标消费群体不够明确，市场和产品的细分较为欠缺，体育旅游产品的专业化程度、个性化程度、市场竞争力等普遍不高。

第五，资源和产品不匹配，缺乏品牌意识，很多体育旅游资源和产品叫得响，但拿得出的名牌不多。

第六，产品结构趋同化严重，投入产出效益差。一些地区在体育旅游资源的开发上急功近利，低水平重复建设现象严重，这在拉低了产品的市场定位、缺乏竞争力的同时，还在一定程度上破坏了资源。

（三）基础设施落后，营销宣传力度不够

首先，我国西部多属内陆省区，交通不便、景区可进入性较差、通信条件落后、交通网络不健全，不能与现代旅游中游客“快入、慢游、安全、舒适”的需要相适应，这些都对西部地区的旅游业发展产生了一定的抑制作用。

其次，我国西部地区对体育旅游的宣传营销力度不够。具体来说，主要表现为：第一，宣传品种不多，宣传内容单一，宣传形式陈旧；第二，促销渠道不多，促销手段缺乏，促销力度不大；第三，宣传促销工作时断时续，缺乏经常性、长期性。

（四）对自然和生态环境的保护工作不到位

西部地区对自然和生态环境的保护做得不够好，主要可以从以下四个方面得到体现。

1. 造成生活垃圾污染

生活垃圾造成的污染问题是非常严重的。长期以来，由于对景区的生活垃圾处理不好，一些旅客不注重卫生习惯，就逐渐导致了很多旅游景区卫生状况不佳。当前的西藏就是较为典型的被生活垃圾污染的地区。

2.旅游资源出现退化的现象

由于景区在管理上没有做好，政府部门的监督力度不够，一些知名度较高的景区保护不力，很多旅游产品随着生态环境的恶化，退化、老化相当快，较为常见的有：湖面减小、水流量减少、水体严重污染等，这也是导致旅游价值严重下降的主要原因所在。

3.技术手段不足

一些景区在开发某些体育旅游产品时，由于环保技术不过关或者保护措施不过关，往往会给旅游资源的继续深度发展带来不利影响。

4.破坏性建设比较多

由于对旅游业发展的可持续性认识不够，有些景区往往只开发却将环保忽视掉了，只追求短期利益，为了开发某一个项目而人为地改变环境致使山体原有植被遭到破坏和河流改道的现象时有发生，破坏性建设屡禁不止。导致这一现状的原因有很多，一个是因为相关部门在环境保护方面缺少必要的条文规定，即使有规章但操作性也不强；另一个是因为体育旅游开发在规划上较为欠缺，没有进行系统的调研就盲目上马。除此之外，景点管理简单，项目开发和经营承包给个人后放任自流，项目开发缺乏后劲也是导致破坏建设、损害环境现象发生的重要原因所在。

在体育旅游业发展过程中，对自然和生态环境的保护工作没有做好，就一定会对体育旅游业的可持续发展产生影响。应该认识到，在体育旅游业开发过程中保护是前提，是基础，但保护是第一不是唯一，由此也要防止只强调保护，不考虑发展的倾向。应该在强调和注重环保的基础上考虑资源的充分利用，注意市场的容量，打造精品和高质量产品与服务，使消费者对体育旅游的需求尽可能得到满足，这才有可能对旅游景区的可持续发展起到积极的促进作用。

总的来说，我国西部的体育旅游发展中存在的问题比较多，主要表现为：经济落后，基础设施差；开发粗放，重复性建设多；远离客源，总体知名度低；生态脆弱，季节性差异大。要使这一局面得到有效改善，使西部体育旅游业腾飞，就必须实事求是地分析西部发展旅游的基本条件，转变观念、树立市场意识、培养专业旅游指导员、加强景区的管理等，在充分发掘西部体育旅游业优势和潜力的同时，发现机遇、找出问题、科学规划，将正确的发展战略和政策制定出来，争取在发展西部体育旅游的过程中少走弯路，对西部体育旅游业的可持续发展起到积极的促进作用。

二、西部地区体育旅游产业发展的对策

针对西部地区体育旅游产业发展中存在的问题，要采取相应的策略来加以应对和解决。具体来说，可以从以下几个方面着手进行。

（一）转变思想观念，提高相关认识

确立体育旅游业的产业地位是转变思想观念、提高认识的根本目的所在。我国西部地区的旅游业已经引起了社会各界的关注，是政府重点发展和扶持的特色产业项目之一。

一方面，由于西部地区长期以来体育产业发展滞后，许多决策者对民族传统体育旅游缺乏认识，还停留在“体育只是一项民间娱乐活动”的认识水平上，对体育旅游的经济价值和文化价值没有充分的了解和认识，同时也没有把体育旅游理解为可以创造巨大社会经济效益的产业。

另一方面，尽管体育旅游业是一项具有重大发展潜力的旅游产业，但是被国内专家学者所关注的程度非常低，专家学者们对这方面的探索和论述很少。西部体育旅游资源的开发和旅游业的发展在必要的理论和实践指导方面是较为欠缺的。

因此，这就要求西部地区的各级政府部门在观念上有所转

变,充分认识发展体育旅游产业的有利条件和优势,把西部体育旅游产业的发展与生态、文化、经济、社会等的可持续发展结合起来。

(二)加大普查力度,保护相关资源

西部地区自然生态景观壮丽、民族文化多彩、民俗风情浓郁。全面普查原生态民族体育文化旅游资源、原始体育旅游自然资源,更深层次的认识和理解西部体育旅游资源优势,对保护、抢救、开发西部地区体育旅游资源,发展西部体育旅游业具有重要的意义。国家旅游局制定的《中国旅游资源普查规划》中提出了相关的要求,即西部地区相关部门应集中人力、物力、财力全面搜集摄录整理体育旅游资源,准确、完整地反映体育旅游资源原貌,编制体育旅游资源调查评价报告和体育旅游资源名目,对体育旅游资源的比较优势、潜在优势、后续优势、重组优势有充分的认识。同时,把保护作为开发的前提和基础,将保护政策、法规制定出来,使保护措施得以强化,做好科学的开发和保护工作。

提高保护意识,加大对西部体育旅游资源的保护需要从以下几个方面着手进行。

第一,西部地区体育旅游业的主管部门要将体育旅游自然生态环境保护条例制定出来,把体育旅游业的开发与当地的生态环境保护有机结合起来,从而对人与自然的和谐发展起到积极的促进作用。

第二,西部地区的地方政府要将有关于民族体育文化的保护条例制定出来。通过条例将体育文化保护区、体育文化基地建立起来,对具有民族特色的体育运动、体育服饰、体育工艺等加以保护。

第三,西部地区教育部门应建立健全民族体育文化传承的激励机制,强化当地居民对民族体育文化的挖掘、整理和保护。完善自上而下的民族体育文化保护教育体系(大、中、小学教育网络体系),让民族体育文化走进课堂,使各级学校以各自不同的职能

为依据来担负不同层面的体育文化承传任务。

第四，要对民间成立民族体育歌舞表演团（队）实施积极的鼓励政策，宣传展示本地区民族体育歌舞文化，为民族体育文化与市场的结合起到积极的推动作用，把民族体育文化资源转化为经济优势；鼓励企业主体、市场运作、群众参与，共同举办和参与本民族的传统体育节日，并借此弘扬民族传统体育文化，扩大西部地区民族传统体育文化的影响力、感染力，提高群众对民族传统体育文化活动的参与性，使民族传统体育文化得到普及与传承的同时促进体育旅游业发展。

（三）将自身区域优势充分发挥出来，突出特色

从整体上来看，西部地区体育旅游业的产业规模、经济效益、资源开发利用程度、产业竞争力、产品竞争力等都与东部地区存在着明显差距，西部地区体育旅游产品的开发没有充分发挥地方区域优势，没有创新，是导致这一现象产生的主要原因所在。

从实践中可以得知，我国西部地区进行体育旅游产品创新除必须进行跨地区的区域性产品创新外，走一条适宜技术开发、适宜产品的创新之路也是非常重要的。西部地区体育旅游资源的特质对开发当地体育旅游资源必须在技术进步方面注重适宜技术起到重要的决定性影响，使现代技术与体育旅游资源的开发结合起来，使西部地区体育旅游资源的原生性得到保障，由此看来在某些旅游产品中的结合和运用现代科技是非常必要的。例如，采用纯手工制作的民族传统体育运动器材和机器大批量制作的民族传统体育运动器材相比，纯粹手工制作的器材更能获得游客的喜爱；再如，开展登山运动时，可借助现代测量技术选择好适宜的登山路线，以免对自然风景区造成破坏。另外，体育旅游主题公园的建设、体育旅行社信息网络管理等都需要现代科技的大规模投入，才能将西部地区体育旅游产品的竞争优势充分发挥出来。

当然，西部地区现有体育旅游业的发展中，科技含量不高、参

与性不强的传统观光产品确实存在，大自然鬼斧神工的力量所造成的体育旅游自然景观更宜保存它原生的魅力和震撼力，这也是西部地区体育旅游资源的特色之一，应予以保留。

总的来说，应该在保留自然风光景观的体育旅游资源的基础上，对适合结合现代科技来增加体育旅游资源竞争力的体育旅游产品的开发要充分，通过特质资源加适宜技术孵化特质体育旅游产品并形成产品特色，以便对西部地区体育旅游的发展起到积极的促进作用。

（四）扩大市场发展空间，推动产业化进程

旅游业是我国的朝阳产业，潜力巨大。体育旅游业的开放性和竞争性与其他行业相比更具优势，拥有的市场发展空间非常广阔。

对于体育旅游业来讲，体育旅游需求的内容、数量、动向、层次等对市场空间容量起到重要的决定性影响。

从宏观方面来看，我国体育旅游产业化的特点主要表现在以下几个方面。

第一，我国体育旅游市场的不确定性加大。和传统的产业不同，体育旅游市场并非是完全可以把握的，传统的产业中只要企业具有一定的规模就能占领市场。而对于体育旅游产业来讲，供小于求的体育旅游市场是可以把握，但供大于求的体育旅游市场就很难把握，尤其是现代消费者体育旅游需求的多样化和多变性，使得体育旅游市场的不确定性越来越大。

第二，我国体育旅游竞争难度有了进一步的提升。随着人民生活水平的不断提高，各地区越来越重视旅游业的发展，体育旅游市场上竞争对手越来越多、越来越强，而我国西部地区发展体育旅游面临的竞争形势也更加严峻。受西部地区软硬件条件限制，体育旅游业发展相对滞后，目前仍属于弱质产业，还处于培育阶段，要走产业之路，可以说是困难重重。

第三，我国体育旅游市场体系还不够健全。不管是什么样的

旅游市场都是有体系的，体育旅游市场也具有自身的体系。例如，一项体育旅游新产品生产出来，如何到达旅游者手里就是一个完整的小体系，体育旅游管理者和经营者必须熟悉操作运用这套体系，才能对自身的发展起到积极的促进作用。

从上述分析中可以得知，我国西部地区一定要对体育旅游市场空间的开发引起重视，对挖掘体育旅游产品的内涵深度加以重视，使体育旅游产品对消费群体的吸引力得到有效提高。

西部地区是长江、黄河的发源地，是中华民族的灿烂文化成长的地方，这里拥有我国闻名的历史文化古迹（秦兵马俑、布达拉宫、敦煌莫高窟、乐山大佛、丽江古城等），拥有地球上最为壮观奇特的自然结构与地貌（雪域冰川、大漠风光、黄土高原、高原牧场等）地区之一，拥有全国名闻遐迩的自然风景区（青藏高原、长江三峡、黄果树瀑布、青海湖、桂林山水、九寨沟、峨眉山、华山、天山、石林等），还拥有约 48 个少数民族的民族传统体育运动项目和民族风情。对于这些体育旅游资源进行充分的开发、发掘，使之形成高品质的体育旅游产品，刺激和引导新的体育旅游需求，从而使体育旅游市场空间得以扩大，为体育旅游产业化进程起到积极的推动作用。

（五）将体育旅游项目与整个旅游业融合起来

强化体育旅游项目与旅游业整体的关联度是促进体育旅游业发展的重要和有效途径之一，具体来说，可以从以下几个方面着手。

第一，将西部体育旅游的项目配置、景区经营置于西部各省（区）市旅游环线及要素的设计当中，纳入西部各民族省区旅游规划的整体布局，规范体育旅游项目建设、科学进行体育旅游活动选址、认真分析可行性旅游观光和活动线路、合理发布各景区体育旅游项目配套活动信息，对西部各省（区）市体育旅游整体发展起到积极的促进作用。

第二，对西部地区体育旅游景区的综合开发和建设加以重视，提高体育旅游资源和产品的开发利用率。对于我国西部地区文化的、宗教的、生态的、科考的、体育的多种资源，应注意其共生性，对体育旅游资源的经济效益、社会效益、文化效益和生态效益等的整合发展加以重视。同时，还要进一步建立健全各个景区体育旅游活动的配置建设，充实景区旅游项目的构架和内容，对景区资源的共享格局起到积极的促进作用，将不同景区的市场聚合力充分发挥出来。

第三，从宏观方面整体调控，使各自独立发展的情况得到有效避免，建立规范的体育旅游市场统计标准，规划体育旅游专业化配套目标检查，对西部各省（区）市体育旅游市场目标定位和设计的一致性起到积极的促进作用。

（六）加强基础设施建设，完善配套服务

旅游业对消费者在旅游活动过程中的身心体验是非常重视的，因此，可以说体育旅游是一项特殊产品，完善体育旅游项目的基础设施建设对于提高消费者对体育旅游资源的认知度和美誉度是十分重要的。

一方面，要将现代化的体育竞赛设施和体育运动设施充分利用起来，承办各类体育竞赛与表演来增加体育旅游的客源，完善餐饮、住宿、交通、购物等各项辅助设施的建设，加强体育旅游的专项基础设施配备。

另一方面，要对体育旅游者的体育需求加以重视，体育旅游者在旅游过程中不仅需要愉悦身心，更渴望强身健体并获得强身健体的手段。因此复合型体育旅游人才的建设和培养，以及对体育旅游者体育健身方式、健身方法以及运动处方的传授都是需要加以重视的。

（七）树立品牌意识，拉动体育旅游产业升级

从本质上来说，品牌就是卖者向买者提供的产品特征，利益和服务的一贯性承诺（菲利普·科特勒），是竞争优势的原源和富

有价值的战略财富。重视品牌的建立对于提高体育旅游产品的知名度具有重要意义。

我国西部地区体育旅游资源虽然富足，但品牌化程度不高，才刚刚起步或尚处于启蒙阶段。而目前的体育旅游市场也已进入买方市场，消费者的消费意识，品位正逐步建立和提高，因此，将体育旅游品牌意识建立起来是非常重要且必要的，如此以来，能够有效提高体育旅游产品的综合效益，拉动体育旅游产业升级。

在传统的体育旅游市场上，由于信息的不对称及其信息失误，游客很难对有关体育旅游地的各种信息有直接且准确的了解，这一方面对于游客作出准确的选择是非常不利的。还有一些信息给游客带来了很大的损失，传统的信息传播方式已经很难使游客日益多变的复杂的旅游需求得到满足了，以互联网络为载体的网络营销应运而生，成为新兴的体育旅游市场营销的重要方式。

可以说，树品牌与建网络相互结合是西部地区体育旅游产业升级的重要发展对策。具体来说，主要从以下几个方面得到体现。

第一，西部地区把本地区的体育旅游产品特色、文化底蕴、服务优势、企业形象等信息推向开放式网络，有助于体育旅游消费者主动参与营销，能起到扩展更广阔的潜在市场空间的作用。

第二，西部地区通过网络塑造产品品牌和企业品牌。对于缩短与市场的距离，获得市场的认同，加强西部民族地区体育旅游后发实力都是非常有帮助的。

第三，西部地区借助网络重新定位市场目标，对于积极引导市场消费需求，增强竞争力是有所助益的。进入网络时代以后，体育旅游企业面对的是一个更广阔、更具选择性的潜在市场，因此，对市场的重新细分和定位十分重要，西部地区可以变化了的市场状况为依据来积极调整市场定位。

第四，西部地区借助网络运用电子商务对体育旅游产品的推广起到积极的促进作用，可实现营销结算及支付的自动化，提高企业的工作效率、效益和竞争力。

（八）实施本地居民参与机制，政府的宏观调控力度加大

体育旅游的发展会对经济、社会、文化以及生态等的发展产生影响，因此，这就要求在体育旅游业的发展过程中要在考虑经济因素的同时，对环境影响和人文因素也要加以考虑。在制定西部地区体育旅游发展目标时，要在考虑到旅游者的需求和利益的同时，对本地群众的长远需求和利益也加以考虑，从而对西部地区体育旅游的可持续发展起到积极的促进作用。具体来说，主要表现在以下几个方面。

第一，体育旅游发展行动方案的执行，需要依靠区域内群众及社会团体的认同、支持和参与。体育旅游发展过程中的很多发展目标的实现是需要依靠本地居民的广泛参与才能顺利实现的。而单纯地依靠投资者和开发商的弊端在于他们往往只对经济利益进行考虑，不会将当地群众的利益纳入规划设计中来，会在某种程度上对体育旅游资源进行掠夺性开发，不注意开发和保护之间的关系，从客观上来说，这对于西部地区体育旅游的长远发展是不利的。因此，这就要求在进行体育旅游规划时，除了请当地居民代表参与发表意见外，还需要使他们享有充分的应知权和参与权。

第二，体育旅游的发展不能仅仅依靠市场的调控，政府的相关法律、法规、政策等的引导也是必不可少的。一方面，体育旅游经营者为了实现经济利益的最大化，会采取各种正当或不正当的手段进行竞争，而在这一过程中，体育旅游环境的污染和生态的破坏所导致的成本往往被忽视掉，只对短期的可见的经济利益加以关注，忽视体育旅游资源可持续发展的长远利益；另一方面，体育旅游者为了在短暂的停留期内用最小的支出换取更多的消费，就不可能为目的地的自然环境以及社会环境的保护规划做太多考虑，也会在一定程度上造成体育旅游环境的污染和生态的破

坏。因此，这就要求一定要将政府在体育旅游业开发中的职能和作用充分发挥出来，通过政府的介入，调和体育旅游经营者、游客以及目的地群众三者之间的关系和现有矛盾，从而使西部地区社会、经济、生态、文化等的可持续发展得以顺利实现。

三、西部地区体育旅游产业发展的保障措施

要想使我国西部地区体育旅游产业的发展得到有效保障，需要采取一些相应的措施，主要有以下几个方面。

（一）加强体育旅游业发展的宏观管理

1. 区域体育旅游发展的宏观协调力度要进一步加大

发展与管理涉及的方面较为广泛，这与多部门的支持和协调有着非常密切的关系。为强化西部民族地区各省（区）市体育旅游业的宏观管理，国家与各省（区）市旅游局等有关部门，就西部民族地区体育旅游业发展过程中不断出现的一些重大问题进行跨部门、跨省区的协调，消除体育旅游资源开发中的体制障碍、跨省区体育旅游产品经营、区域体育旅游交通组织协调以及体育旅游企业或外资企业跨省区兼并、合资，组建大型体育旅游企业集团等都属于这一范畴。各省（区）市政府也要对组织协调作用的发挥加以重视，同时还要建立健全体育旅游产业发展的指导和协调机构，调动各方面的积极性，形成政府机构上下联动，社会广泛支持体育旅游业发展的宏观环境。

2. 对完整的体育旅游规划体系的建立加以重视，有效提高规划的权威性和实践性

体育旅游规划与设计是事关体育旅游业长远发展的重要基础性工作，在很大程度上决定着体育旅游产业结构、产品结构和地区结构的完善工作。要在编制西部地区三大体育旅游区和各

省区市体育旅游规划的基础上，进一步编制好体育旅游重点区域和体育旅游产品的规划设计。尤其是长江三峡、茶马古道、唐蕃古道、南北丝绸之路、渝黔川金三角、澜沧江和青藏高原等跨省（区）市、跨国的重点体育旅游路线和体育旅游区的协调规划，应由国家西部开发办和国家旅游局直接参与并在资金方面给予大力支持。

体育旅游规划的严肃性和权威性方面，以及项目策划水平都是需要大力提升的。体育旅游规划评审通过后，要经过人大会议和党政联席会议批准实施。而体育旅游规划一旦经过评审、批准，将具有法律效力，不准随意改动。对于地方政府和旅游管理部门来说，把体育旅游规划组织好、实施好，是其主要责任和义务所在。

3.科学决策要进一步强化，使体育旅游项目论证与管理水平有所提高

西部地区正处于体育旅游业大发展的前期。由于体育旅游投资具有一定的特殊性作用，加强对体育旅游投资管理，对西部地区体育旅游业的长远发展具有重要意义。为此，首先要切实提高论证水平，达到可行性研究报告的深度；其次是严格项目的审批，凡体育旅游建设项目，均需先征求同级旅游管理部门同意后，再报计划部门审批。除此之外，还要进一步加强对社会资金的引导，不能为引进资金而疏于管理，更不能由投资者随意兴建。尤其要使同类项目在区域范围类重复建设的情况得到有效避免。同时，还要坚决杜绝边设计、边施工、边修改的“三边”工程。可以说，论证要深，管理要严，手段要硬，是切实提高体育旅游投资管理水平的关键。

（二）使体育旅游投资的宏观环境得到优化和改善

优化和改善体育旅游投资的宏观环境，需要从以下几个方面着手进行。

1. 健全体育旅游投资引导机制

要想使体育旅游投资引导机制得到健全，需要做到以下两个方面的要求。

一方面，政府部门的职能转变速度要进一步加快，使体育旅游投资引导机制从直接的投资管理向间接的宏观指导和引导发展。具体来说，要将统一的体育旅游投资规划制定出来，并成立体育旅游项目资金库，将优先发展项目确定下来，使重点项目的优先发展得到有力保证；要将与市场经济特点相适应的投资引导机制建立起来，采用协调、引导规划和其他间接性政策工具等手段，引导社会资金流向合理区域、合理项目上，使社会资金的过于集中或分散的情况得到有效避免；要将政府的监管职能充分发挥出来，对体育旅游企业和体育旅游开发公司的投资行为进行监督管理。除此之外，为了使有些企业一味地追求利润最大化的浅层次行为得到有效避免，政府可以通过制定相关政策鼓励其考虑社会效益、生态效益，对体育旅游资源的有序开发利用起到积极的促进作用，使体育旅游的可持续发展得以顺利实现。

另一方面，要将体育旅游投资项目信息平台构建起来。旅游管理部门要定期而规范地发布体育旅游投资信息，对体育旅游项目的资金需求和投资前景有积极的掌握，比较选择项目进行投资，提高体育旅游的针对性和合理性，规避和降低投资风险，从而将资金市场供给和需求有效对接起来。

2. 对体育旅游投资结构加以调整

通过有效的引导和管理，对旅游投资地区间和旅游产业结构间的平衡起到积极的促进作用。通常情况下，其投资引导方向应为：从一般旅游项目向体育旅游项目扩展，从东部沿海和中西部体育旅游热点城市向体育旅游资源丰富的温、冷地区扩展；从体育旅游硬件设施的投资向体育旅游软件投资扩展；从观光性体育旅游产品向观光性与参与性相结合的体育旅游产品扩展。

3. 融资渠道要进一步拓宽

第一，将委托招商中介机构建立起来。由政府主导型的招商引资变为市场主导型的招商引资，由专业化的中介组织运作相应的商业化事务，把政府部门从具体繁杂的经济事务中解脱出来，使由“管理型”到“服务型”的根本转变得以顺利实现。

第二，将体育旅游产业发展基金建立起来。政府旅游主管部门出面，筹建体育旅游发展基金。这是解决体育旅游发展基金最根本、最可行的办法。通常情况下，基金主要有两个方面的来源：一是将各级政府财政拨款以“拨改贷”的形式纳入基金，并采取有偿使用、流动发展的办法；二是民间、海外资金，通过公助民营的的方式进行运作。

第三，将资本市场充分利用起来。体育旅游企业进入资本市场是必然的趋势，也是提升体育旅游企业发展质量，提高体育旅游企业市场竞争力的重要举措。鉴于此，就要求积极支持符合条件的体育旅游企业通过上市发行股票等方式进入资本市场融资；同时，还要对民营、集体、外资等其他经济成分参与体育旅游业发展做积极的鼓励，从而使适应体育旅游产业发展的投资体系和规范化的企业直接融资机制尽快建立起来。通过股票上市、项目融资、资产重组、联合投资、发行债券等多种形式获得体育旅游发展资金。

4. 对体育旅游投资外部环境的综合改善起到积极的促进作用

一方面，观念上要有所创新。将符合时代特征和市场潮流的体育旅游资源观、产业观和发展观梳理起来，把观念创新付诸规划和发展的具体行动中，形成思路出规划，规划出项目，项目出资金，资金促建设，建设出效益，效益促发展，发展出思路的良性循环格局。将各种投资促进手段充分利用起来，比如，可以通过规范体育旅游市场，广开投融资渠道等来对体育旅游投资环境的综合改善起到积极的促进作用。

另一方面，相关政策和法律法规也进一步完善。政府应协调相关部门在旅游项目审批、税收、土地等相关方面制定优惠的政策，为制定鼓励体育旅游投资的产业政策起到积极的推动作用；协调投资政策，规范投资机制，使资金的合理利用在宏观上得到保证。通过税率等经济杠杆和一系列优惠政策促使内、外资流向体育旅游产业，引导资金进入西部内陆腹地；政府旅游管理部门及相关部门应建立健全体育旅游投资的法律法规，以立法手段克服投资中的非理性化行为和短期行为。

（三）将利于体育旅游业发展的创新体制建立起来

1. 加快体育旅游企业的体制改革和企业重组，提高体育旅游企业的市场竞争力

西部地区体育旅游企业存在着规模小、市场竞争力普遍比较弱的问题。鉴于此，迫切需要采取有效措施推动体育旅游企业的改革步伐。为此，需要做到以下几个方面的要求。

第一，以现代企业制度的要求为主要依据，推动国有体育旅游企业的改制重组，组建体育旅游企业集团，并将规范化的国有资产监督机制和责任制度建立起来，使其市场竞争力得以增强。

第二，积极创造条件，包括鼓励东部优秀旅游企业通过合资合作、股份合作或兼并等方式参与组建跨省区的综合性体育旅游集团、体育旅行社集团等专业集团，将管理优势和品牌优势充分发挥出来，使区域性的网络化规模经营逐渐得以实现。

第三，采取多种形式来对中小体育旅游企业改革起到积极的推动作用，对多种经济成分参与体育旅游业的发展加以鼓励，积极扶持中小旅游企业向经营专业化、市场专业化的方向发展。

2. 体育旅游景区开发管理的体制创新速度要进一步加快

推进体育旅游景区管理和经营体制改革，继续探索按照政企分开、事企分开、所有权与经营权、管理权分离的途径，推进体育

旅游景区开发管理的体制改革。在与国家有关政策法规相符、有利于加强自然和人文资源保护的前提下，以体育旅游景区的特点为主要依据，采取合资、独资、合作、租赁、承包和出让开发权等方式，吸引投资、搞活经营。

以高新科技开发区为主要依据，将体育旅游经济开发区建立起来。在资源价值高、规模大、适宜成片开发的景区，设立体育旅游经济开发区，行使特定的管理权限，区内的用地、建设、规划、体育旅游资源的开发、利用等，统一由管委会报上级政府批准后由管委会组织实施。如此一来，不仅能够彻底打破条块分割、多头管理的旧体制，而且还能够使区内的各项资源得到高效、优化配置，形成规模效益。

3.建立规范的体育旅游市场运作规则，营造公平的市场竞争环境

公平的市场竞争环境，能够有效保证开放引资、规范发展西部民族地区体育旅游业。由于西部地区一些省（区）市体育旅游发展时间不长，观念相对落后，目前西部民族地区体育旅游市场分割与地方保护问题比较突出。鉴于此，就要求做到以下几个方面工作。

第一，国家和西部民族地区各省（区）市应尽快出台相应的管理法规，同时，联合执法、监督力度也要进一步加大。

第二，要在协调地方利益与外来企业的关系方面加以注意，使外来企业获得公平的竞争环境和合理利益得到保障。

第三，对体育旅游统一市场的建立要加以重视，在消除地域障碍的同时，要对包括体育旅游客源市场、体育旅游产业供给市场和体育旅游要素市场进行大力培育。

（四）体育旅游人才培养与学科建设力度要进一步加大

要想使体育旅游业得到长远的发展，关键在于建立高素质的体育旅游从业人员队伍。针对目前西部民族地区体育旅游人

才短缺、从业人员素质参差不齐的状况，需要将西部地区高等院校的人才培训资源充分利用起来，整合组建多种形式的体育旅游人才培训基地与培训网络。具体应该从以下几个方面着手进行。

1.体育旅游中高级人才的培养速度要进一步加快

引导和支持大中专院校开设体育旅游行业发展方面急需的专业知识课程，对西部地区体育旅游业在育人和用人方面全面接轨起到积极的促进作用，对新型的中高级专门人才加以重点培育。

2.对体育旅游企业员工的培训要加强

通过对企业员工的培训，促使每一个体育旅游项目开发后就能培养出一批懂管理、善经营、能提供优质服务的人才队伍。

3.组织体育旅游科研队伍，对建立体育旅游学科起到促进作用

要积极梳理体育旅游学科系统，明确学科的方向，建立对应的科研机构，使重大的体育旅游难题得以解决，为高层的决策提供咨询服务，同时也为体育旅游的大发展提供可靠的保障。

（五）加强体育旅游项目的安全管理

体育旅游本身就是一种具有显著的紧张、刺激、参与性特点的休闲活动，对安全性有着较高的要求。在成熟的体育旅游市场，从业人员、基础设施基本齐备，相关管理条例较为全面，能够对安全起到很好的监督作用。一些颇受体育旅游者欢迎的、对安全要求较高的参与型、探险型等特殊体育旅游项目（如蹦极、漂流、空中运动、冰雪运动等）迅速兴起，但由于目前管理法规、措施相对经营的滞后（虽已出台类似《漂流旅游安全管理暂行办法》，但尚无完整、系统的管理办法）与部分地方和企业的急功近利行为，导致一些新兴体育旅游项目还没有被及时纳入安全管理范

畴，体育旅游事故也会经常发生。体育旅游安全已成为影响人们参与体育旅游的主要因素之一。

鉴于此，对体育旅游的基础设施进行安全检查就显得尤为重要，同时，还要积极提出标准，保证交通工具、体育旅游的参与工具的安全，对体育旅游从业人员的职业技能建立相应的资格认证办法，特别是登山运动中的高山向导、教练，漂流运动中操舟手，蹦极、跳伞、滑翔、溜索、冰雪运动的技术装备，更应配套设计相应的上岗制度及检测制度。鉴于此，旅游管理部门可以以现有特种旅游导游资格认证体系为标准，对户外运动指导员及协作人员的上岗制度做规范建制，对景区体育旅游项目经营实体要将相应的安全保障及应急措施检查督办条例制定出来。同时，还要以此为导向，强化体育旅游的配套服务及保障体系，规范明确的风险责任认定条例，以此来使旅游者在体育旅游过程中的人身安全得到有力保证，也使体育旅游事故得到有效避免。

第二节　我国环渤海地区体育旅游产业的发展

一、环渤海地区体育旅游产业可持续发展的目标

体育旅游可持续发展的目标，主要有以下几个方面：第一，使体育旅游的发展规模和发展速度与经济、社会、文化等领域的发展相协调；第二，使体育旅游的发展实现经济效益、社会效益和环境效益的统一；第三，使体育旅游的发展既要满足当代人的需要，又不能危及子孙后代的需要。这一目标对于环渤海地区的体育旅游产业来说，也是适用的。

需要强调的是，体育旅游可持续发展是体育旅游资源和生态环境保护问题，同时也是人类总体社会生活和长远发展的现实问题。发展体育旅游要立足长远，这就需要将近期利益与长期利益

有机结合起来，使体育旅游资源和自然生态环境在满足当代人的物质文化生活需求的同时，也要为子孙后代造福。对于体育旅游环境和文化易受破坏、经济结构单一的地区，我们应在资金和技术方面给予支持，以实现该地区体育旅游的持续发展。

体育旅游可持续涉及的因素较为广泛，比如自然、社会、经济和技术等方面，其与各级政府、旅游企业、游客、居民和体育旅游从业人员之间有着非常密切的关系。

二、环渤海地区体育旅游产业可持续发展应遵守的原则

我国环渤海地区体育旅游产业可持续发展的顺利实现，与一些基本原则有着非常密切的关系。具体来说，环渤海地区体育旅游产业可持续发展应该遵循的原则主要有以下几个方面。

（一）合理规划、综合决策、协调发展原则

在进行环渤海体育旅游开发的过程中，应该对该地区的人口、社会、经济等方面的现状与发展趋势进行统筹考虑，同时，还要对资源、自然生态环境以及社会环境对于体育旅游发展的承受能力进行充分考虑，坚决杜绝由于追求短期利益而盲目、过度开发所造成的环境破坏与污染的行为。

在环渤海地区体育旅游资源开发、设施建设、自然生态环境保护以及社会环境维护的决策中，要将相关政府部门、社会各界以及当地居民的积极性充分调动起来，通过正常的参与渠道妥善处理好体育旅游业与环渤海地区经济、社会、文化总体的关系，对短期利益与长远利益的关系进行充分把握，将旅游者与当地居民、旅游投资者、经营者相互之间的利益关系处理好。通过科学的论证来对环渤海地区体育旅游带的人工设施与自然社会环境、区内环境与周边环境的和谐统一起到积极的促进作用，采取法律、经济、行政等有效手段消除自然、人为因素对于旅游资源造成的破坏，使旅游资源的可持续利用以及体育旅游与环境之间的协

调发展得到有力保证。同时,还要将制定环渤海地区体育旅游带可持续发展规划纳入到该地区经济社会总体发展的规划之中,对其进行合理的规划与综合决策,从而使环渤海地区旅游资源的开发与经济、社会、环境等因素的协调发展得以顺利实现。

(二)兼顾开发与保护、优化利用原则

在对环渤海体育旅游带进行开发的过程中,要以环渤海地区体育旅游资源的特色与自然社会环境为主要依据,采取适当的开发模式,具体包括三个方面:一方面,对于那些不可再生的体育旅游资源与有限的体育旅游资源,应该实行有效的控制利用;另一方面,对于可再生的体育旅游资源与无限的体育旅游资源,应该实行充分的利用;还有一方面,对于生态脆弱区、环境敏感区以及珍稀自然景观、人文景观,应该对其进行有效的保护,同时加强污染的防治与保护设施的建设,在特殊的情况下还可以实行封闭式保护管理,使一些千年古迹、古建筑能够保存完整。

通过对环渤海地区体育旅游带的合理开发与利用,能够最终实现该区域体育旅游资源的良性运行。

(三)利用法制与经济手段实现旅游收益的公平分配原则

要想使环渤海地区体育旅游带的可持续发展得到有力保证,可以从以下两个方面着手进行。

一方面,要将相应的法规制度建立起来,将该地区居民参与建设体育旅游资源的热情与珍惜保护旅游资源、自然及社会环境的积极性充分调动起来,从而使其为当地旅游资源的开发、设施建设、经营管理以及服务提供力所能及的帮助。

另一方面,将社会市场机制充分利用起来,在不影响旅游地资源与环境保护的前提下面向市场广泛招揽游客,从而使旅游的收益得到有效增强。环渤海地区的各个地市应该保证在旅游资源开发过程中有一定比例的旅游收入专门用于自然环境保护与社会环境维护的投入。对于自然生态保护区,应该划分出实验区

进行适度合理的开放，从而实现保护与开发的协调发展、良性运行。环渤海地区的旅游开发者应该努力实现旅游收益的公平分配，必要情况下可以采取法制与经济手段协调各个方面的利益关系，将各方参与建设的主动积极性尽可能地调动起来。

第三节　我国东南沿海地区体育旅游产业的发展

从山东半岛以南到广西一线的沿海地区，都是我国的东南沿海地区。这里重点对长三角及泛珠三角区域体育旅游产业的发展状况加以分析和阐述。

一、我国长江三角洲体育旅游产业的发展

（一）长江三角洲体育旅游产业发展中存在的问题

针对长江三角洲的体育旅游产业来说，其发展过程中主要存在着以下几个方面的问题。

1. 体育旅游政府管理较为混乱

由于长三角地区体育旅游资源是二元构成结构（一部分由原计划体制配置的体育旅游资源，同时政府职能部门承担掌管任务；另一部分由市场机制社会资本转移形成的体育旅游资源），政府在自利性作用下，赋予原计划配置的体育资源运作以超经济行为的同时，还从行政上操控了社会资本转移形成的体育旅游资源，这就在一定程度上模糊了产权关系。除此之外，由于旅游业属于综合性特征显著的产业之一，因此，要想实现旅游业的大力发展需要各地市有关管理部门的密切合作。鉴于此，在开发与管理体育旅游产品的过程中，重复建设、管理无序的问题是经常出现的。

2. 体育旅游市场体系有待于进一步健全

从观念上来说，如果不能把体育旅游视为一个产业、国民经济的组成部分，那么将该领域市场化改革忽视掉就成为一种必然。在现阶段，长江三角洲地区依旧未能形成系统性的体育旅游产业政策，当前体育旅游产业大多是由计划经济下的体育事业改革转轨而来的，依旧有双轨制痕迹，同时，政府行为色彩也是非常显著的。一方面，政府对体育旅游设施的投资力度比较有限，依然需要加大投入力度，进一步强化体育旅游基础设施建设。另一方面，体育旅游产业的社会投融资体系以及资本市场还没有形成和建立起来，资本投入要素作为一项生产要素，在体育旅游产业中存在着显著不足，体育旅游产业大规模拓展的资本要求无法得到较好的满足。政府在引导投资、鼓励赞助、减少经营税收等方面的政策还比较稀缺，这就在一定程度上对社会各界投资体育旅游产业的主动性进行了打击。同时，和 WTO 规则相适应，和体育旅游产业发展规律以及长江三角洲地区体育旅游市场体系相符合的体育旅游市场体系健全程度还有待进一步增强。体育旅游市场法制化程度还急需深入强化，没有建立出统一、高效的行业监督、评价、统计和行业发展、投资、经营的信息系统，在有效发展体育旅游产业的清晰政策方面，特别是在用地、税收、市场准入等政策方面，也较为欠缺，某些体育旅游项目的税收太高，对体育旅游产业发展起到一定的制约作用。

3. 体育旅游产业发展的科学规划较为欠缺

从认识上来说，绝大多数人会将体育旅游产业视为构成旅游业的一个组成部分，这对于人们清晰认识体育旅游产业的发展规律是非常不利的。在广州市、北京市等经济发达地区，体育旅游产业已经被归纳到经济与社会发展总体规划中，位于长江三角洲的绝大多数地市的经济与社会发展总体规划中没有涉及体育旅游产业，这直接造成该地区体育旅游产业的层次与效益相对较低，结构欠缺合理性，同时盲目开发、无序竞争的现象也时有发生。

4.缺乏体育旅游支柱企业和品牌

通过对长江三角洲地区的体育旅游产业组织形式的分析和总结可以得知，其仍然处在小规模、分散化的经营状态，规模化和集约化的产业集团非常欠缺。长江三角洲地区经营体育旅游的团社是非常多的，但是，投资规模和影响力较大的体育旅游集团却非常少，大多数开设的体育旅游路线都存在生命周期短、产品竞争力弱的问题；一般性健身活动较多，但定期举办的健身游却极少；名山、名水、名园很多，但体育旅游产品的知名度却极低，这些方面都对长江三角洲地区体育旅游产业发展与产品的市场竞争力产生了或多或少的制约作用。

5.体育旅游经营的人才较为缺乏

在现阶段，长江三角洲地区体育旅游产业在发展过程中缺少高素质综合性专业人才，特别欠缺拥有经营知识、管理知识、法律知识、体育知识、旅游知识的复合性体育经济人才，体育旅游专业人才在总量、质量、专业、分布构成四个方面的状况都令人堪忧，同时已经发展成限制长江三角洲体育旅游产业发展的短板。立足于专业结构展开分析，设计、推广、管理、经营方面的人才十分稀缺，体育旅游产业人才群体还没有形成，管理制度也还不够健全，还需要建立和完善行业自律机制。

(二)长江三角洲体育旅游产业发展的对策

针对上述长江三角洲体育旅游产业发展中存在的问题，需要采取相应的策略来加以应对，具体来说，可以从以下几个方面着手。

1.摆脱体制束缚，加强区域合作

通过对长江三角洲各个城市体育旅游产业发展过程的分析

和归纳可知，其在很长时间内站在地方利益的角度思考问题，这就导致了各自为政、盲目重复建设等方面的问题出现，并且很多体育旅游资源、资金、人力被浪费。要想真正形成区域体育旅游的合作局面，必须尽全力将制度化的体育旅游协调组织建立起来，同时密切联系不同城市具备的优势，将更加合理的分工体系构建起来，进而从根本上实现统一规划、统一管理、统一实施的目标。

2.整体规划、合理布局、创建品牌

首先，要从全局的角度出发，对长江三角洲地区的体育旅游资源进行规划。在对旅游市场加以开发时，应当时刻贯彻“全面规划，严格保护，合理开发”的可持续发展原则。开发时应当做到有步骤、分地区、分重点，进而形成拳头产品，努力使体育旅游品牌的支撑点得以树立。在开发过程中，应当努力形成自身特色，从而产生优势互补，由此来吸引国内外游客到长江三角洲地区进行体育旅游消费，进而将长江三角洲建设成国内外知名的体育旅游热点区域。

3.完善基础设施建设，优化投融资环境

体育旅游要想发展成为独立产业并达到特定规模，或者要想发展成体育产业和旅游产业中的重要产业，积极走向市场，不断拓宽投融资渠道，建设出属于自己的资本市场是非常重要的道路之一。在发展体育旅游产业发展的过程中，不仅要以旅游和体育发展的专项资金为依托，在体育旅游发展的初期阶段提供充足的资金；还要将切实可行的优惠政策积极制定出来，遵循谁投资谁受益的原则，不断激励外商（含内资）直接投资，将国内外大型企业投资体育旅游的主动性有效激发出来。除此之外，政企联合、区域联合的投资及运作模式也是可以采取的，以此来朝着多元化投资经营道路不断前进。

4.加强信息互动，将风险防范机制有效建立起来

体育旅游产业属于相对敏感的行业之一，市场环境能够在很大程度上影响到体育旅游产业，同时体育旅游业的抗风险水平比较低，受此影响，很多想象不到的事件会时有发生。因此，这就要求针对体育旅游产业的突发事件与旅游危机建立预警处理机制和处理基金，使体育旅游产业的抗风险能力得到有效增强，使体育旅游产业的可持续发展得到保障。要不断增强信息交流与互动，将长江三角洲体育旅游网站建立起来，积极完善体育旅游企业的信息化基础建设，进而创建出对体育旅游产业信息化发展有积极影响的软环境。

5.体育旅游经营管理人才培养要加快速度

在培养体育旅游经营管理人才的过程中，旅游教育与培训力度要进一步加大，同时还要积极督促各院校办好旅游专业和体育专业，对于综合实力强的院校可以创建休闲旅游及体育旅游专业，展开持续时间较短的体育休闲、体育旅游业务培训等措施，进而为长江三角洲地区培养出高素质、复合型的旅游人才以及体育旅游经营管理人才。

二、我国泛珠三角地区体育旅游产业的发展

除了长江三角洲地区之外，泛珠三角地区也是我国东南沿海地区较为典型的体育旅游产业区。

（一）泛珠三角地区体育旅游产业发展中存在的问题

一般来说，泛珠三角地区体育旅游产业发展过程中所存在的问题主要有以下几个方面。

1.开发过程中生态环境污染较为严重

在对体育旅游资源进行开发的全过程中，都应当始终遵循保

护生态环境与自然原生性的原则。但是实际情况则是,在开发泛珠三角体育旅游资源的过程中,并未认真贯彻该项原则,同时也没有对该区域的体育旅游资源展开科学规划与全方位考察论证,因此,粗放式生态旅游开发对泛珠三角区域的环境造成了非常严重的破坏和污染。

从整体的角度出发,泛珠三角的生态旅游资源开发均有某种程度上的垃圾公害、水污染、噪声污染、空气污染,由此对保护区的各项资源都产生了一定的破坏作用,同时,环境恶化、生态失衡的问题也相继出现。在不断开发的过程中,没有对部分人工建筑与景点展开科学规划与论证,只是单方面地提升经济效益,进而使得自然与人文景观的协调性不断降低,景观的整体性和统一性也被严重破坏。这些问题都在很大程度上破坏了生态系统平衡,部分保护区还呈现出了城市化趋向,保护区内烟囱数量和排污染数量不断增加,对自然生态环境产生了难以磨灭的破坏。除此之外,保护区内宾馆、商铺、不同形式的度假村数量不断增加,这些都与保护区核心管理理念严重不符,在一定程度上制约了泛珠三角体育旅游资源的可持续发展。

2.环境评价与监测有待进一步加强

泛珠三角区域体育旅游资源是非常丰富的,这就要求在资源开发中要及时做好环境监测以及环境影响评价工作,所以构建出完善的环境影响评价系统与环境容量检测机制是非常重要且必要的。在现阶段,泛珠三角区域绝大多数滨海保护区没有经过深入考察就将生态旅游临界容量确定了下来,很多滨海保护区在无法保证论证与检测科学性的情况下就开展体育旅游项目,使得生态环境压力持续增大,有些地方还出现了无法协调治理的矛盾。这些现象都制约甚至阻碍了体育旅游资源的开发,因此,大力强化泛珠三角区域内的环境评价和检测力度将成为今后需要重点关注的方面。

3.管理政策法规与体制不健全

从当前的形势来看，保护区内体育旅游资源开发和资源保护间的矛盾是开发体育旅游资源过程中的主要矛盾。由于体育旅游资源开发没有形成统一的管理机构与切实可行的政策法规体系，因而就在一定程度上制约了保护区管理。例如，我国自然保护区包括森林、湿地、荒漠、野生动物、野生植物、草原、海洋、自然遗迹、古生物遗迹9种类型，林业部门主管前5种，农业部管理草原，国家海洋局管理海洋，地矿部门管理自然遗迹和古生物遗迹。除林业部门、农业部、国家海洋局、地矿部门以外，国家环保总局负责综合协调，在多头管理的影响下，自然保护区权力交叉、权责不清的问题开始出现，这就在一定程度上限制了泛珠三角体育旅游产业的发展。

(二)泛珠三角地区体育旅游产业发展的对策

针对泛珠三角地区体育旅游产业发展中存在的问题，需要采取相应的措施加以应对，具体有以下几个方面。

1.将滨海保护区生态旅游发展战略制定出来

(1)将保护区内旅游发展的目标、模式建立起来

对于保护区内生态旅游发展战略来说，建立生态旅游发展目标与发展模式是非常重要且必要的，同时，采取对应的发展策略等也是非常需要的。在制定生态旅游发展战略规划的过程中，要对保护区资源优势与资源特色进行充分考虑，做到统筹安排合理布局，使自然美和人工美、游览与教育、保护和开发、生态和环境融为一体。在开发体育旅游资源的过程中，要始终遵循保护和开发有机结合的原则，对保护区内体育旅游生态环境的容量与承载力展开科学评估，将拥有巨大品牌吸引力的体育旅游项目和旅游线路开发出来，进而对体育旅游产业的可持续发展起到积极的推动作用。

(2)将科学的生态旅游规划制定出来

要想提高保护区内体育旅游资源开发的科学性和合理性,制定出的体育旅游发展规划具有科学性特征以及合理性特征是必须要保证的重要方面,这是关键性的因素。科学发展规划应当将自然生态伦理理论和生态经济学理论当成重要指导,在科学运用生态旅游资源的前提条件下,认真遵循生态系统发展的基础性规律,针对保护区结构、功能、规模三方面展开统筹规划,在不破坏保护区内生态平衡的基础上,对体育旅游资源的科学开发以及体育旅游产业的发展起到积极的推动作用。

在对生态体育旅游产业进行规划时,往往需要做到以下几个方面工作。

第一,认真做好保护区内各种类型和各种性质的规划原则与指导思想工作。

第二,对保护区内体育旅游资源做好全面调查和评价。

第三,要认真调研和分析保护区内客源市场的实际状况。

第四,要对保护区内生态旅游环境的实际容量加以科学分析。

第五,要尽全力做好保护区内的功能分区和旅游项目规划。

第六,要科学高效地完成保护区内基础设施建设工作和发展规划工作。

第七,要做好保护区内保护措施的实施规划。

第八,要认真做好保护区内社区发展规划。

第九,要高效完成保护区组织人事管理规划。

第十,要立足于多个角度来分析保护区内体育旅游开发的成本效益。

2.对滨海保护区功能分区进行合理设计

要想对滨海保护区的体育旅游资源进行科学有效的开发,在功能分区限定范围中开展是必须的,功能分区能够把土地利用和土地控制充分结合在一起,进而使分流游客以及保护资源的双重目标得以实现。由此可知，科学设计保护区功能分区是极为必要的。究其原因，主要是由于如此不仅能使生态旅游活动破坏生态环境以及保护区核心保护对象得到有效避免，而且也可以有效保障保护区内的物种始终具备多样性与原生性。在对保护区功能分区展开设计的过程中，应当对各区域的旅游价值与资源特征进行深入分析，对各区域保护计划和设施设备展开明确定位。利用合理途径设计出的功能分区，不但可以对保护区生态资源产生保护作用，而且也可以使生态旅游对游客形成极大吸引力，最终达到双赢目标。

3.做好旅游开发定位和形象策划的相关工作

要想使滨海保护区内体育旅游产业发展，积极创新体育旅游产品，对市场需求展开全方位分析，精准确定出体育旅游产品的市场定位是非常重要且必要的，如此一来，能够让区域内体育旅游产品的特色更加鲜明，从而使泛珠三角体育旅游产业对国内外游客产生强大吸引力。除此之外，应把总体规划当成开发体育旅游产品的重要指导，同时对保护区的整体发展目标进行全面考虑，最终达到携手并进的目标。在对新型体育旅游产品进行开发的过程中，要将保护区内形象策划体系作为重要的考虑因素，不断扩大滨海保护区体育旅游资源的影响力，力求从根本上提升旅游服务质量，将保护区的体育旅游品牌构建起来。

4.建立健全滨海保护区旅游管理机制

要想科学开发保护区内各项体育旅游资源，必须不断加强体育旅游管理机制的健全程度。科学合理的体育旅游管理机制对保护区内环境保护的能源效应与地区社会经济福利均有积极影响，能够使广大群众的生活水平得到有效提升，促使自然人文资源实现有序发展。在制定体育旅游管理机制的过程中，应将其宗旨设定为把最小环境影响设定成代价，从而使社会效益与经济生态效益的最大化得以顺利实现。

在建立体育旅游管理机制的具体过程中，应当将价格管理、人力资源管理、服务管理作为重要的着力点。科学高效的人力资源管理是保护区具体工作高效完成的重要保障。保护区内服务管理是达到生态旅游可持续性的强力保障，在服务管理过程中积极融入社会文化因素和经济生态因素，能够激励更多在社会文化背景和年龄阶段两方面存在差异的群体积极参与到保护区管理实践中，对泛珠三角区域体育旅游产业发展起到积极的推动作用。

第六章　我国体育旅游产业竞争力提升及可持续发展研究

随着我国经济的飞速发展，在体验经济时代的背景下，人们的健身意识不断增强，体育旅游产业成了目前的朝阳产业之一。体育旅游产业和其他旅游类型的最大不同点就是本身具有一定的经济属性，主要由不同组织类型、地点、规模的各种企业组成，这些企业的主要目的是获得利润，为大众提供所需要的旅游产品，同时，具有很强的经济目的。提高体育旅游产业的竞争力可以有效带动构成企业的发展，为此，本章深入分析了体育旅游产业竞争力构成要素，探讨了我国体育旅游产业竞争力提升的路径，提出了我国体育旅游产业可持续发展的战略，为体验经济时代下的体育旅游产业发展之路提供参考。

第一节　体育旅游产业竞争力构成要素分析

一、生产要素

生产要素是指一个国家在特定产业竞争中有关生产方面的基本物质条件和要素投入，它对产业竞争力的发展起基础作用，生产要素是影响产业竞争力的一个重要因素，对产业竞争力的发展起基础作用。根据迈克尔·波特的“钻石模型”理论，将影响体育旅游产业竞争力的生产要素归纳为体育旅游资源、人力资源和基础设施三个方面(图 6-1)。

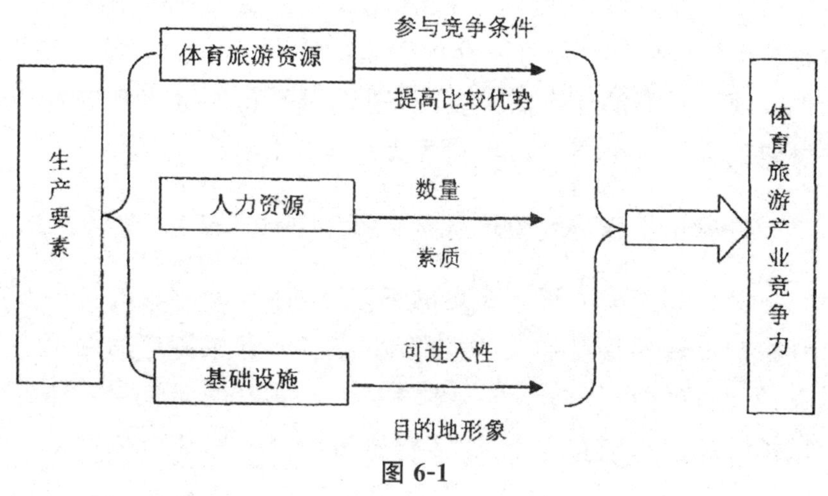

图 6-1

(一)体育旅游资源

资源是产业发展的物质基础,体育旅游资源是体育产业发展的重要基础和前提,一个国家或地区拥有的资源的数量和质量是产业竞争力的重要来源,是构成体育旅游产业竞争力的基础性要素。

体育旅游资源是指在自然界或人类社会中,通过科学合理开发,对体育旅游者产生吸引力,可以开展体育旅游活动,被旅游业利用并且可以产生社会、经济、生态效益的各种事物与因素的总和,是旅游资源和体育资源的完美结合。如果没有体育旅游资源,那么体育旅游产业的发展就没有了根基。

体育旅游资源是体育旅游产业赖以生存和发展的基础性因素,是诱发旅游者产生体育旅游需求的要素之一,是一国或地区参与体育旅游竞争的前提条件。

体育旅游资源对体育旅游产业竞争力的影响主要表现在以下三方面。

1. 体育旅游目的地参与竞争的条件

体育旅游资源会直接影响到体育旅游目的地参与竞争的条

件，影响体育旅游的市场范围，体育旅游资源为一国或地区参与体育旅游产业竞争提供了条件和机会，当一国或地区缺乏某一类体育旅游资源时，拥有的体育旅游资源存量太少，如果一个国家和地区缺乏必要的体育旅游资源，则该国家和地区体育旅游产业的发展就会缺少必要的市场竞争力。

2. 提高体育旅游目的地参与市场竞争的优势

在资金和劳动力资源充足的情况下，体育旅游目的地拥有的体育旅游资源的存量越大，则生产出更多体育旅游产品的机会也越大，所获得的市场收益也会越多，其竞争力也就越强。体育旅游市场已经步入消费者市场，体育旅游消费者对体育旅游活动的需求是多元的、多样性的，如果体育旅游地的体育旅游资源能突出与其他体育旅游地的体育旅游资源的特殊之处，对体育旅游消费者更具吸引价值。

体育旅游资源品味也会带来一定的比较优势，体育旅游资源品味反映了体育旅游自然资源和人文资源的质量和价值，包括观赏价值、美学价值、科学价值以及稀有程度。体育旅游资源的品味越高，价值就会越大，对游客的吸引力也就越强，由此获得的收益也就越大，体育旅游目的地也就越具有竞争力。

3. 扩大体育旅游地占据的市场份额

体育旅游资源集中度越高，体育旅游地可为体育旅游市场提供的体育旅游产品、服务越多，与同类体育旅游地相比，对体育旅游更加具有吸引力，更加值得体育旅游“到此一游”，因此，该体育旅游地也就越能占据更多的体育旅游市场份额，从而在体育旅游市场竞争中扩大比较优势，市场收益也更多。这种市场占有比例所形成的规模效应能有效提高该地体育旅游产业的竞争力。

（二）人力资源

人在市场经济活动中发挥着十分重要的作用，人力资源是一切生产资源中最重要的因素，从研发、生产、销售到管理，人力资源对产业竞争力的影响无处不在。这一整个过程当中，人力资源都发挥着重要的影响，进而决定产业竞争力的大小。在每年进行的国际竞争力评价中，作为竞争力评价八要素之一的国民素质，核心内容就是人力资源。结果表明，国民素质和国际竞争力具有联系。

体育旅游产业是一个接触频率高、参与度强的产业，体育旅游参与性强，在体育旅游活动当中，人力资源的参与度是其他任何一个产业都不能比拟的。体育产业与旅游产业是交叉、融合的产业，人力资源情况将直接决定体育旅游消费者的消费体验，进而影响到体育旅游产业的可持续发展。

人力资源对体育旅游产业竞争力具有两个方面的影响。

第一，对于体育旅游产业企业来讲，人力资源数量的增加能够提高体育旅游目的地产出水平，人力资源作为体育旅游产品的生产要素，体育旅游产业经营管理需要的是既懂体育、又懂经营管理的专门人才，在同等生产技术和其他生产要素充足时，专业性、高质量的人力资源数量越多，越能产出优质的体育旅游产品，提供优质的体育旅游服务。

第二，人力资源素质的高低对体育旅游产业技术、生产和销售等各个环节产生影响，对于体育旅游市场竞争来说，在当前知识经济时代，人力资源素质在产业发展中发挥着重要作用。人力资源素质指国家或地区拥有劳动能力的人口的身体素质、文化素质、思想道德以及专业劳动技能等统一能力的综合表现。

在知识经济时代，体育旅游产业市场竞争过程中，人力资源素质在产业中的地位越来越凸显。体育旅游产业技术优势来源于员工在知识和技术上的不断创新，生产和销售优势取决于高素质的人力资源队伍。企业所提供的体育旅游产品和服务的数量和质量、体育旅游产业的人力资源素质越高，其竞争力也相应较强。

体育旅游产业拥有的高素质的人才数量越多，该产业的竞争优势就越显著，同样，人力素质越高，该企业的综合竞争力也会较强。

（三）基础设施

基础设施是社会赖以生存发展的一般物质条件，任何产业的发展都离不开基础设施，体育旅游产业发展与基础设施建设具有非常密切的关系，良好的基础设施建设是体育旅游产业发展的重要物质基础，体育旅游产业竞争力的提升也需要有与之配套的完善的基础设施作为保障。

旅游基础设施是为适应旅游者在旅行游览中的需要而建设的各项物质设施的总称，是发展旅游业不可缺少的物质基础。其主要包括旅游饭店（宾馆）、旅游交通以及各种文化娱乐、体育、疗养等物质设备。在体育旅游产业中，体育旅游基础设施具体是能为体育旅游消费者提供基本生活服务、休闲娱乐服务和专业体育旅游服务的一切设施，如商店、住宿、交通、通信、娱乐、医疗等。

具体来说，基础设施对体育旅游产业竞争力的影响主要包括两个方面。

第一，基础设施的建设情况直接关系到体育旅游地的市场接待能力和体育旅游消费者的消费体验满意度，直接关系着一国或地区体育旅游目的地的可进入性，继而影响到目的地接待游客的数量，从而直接影响一国或地区体育旅游产业竞争力的强弱。

体育旅游和其他形式的产业不一样，具有区域的固定性，游客数量相对较好，需要体育旅游消费者到体育旅游目的地进行体育活动体验。因此，这就对体育旅游目的地的基础设施建设具有较高的要求，要求体育旅游目的地必须具备良好的可进入性，如果游客的接待数量相对较少，如边疆民族地区，尽管本地区拥有丰富的体育旅游资源，但由于可进入性差，致使体育旅游资源不能转化为成熟的体育旅游产品提供给消费者，从而影响了当地体育旅游产业的发展。

第二，良好的基础设施能有效提高体育旅游消费者对体育旅游目的地的整体印象，基础设施通过改善目的地形象从而提升体育旅游产业竞争力。良好的目的地形象是提升产业竞争力的一个重要因素。对于提高体育旅游目的地的市场竞争力具有重要促进作用，是提高本地区体育旅游产业发展后劲和市场竞争力的一个重要因素。基础设施建设可以使目的地的环境、设施等得到较大改善，从而使游客对目的地形成安全、卫生、舒适、便利的良好形象。

因此，由体育旅游资源、人力资源和基础设施构成的体育旅游生产要素是体育旅游产业发展的基础，对体育旅游产业竞争力的形成具有基础作用。

体育旅游资源从创造参与竞争条件以及提高竞争的比较优势方面影响体育旅游产业竞争力，人力资源从数量和素质两方面影响体育旅游产业竞争力，基础设施则通过改善体育旅游目的地的可进入性和目的地形象对体育旅游产业竞争力产生影响。

二、市场需求

在市场经济条件下产业的竞争最终体现在市场需求的竞争。市场需求是影响一个产业发展的重要影响因素，对任何一个产业来说，没有市场需求也就无所谓竞争力，市场需求是产业发展的前提，直接决定了该产业的发展模式、结构和方向。

市场需求是一个产业发展的重要指向标，产业发展的任何决策都要围绕市场需求进行。当市场对某一产业（包括产品或劳务）的需求较大时，该产业就具有较强的竞争力。因此，市场需求是产业发展的前提，市场需求包括国内需求市场和国际需求市场。

市场需求与体育旅游产业竞争力的影响主要包括两个方面。

（一）提升体育旅游产业竞争力

细分市场与消费者具体消费行为的实施具有十分密切的关

系。现实生活中，人们的经济条件、社会地位、文化水平、个人喜好等存在差异，体现在体育旅游需求上则呈现出多样化特点，不同年龄的人群可能选择不同的体育旅游出行方式和体育旅游产品。

人们参与体育旅游活动源于不同的目的和要求，我国已经进入消费者市场的经济发展阶段，市场需求的差异化吸引和鼓励体育旅游企业不断更新体育旅游产品开辟新的体育旅游线路，满足游客个性化和多元化需求。体育旅游产品的多样化使得体育旅游企业在市场竞争中处于优势地位，进而影响体育旅游产业竞争力，在产业发展过程中，要充分考虑消费者需求。

消费者的偏好是影响消费者购买的重要因素，当消费者对某种产品的偏好程度增强时，这种产品的需求量就会上升，如果偏好程度减弱时，需求量就会随之减少。就体育旅游产业发展来讲，消费者对体育旅游的项目和具体内容的偏好程度也会在不同时期发生变化，如冬季冰雪旅游需求的增加。

消费者对体育旅游产品的喜好程度受到多种因素的制约，包括大众体育旅游的观念和态度，体育旅游消费者的社会地位、经济条件、文化水平、兴趣爱好等各不相同，存在不同的客观差异性。在体育旅游需求上，呈现出多样性特点，体育旅游宣传力度，体育旅游产品和服务的质量、水平以及政府政策引导等。

凡是能满足体育旅游消费者多样化需求的体育旅游产品和服务就必然能够吸引更多的体育旅游消费者，在体育旅游细分市场中占据更多的市场份额，非常有利于体育旅游产业从业企业的市场竞争。

（二）加快体育旅游竞争力的速度

消费者的需求是不断变化的，一国或地区的游客体育旅游需求领先于他国或地区，就会促使相关体育旅游企业意识到潜在体育旅游市场的来临，在不同的时期会表现出不同的特点。由此刺激企业进行改进和创新并开发出满足游客需求的体育旅游产品，从而使得体育旅游产业获得竞争优势。

和国际市场相比，国内需求对一国或地区产业竞争力影响深远，这与波特对内需市场影响产业竞争力的论点是一致的。市场需求的预期性，具体是指消费者未来市场需求的预测，对于任何一个产业来讲，能够准确地预知消费者未来市场需求，就能提前把握市场竞争机会。

体育旅游市场中我国消费者的需求不断变化，如果某一个国家或地区的体育旅游消费者旅游需求领先于其他国家和地区，就能在体育旅游市场竞争中提前准备好相应的体育旅游产品和服务，做好体育旅游市场宣传，与体育旅游消费者的需求相同，从而赢得更多的消费者市场，提高体育旅游产业的市场竞争优势。例如，在我国 2022 年冬奥会申请与筹备过程中，体育冰雪旅游与其他旅游产业相比，就显然具有明显的市场优势，而在近期和未来一段时间内，以打造冰雪旅游为主题的体育旅游必然比其他旅游能占据更多的市场份额。

综上所述，市场需求对产业的发展影响，简单来说就是市场需求差异化和预期对消费产品、服务的需求影响，如果这两方面把握得好，就能促进产业的发展，提高产业市场竞争力(图 6-2)。

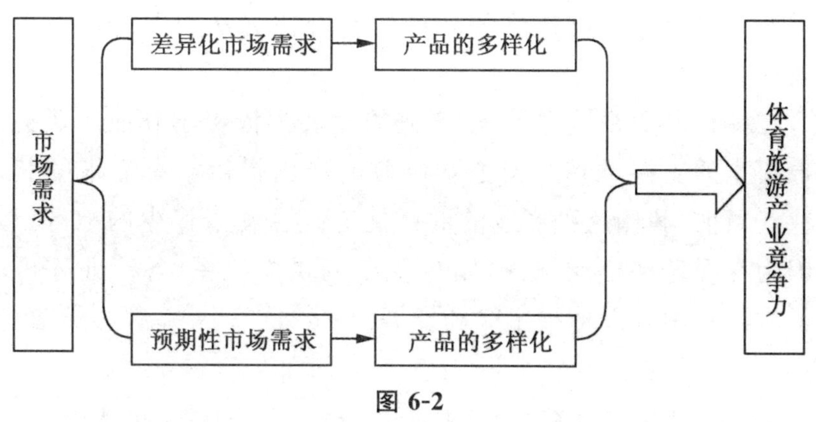

图 6-2

三、相关产业

在波特看来，影响产业竞争优势的第三个关键因素在于一国能否提供比其竞争对手更具优势的相关和支持性产业。迈克尔·波特提出的“钻石模型”理论中，第三个影响产业竞争优势的关键因素即为关联产业。产业关联，又称产业联系，指不同产业投入与产出、供给与需求的数量比例关系。①

一国产业间彼此牵动而创造竞争力的情形非常常见，任何一个产业的发展都不是孤立的，驰名的意大利制鞋业的竞争优势与其在皮带、皮包等皮具产业的杰出表现有关，瑞士制药业成功的背后是酵素工业竞争优势的支持，在其发展过程中必然要与其他产业发生多种多样的联系。

因此，相关产业的竞争优势直接影响着一个产业的潜在优势，产业关联也称之为产业联系，指不同产业之间投入与产出、供给与需求的数量比例关系。具体来说，某行业的上游产业或相关产业是否具有国际竞争力是影响该产业竞争力的重要因素。

这个理论来源于美国经济学家开创的投入产出经济学，借助产业联系表对产业之间在生产、交换和分配上发生的联系进行分析和研究，从而得出产业之间数量比例上的规律性，上游产业及相关产业可以发挥群体优势和产生互补优势从而促进某一产业的发展。

在体育产业领域，每一个产业的发展都依赖于其他产业提供生产要素的支持，同时，又把本产业的产出提供给有需求的其他产业。目前，我国这种产业的群体优势只存在于极少的地区。正是因为存在这种广泛深入、错综复杂的供需关系，各产业才可以在经济活动中得以持续生产和发展。

---

① 王玉珍. 中国体育旅游产业竞争力研究[D]. 北京体育大学博士论文，2013.

产业关联一般有前向关联和后向关联、直接关联和间接关联、单项关联和环向关联三种类型，多数研究者较倾向于前向关联和后向关联的研究。前向关联是指通过供给联系与其他产业部门发生的关系，当A产业在经济活动过程中需要吸收B产业的产出时，对于B产业来说，它与A产业的关系便是前向关联关系，后向关联就是通过需求联系与其他产业部门发生的联系。

一些龙头体育用品企业群之间形成以体育用品加工生产为核心的产业链，它们之间的重复性交换有利于相互协作、缓解矛盾和问题，实现企业生产的高效性、有效性和灵活性。

体育旅游产业的产业链较长，其涉及体育旅游的产品生产(服务设计)、产品制造(提供服务)、产品(与服务)营销等多个行业，还涉及为体育旅游活动提供各项支持的行业，如交通、通信、医疗、娱乐、文化等行业。

2009—2011年中国体育旅游产品行业市场分析及投资价值预测报告中指出，在我国共计130个行业中，体育旅游产业消耗59个行业的产品，体育旅游产业产品要被96个行业间消耗。

体育旅游产业的关联产业对体育旅游竞争力的影响具体表现在产业技术创新和基础设施建设两个方面(图6-3)。

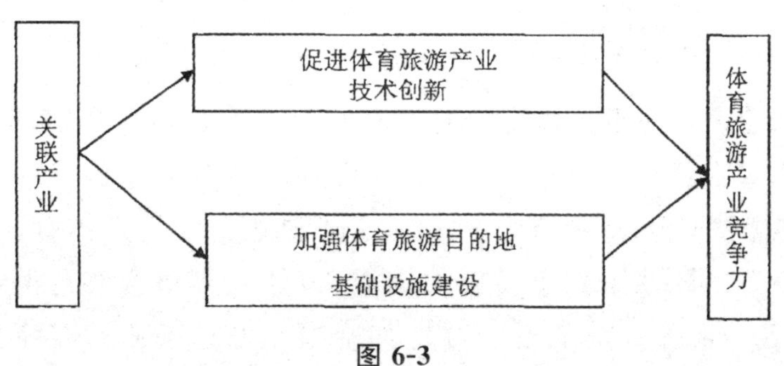

图6-3

(一)产业技术创新

技术创新是企业生存发展的重要基础，也是产业可持续发展的重要推动力，通过技术创新带动体育旅游产业工艺改进，提高体育旅游产业的技术水平。就体育旅游市场的发展来说，随着经济的发展，体育旅游市场的需求偏好不断发生变化，需求水平日益提高。

为了满足市场需求，随着经济的发展，体育旅游产业内的企业必须不断改进和提高体育旅游产业的生产技术水准，体育旅游消费者的体育旅游需求不断发生着变化，努力生产出与市场需求相匹配的体育旅游产品，对体育旅游产品和服务的质量要求越来越高是很重要的一个方面。

众所周知，开展体育旅游活动就要借助相关体育器械、专业设备以及体育服装等体育用品，如果体育旅游消费者在支付一定的消费之后，不能得到相应价值的体育旅游产品和服务，则其体育旅游的需求就会逐渐降低，从而导致体育旅游产业发展在消费者市场需求中遇冷。

因此，体育用品制造业提供的体育用品质量、类型、品种等就显得尤为重要，对于体育旅游产业从业企业来说，体育旅游产业内的企业必须不断改进和提高生产技术，体育用品制造企业通过不断技术改进使得体育旅游用品更新换代，满足大众对体育旅游用品多元化的需求，为体育旅游消费者提供优质的体育旅游产品和服务，才能保证体育旅游消费者消费的持续性。

（二）加快基础设施建设

基础设施建设是体育旅游产业发展的重要物质基础，有助于提高体育旅游产业竞争力，促进体育旅游产业的发展，这一点在体育赛事产业上表现较为突出。基础设施建设更是体育旅游产业竞争力发挥作用的重要影响因素，以体育赛事旅游为例，如奥运会、足球世界杯等的举办会增加赛事举办地的旅游客流量，同时也对举办地的基础设施建设提出了要求。客流量主要来自于体育运动爱好者，也包括其他旅游者。

基础设施的建设在数量上要满足接待游客的需要，在服务质量上达到相应的接待标准，举办地基础设施建设不仅可以确保体育赛事得到顺利进行，而且还为当地体育旅游业的可持续发展打下了坚实基础。大量游客涌入势必会给赛事举办地的交通、住宿、饮食、购物、安保等带来一系列的压力，这就体现了基础设施建设的重要性。

关联产业的发展也对体育旅游产业产生影响。共同作用下，体育旅游产业竞争力获得总体提高。举办地良好的基础设施建设不仅可以确保体育赛事的顺利开展，还可以为赛事举办地体育旅游产业的发展，以及与体育旅游产业相关的其他产业（住宿餐饮业、体育健身娱乐业）的发展产生影响，从而也对体育旅游产业的竞争产生作用。

四、企业竞争

在国家竞争优势对产业的关系中，第四个关键要素就是企业，包括如何创立、组织、管理公司，以及竞争对手的条件如何等。要先认识生产率的决定因素以及生产率的成长情形，必须从细部入手，针对个别产业与产业环节的表现来了解竞争力，而非针对整体经济的表现。

结合产业经济学对产业进行分析，国家竞争优势取决于产业竞争力，产业竞争优势来源于企业竞争力，企业竞争是产业竞争的内在影响因素，也是非常关键的一个影响因素。“企业是产业竞争的基本载体，产业竞争力取决于企业竞争力”。[①] 企业竞争优势影响企业竞争力，进而影响产业竞争力（图 6-4）。

（一）扩大企业规模

扩大企业规模有助于体育旅游产业竞争力的提高，扩大企业规模对产业竞争力的影响被诸多学者研究认可并经过了市场的考验。在产业竞争中，企业规模对产业竞争优势的形成有十分重要的作用。

---

① 刘小铁. 产业竞争力的决定因素[D]. 江西财经大学，2004.

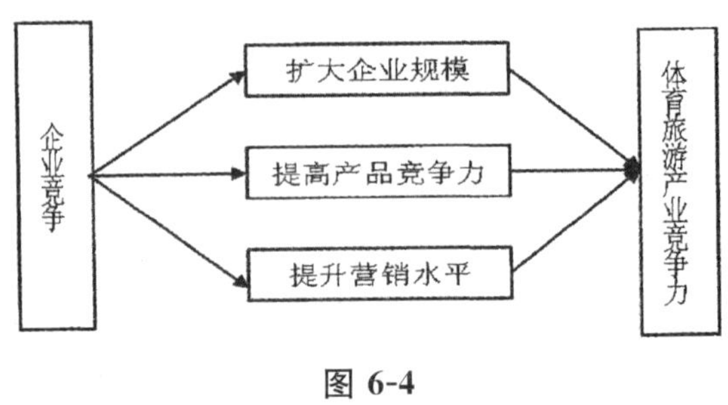

图 6-4

扩大体育旅游从业企业的市场规模对体育旅游产业竞争力的提高的影响主要表现在两个方面。

第一，扩大企业规模可以提高管理效率、降低成本消耗，企业大规模生产导致内部分工精细化、专业化加强，从而使得管理趋向标准化。规模化从客观上可以实现企业生产分工精细化、专业化，提高企业的规模化效益，借助现代信息处理手段，扩大管理者的管理和监督幅度，从而使分摊到单位产品上的管理费用减少。

第二，市场竞争是多方面的，企业为了在日趋激烈的市场竞争中战胜竞争对手，采取多样化的竞争手段提高市场占有率，企业常用的竞争手段主要是促销产品。企业规模化效益的实现对于企业市场竞争力的提升十分有益，有时只能低价出售产品，规模化生产有助于企业降低成本，进而可促进企业管理的标准化、科学化。

这种牺牲暂时利益以保持自身竞争地位的策略需要企业具备一定的规模和实力，这对于整个产业的高效发展具有重要促进作用。规模竞争有助于提高其他企业进入市场的壁垒，企业必须具有一定的实力才能进入市场。市场内企业整体实力的提高对于其促进产业发展、提高产业竞争力具有推动作用。

（二）提高产品竞争力

产品的市场占有率和营利能力是产品竞争力的直接体现，从本质上来说，产业竞争是产业市场占有率的争夺。市场占有率和营利能力直接体现了产品竞争力。作为一种服务性产品，体育旅游产品的丰裕度、知名度和价格等是体育旅游企业能否在市场竞争中获胜的关键。

体育旅游产业属于第三产业，是一种服务性产业，体育旅游产品和服务的质量直接关系到体育旅游从业企业和体育旅游产业的发展，体育旅游产品竞争力是通过提高体育旅游产品的质量、采取合理的定价行为等满足体育旅游消费者的需要。

在市场竞争中，要想争取更多的旅游者，必须不断提高产品竞争力，才能满足旅游消费者的需求，促进旅游消费者体育旅游行为的实施，这是体育旅游产业发展的重要基础。获取更多的市场份额来达到提高产业绩效，进而提高体育旅游产业竞争力。

（三）提高营销水平

在市场竞争中，扩大产品销量能够有效提高产品的市场占有率，增强体育旅游产业竞争力，这是企业进行市场营销的重要手段。产品获取更多的市场份额除了依靠产品本身的属性（如功能、包装等）外，良好的营销能最大限度地吸引消费者，从而获取更多的市场份额，决定其市场份额的还有其市场营销能力。

对于体育旅游产业发展来讲，其要想在体育产业和旅游产业中抢占更多的消费者，通过扩大产品销量提高产品的市场占有率是市场营销的基本功能。体育旅游产品不可储存性、不可移动性和地域独特性的特点决定了体育旅游企业必须挖掘市场信息，这就需要熟悉消费者需求，制定合适的营销策略，从提高企业营销手段和营销水平上下功夫。

五、政府行为

波特在《国家竞争优势》中指出，政府在提高国家竞争优势中应该扮演具有建设性和行动性的角色，政府的首要任务是尽力为企业创造一个利于公平竞争的商业环境。

竞争理论指出，竞争优势的形成得益于四大要素共同作用的商业环境，政府对于由生产要素、市场需求、关联产业和企业竞争构成的结构中的每个因素通过政策手段和制度设计施加影响。

通过影响产业发展的外部环境，改善产业发展的内在条件以达到提高或改善产业竞争力的目的。政府是商业环境的维护者，其行为主要包括提供政策支持、制定产业规划、制定产业政策等方面(6-5)。

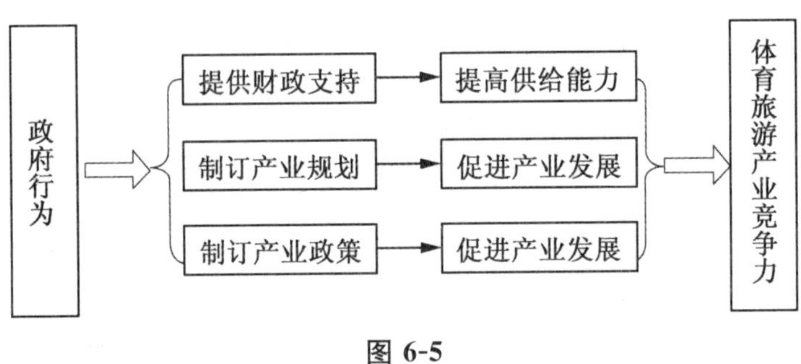

图 6-5

(一)提供财政支持

体育旅游产业的发展实践表明，体育旅游基础设施是体育旅游产业发展的基础保障，政府在产业发展过程中发挥着十分重要的作用。体育旅游基础设施的投资具有资金需求量大和风险性高的特点，对于产业发展具有宏观导向和影响作用。

1. 政府的导向作用

新时期，在我国大力发展体育事业的社会背景下，政府为促进体育旅游产业的发展提供财政支持，政府的决策具有强制性，从根本上影响一个产业的发展，单纯依靠市场供给不仅无法满足体育旅游产业快速发展的步伐，而且还存在供给量不足的情况。这种情况将会阻碍体育旅游目的地供给水平的提高，从而进一步制约目的地体育旅游产业的发展。

以我国民族传统体育发展为例，我国开始重视传统体育文化的发展，具有丰富文化内涵的传统民族体育成为国家重点扶持的对象，这些民族体育项目与独有的民族风情结合在一起，具有发展体育旅游的良好优势，政府的资金投入能弥补市场供给的不足，加快体育旅游基础设施建设的步伐，在政府专项财政政策支持下，促进了各地民族传统体育旅游产业的发展，从而提高了体育旅游目的地的整体供给水平。

2.促进地区体育旅游产业

以我国西北、西南地区体育旅游发展为例，具有丰富的体育旅游资源，与当地丰富多彩的民族文化和活动紧密结合在一起，形成了强大的体育旅游市场吸引力。

我国西北、西南地区属于经济欠发达地区，在发展体育旅游产业的必要基础性投入方面存在一定的困难。我国开发西部，为西部地区体育旅游产业的发展提供了良好的发展契机。

（二）制定产业规划

产业规划关系到产业的科学化发展和可持续发展，对产业发展具有重要的导向作用，政府通过制定产业发展规划及产业政策影响体育旅游产业的发展。

体育旅游规划对体育旅游发展具有先导作用，有利于协调目的地所有体育旅游企业的发展目标和目的地形象统一。合理的体育旅游规划不仅可以使体育旅游发展方向和目标更加明确，还能更好地统筹体育旅游开发与经济发展的关系，可以使体育旅游资源得到优化配置和合理开发利用，避免粗放型、随机型开发引起的资源破坏、结构失衡。

政府对体育旅游产业的产业规划是宏观性的，立足于我国整体经济建设和未来体育发展，有助于为体育旅游发展提供方向指导，对体育旅游从业企业科学制定发展策略也具有重要的启发意义。

（三）制定产业政策

产业政策是政府为了实现一定的经济和社会目标而对产业

的形成和发展进行干预的各种政策的总和。

政府的产业政策制定能从宏观上协调体育旅游产业内部各要素的发展,合理的体育旅游产业政策有利于形成产业内利益相关者的共同价值观,有助于我国体育旅游产业在国际体育旅游市场竞争中把握好方向,科学的产业政策有利于规范体育旅游产业市场竞争。

政府对体育旅游发展规划和产业政策的制定体现了政府对竞争力的影响程度,实现体育旅游资源的优化配置,督促产业内各利益相关者形成共同的价值观,实现体育旅游资源的合理开发,引导他们为了提高体育旅游产业竞争力而共同努力,实现整个体育旅游产业的良性发展。

在当前市场竞争十分激烈的环境下,政府必须加大对体育旅游产品与服务侵权行为的打击力度,加强对企业专利权的保护,促进整个体育旅游产业技术水平的提升。另外,规范体育旅游产品标准和服务标准也是政府必须要解决的问题。

六、竞争力结构模型

根据上述对体育旅游产业竞争力各构成因素及对体育旅游产业竞争力的影响分析,在体育旅游产业竞争力中,各构成要素具有不同的影响作用(图 6-6)。

(1)生产要素:为体育旅游产业的发展提供物质基础,是体育旅游产业进行竞争的基础。

(2)市场需求:市场需求是体育旅游产业参与竞争的前提,只有当市场上产生体育旅游需求时,体育旅游产业才能进入市场并展开竞争,有需求,才有市场,才能竞争,市场需求是体育旅游产业参与竞争的前提条件。

(3)关联产业:体育旅游产业的发展不可能独立于其他产业之外,关联产业对体育旅游产业发展具有重要的支持作用,建立在众多相关产业“多赢”基础之上,相关产业对体育旅游产业的支持是体育旅游产业获取持续竞争力的源泉。关联产业是体育旅游产业竞争力的保障。

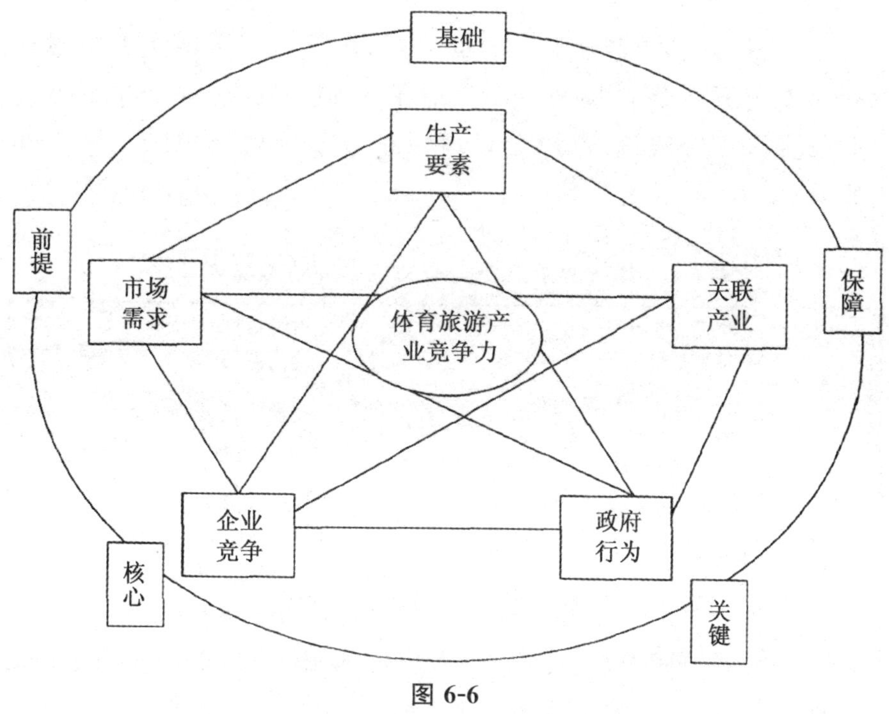

图 6-6

(4)企业竞争:产业竞争力最终要通过企业的竞争优势得以展现,企业竞争是促进体育旅游产业发展的根本动力,是体育旅游产业竞争力的核心。

(5)政府:政府在体育旅游产业发展中发挥着重要的指导作用,通过政府行为确保体育旅游产业顺利发展。在此过程中,政府发挥的调控作用对体育旅游产业参与竞争产生关键影响。

在对体育旅游产业竞争力的影响上,这五类因素之间既存在一定的互补性,也存在一定的制约性。互补性主要体现在某一类因素的供给能力较强,可以弥补另一类因素相对薄弱对竞争力的影响。一个地区的体育旅游生产要素供给能力较强,可以弥补企业管理落后对竞争力的影响。

任何一类因素发展的滞后都会制约其他因素水平的发挥,如我国西部地区体育旅游基础设施相对不足的状况影响了企业竞争作用的发挥。这五类因素之间相互作用影响，对体育旅游产业竞争力产生作用。

对于体育旅游产业竞争力的分析，应该建立多层次评价指标体系，上述五个指标构成和影响体育旅游产业竞争力的一级指标，从更深一层次进行分析，还可以进一步细化出多个二级指标（表 6-1）。

表 6-1　体育旅游产业竞争力综合评价指标体系[①]

指标	一级指标	二级指标
城市体育旅游产业竞争力综合评价指标	生产要素	GDP 总量 基础设施状况 人才本体竞争力 大型体育场馆数量 国际体育赛事数量 职业体育俱乐部数量
	市场需求	大型体育场馆数量 国际体育赛事数量 职业体育俱乐部数量
	相关产业	消费性服务业竞争力 社会性服务业竞争力 生产性服务业竞争力
	企业	技术创新 企业规模 企业综合竞争力与产值
	政府因素	政府规模 犯罪率 经济开放度 司法系统与产权保护

① 李萍. 基于 PCA 和 AHP 的中外城市体育旅游产业竞争力评价研究[J]. 沈阳体育学院学报，2014，33(1).

从宏观角度来看，在体育旅游产业发展过程中，体育旅游产业竞争力的五个构成要素都发挥着重要的作用，但是，必须认识到这五个要素在不同国家和地区、在体育旅游产业发展的不同阶段对体育旅游产业竞争力的影响程度不同。

以政府行为为例，在计划经济条件下，政府行为在体育旅游产业发展过程中起着主导性作用，而在市场经济条件下，政府行为在体育旅游产业发展过程中起着辅助性作用，处于起步期的体育旅游产业离不开政府的支持，如果缺乏政府的有效支持，体育旅游产业的竞争力很难在短期内快速提高。

在我国改革开放初期及全球化体育发展背景下，西方体育在国际体育中占据主导地位，在这种情况下发展体育旅游，国外体育发达国家体育旅游产业优势要明显高于我国体育旅游产业优势，因此，我国体育旅游产业发展必须依靠政府支持，而在西方竞技体育冲击下，保护我国传统体育旅游文化与资源，也离不开政府的大量工作。

第二节　我国体育旅游产业竞争力提升的路径

一、发挥政府职能作用

政府在体育旅游产业发展中具有重要影响作用。政府的产业政策会促进或迟滞体育产业的发展进程。政府应加强体育旅游产业布局规划并通过制定科学合理的产业政策和相关法律引导、促进我国体育旅游产业的健康、有序、可持续发展。

加强政府的宏观调控是体育旅游产业可持续发展战略的重要内容。各地方政府根据当地体育旅游产业发展的实际，深入调研、科学论证，制定相应政策，为区域体育旅游产业的发展创造良好的环境。不可否认的是，一个国家、地区或行业的政府领导是推动该国家、地区或行业可持续发展的首要力量。

在政府部门的支持下，体育旅游产业有了发展活力和动力，我国体育旅游产业处于起步阶段，其发展需要大量资本作为支撑，仅靠政府对体育旅游产业的资本投入是远远不够的，需要建立健全社会投资的优惠政策。

2014 年国务院颁布《关于加快发展体育产业促进体育消费的若干意见》指出“到 2025 年，体育产业总规模超过 5 万亿元”，极大地激发了体育产业市场活力和改革动力。新时期，要促进体育旅游产业发展，必须从以下几方面做起。

（一）制定产业布局规划

政府应加强体育旅游产业布局规划，制定科学合理的产业政策和相关法律引导。实施低息贷款、贴息、担保贴费等金融政策，税收减免或税款返还的税收政策，用水、用气、用电价格与工业同价的优惠政策，开辟体育旅游产业的投融资渠道，积极、有序引导社会资本投资体育旅游产业，调动全社会力量发展体育旅游产业的积极性，形成以政府资本拉动民间资本、政府与民间共同致力体育旅游产业的社会化投资大格局。

（二）加大对体育旅游产业的投入

政府应加大对体育旅游产业发展的扶持力度，完善体育旅游产业的服务体系。政府通过大力发展基础设施建设，提供体育旅游产业的公共服务帮助其进一步完善社会化服务体系，通过引进产业关联度强、辐射面广、带动作用大的大项目促进体育旅游产业竞争优势的提升。

（三）加强政府执法监督功能

政府应加强监督管理，完善体育旅游经营活动的服务规范和从业标准，构筑良好的体育旅游产业发展环境。在体育旅游产业的发展过程中，政府应通过宏观调控手段促进区域间、行业间、部门间的有效分工协作，通过制定和完善体育旅游经营活动的服务规范和从业标准，维护体育旅游市场秩序，有效规范企业竞争行为，促进体育旅游产业健康、规范成长。

二、提高体育旅游产品营销功能

（一）拓展营销渠道

对于我国体育旅游营销渠道狭窄的问题有两种解决途径。第一，未来的体育旅游营销将是基于网络的供需双方直接对点营销。因此，应充分利用现代信息技术，尤其是网络技术，引导、鼓励体育旅游企业构建面向会员的网络销售渠道，改变当前以旅行社为主的单一营销渠道。第二，面向旅行社、体育协会、体育旅游公司、体育旅行社等不同组织的营销，扩大营销渠道，广泛宣传体育旅游。

体育旅游的营销手段应该迎合消费者的差异化需求，采用多样化的营销方式。随着信息技术的迅猛发展，网络已经渗透到社会生活的各个领域，在旅游的个性化和网络化时代，充分利用网络实现旅游产品的宣传推介，旅游者凭借网络可以实现多样化、个性化的出游设计。

欧美国家在旅游企业的网络营销方面积累了丰富的经验，取得了巨大的成功，如大型旅游电子商务网站，充分满足了旅游者的多样化需求和比较选择愿望。和传统旅行社营销相比，网络营销可以满足消费者方便性、个性化的需求。

当今社会生活节奏加快，人们越来越体会到时间的珍贵，旅游者迫切需要以更新的、更快速的、更方便的购买和服务方式来满足其需求。网络营销在这样的社会背景下应运而生，主要载体是体育旅游网站，其中拥有巨大的信息量，可以为体育旅游爱好者提供大量的信息资讯，保证他们准确、快捷、全面地查询到相关信息。

只要体育旅游者对选择的产品可以实现网查网购、交通可以实现自主自选、组团可以实现网络自发、食宿可以实现网络预订，游客就可以实现自主安排的个性化旅行方案，未来的体育旅游营销将是基于网络的供需双方直接对点营销。

在宣传形式方面，推行区域、企业、景区联合的一体化营销战略，充分运用广告、互联网、报刊等多种媒体和推介会、博览会、展销会等平台，开展有针对性的营销宣传活动，加大对重点客源市场的宣传力度，进一步加大政府层面公益性、教育性、主题性的宣传，在企业市场宣传和景区景点宣传的基础上，增强体育旅游的影响力，大力挖掘潜在体育旅游市场。

（二）完善体育旅游产品结构

1. 开发多元化体育旅游产品

完善体育旅游产品结构，在档次结构上，加强体育旅游产品的多元化开发，进一步丰富产品系列，满足不同消费者的多元化需求。限于经济状况、品味、兴趣爱好等多种因素的影响，体育旅游者的消费需求也呈多档次、多样化，体育旅游产品呈现不同的档次结构。

旅游者对体育旅游产品的需求档次存在差异，在调整和优化体育旅游产品结构时，基于目标消费群体的不同层次以及多元化需求制定符合个性化需求的体育旅游产品开发策略。加强体育旅游产品的多元化开发，针对不同的消费群体，提供不同档次和价位的体育旅游产品。

不仅包括符合高消费阶层的高品位、精加工的体育旅游产品，还包含适合大众消费水平的中低端体育旅游产品，以此满足不同消费者的多元化需求。在调整和优化体育旅游产品结构时，最大限度发展产品组合战略竞争优势，基于目标消费群体制定符合不同消费者个性化需求的体育旅游产品开发策略。

2. 丰富体育旅游产品文化内涵

在类型结构上，不断丰富体育旅游产品文化内涵，深层次挖掘民族民俗体育文化内涵。文化是旅游的灵魂，旅游是承载文化产业价值的有效载体。我国拥有深厚的民族传统文化底蕴，各民族在长期的生产生活中创造了绚烂多彩，各具特色的民族文化为各地区开发体育旅游产品提供了良好的文化支撑。

很多地区在开发民族民俗体育旅游产品时，缺乏深入挖掘文化内涵，缺乏原汁原味的民族特色，缺乏对当地历史、民俗、艺术、传说、宗教、民间故事、谚语等文化资源的综合开发利用。大多数民族民俗体育旅游活动仅是民族体育技能动作的简单模仿和参与，没有人文性、民俗性、故事性等文化背景的支撑映衬。

3. 推进体育旅游产品的区域化

在地域结构上，塑造特色体育旅游产品。我国地域广阔、资源丰富，在体育旅游产品的开发上因地制宜、凸显特色，避免出现体育旅游产品雷同、趋同、同质化现象。

开发体育旅游产品时，应打造彰显区域特色的主题体育旅游产品，构成各区域和地方体育旅游产品类型多样、特色鲜明、互有差异的体育旅游产品结构。注重通过创新来节约劳动力、节约资本（如多功能体育场馆的社交使用）、提高效率或质量，使企业的经营管理真正做到低成本、高效率、新发展。

三、建设体育旅游人才队伍

体育旅游人才对体育旅游业转变发展方式和体育旅游产业的发展起着至关重要的作用，是结构调整的决定性因素。针对当前我国旅游专业人才数量较少、质量不高的现状，应从以下几方面入手，建设和完善我国体育旅游专业人才队伍。

（一）发挥高校人才教育和培养优势

高校是体育旅游人才的主要供应地，为此要鼓励我国高等院校开设体育旅游专业或增开体育旅游课程，为体育旅游产业发展提供人力支持。北京体育大学认识到体育旅游发展的巨大前景，在休闲体育专业中增开体育旅游概论课程。

从体育旅游的长远发展来看，应提倡旅游院校和体育院校的相关专业交叉办学，实行双向合作，充分发挥各自的师资和科研优势，培养掌握体育学、旅游学及相关学科基础理论知识，具备从事体育旅游工作所需的综合素质和进行行业管理、资源开发、营销、运动技术指导等实践能力，具有创新精神和研究能力的高级体育旅游专门人才。

（二）开展体育旅游人才培训

近年来，在旅游产业飞速发展的形势下，旅游教育培训中心日益受到追捧，这是一种新型的合作模式。体育运动项目的开发和技术的发展要求体育旅游专业服务人员和技术指导人员不断丰富自己的技术能力和运动经验，如此既可以充分利用学院师资、科研、培训等方面的优势，提高旅游从业人员的管理水平和服务能力，又可以为学院师生搭建参与旅游实践实习、服务社会的平台，不断提升师生的专业水平和职业发展能力。

这种合作模式逐渐成为旅游行业的加油站，为培养、选拔、储备更多优秀的旅游人才起到重要的作用。体育旅游业可以借助这种较成熟的合作模式，旅游行政部门可以与学院联合开办培训中心。

在培训中心的课程设置和实践实习项目上增设与体育旅游相关的课程和实践活动，安排专业的体育旅游师资授课，既可以依托培训中心的资源优势，又简化了设置培训中心的繁琐程序。

加强对在职体育旅游人员的在职培训，进一步提高其专业素质和能力。

（三）与体育产业基地建立联系

和体育（旅游）产业基地联系，共同培养体育旅游人才。截至2012年，我国共有7个国家体育（旅游）产业基地，包括成都温江、北京龙潭湖、山东乐陵等。建立基地的目的地就在于推动和引领各个产业基地的资源禀赋，进行合理定位，发挥辐射和带动作用，促进区域可持续发展。

在各地努力争创国家体育产业基地的有利形势下，推动区域经济转型和社会进步，全面带动体育产业的可持续发展，我国很多省市开始建立体育旅游示范基地，促进体育与旅游的融合发展。

在这一产业发展背景下，高校凭借基地的平台优势选派体育旅游专业学生开展实习实训活动，借助体育产业基地有针对性地培养适合体育旅游发展的实用技能型和创业型人才。通过体育产业基地进一步加深了联系，既解决了基地人才匮乏的问题，又引导和推动院校按需培养实用型人才，从而实现了各取所需、资源共享及合作共赢。

四、开拓体育旅游市场

（一）开发国际体育旅游市场

1.创新体育旅游宣传营销方式

积极参与国际体育旅游宣传推广，持续加大对外促销力度，面对国际金融市场急剧动荡、国际旅游消费需求走低、全球旅游市场竞争加剧的复杂形势，继续加大对外宣传促销力度，加强与相关部门的合作，借助旅游业众多的分支机构，通过定期组织海外专题宣传推广活动，通过驻外旅游办事处在重点客源市场集中投放广告等手段，扩大境外体育旅游市场推广力度。

通过联合促销，力争做大体育旅游市场。香港康体局和旅游协会通过驻外旅游办事处积极推销体育旅游产品，向日本人集中推销高尔夫球，向欧美和澳大利亚推销网球、板球和羽毛球，向东南亚国家推销赛马，香港的体育旅游市场得到进一步开拓，吸引了大批国外游客前往香港参加体育旅游活动，实现了体育产业和旅游产业共赢。

在宣传时还应充分利用网络性价比强、传播速度快、辐射面广的特点，创新体育旅游宣传营销方式，经营体育旅游微博、公众号，针对不同客源市场加大宣传力度。

2. 实行“引进来”“走出去”的发展战略

我国体育旅游起步比较晚，市场发展仍不成熟，在经营和管理方面与国外相比还存在一定差距。为此应积极同国际上比较著名的体育旅游运营企业、体育旅游景区合作，充分借助它们的技术优势、品牌优势、人才优势，拓展体育旅游市场，汲取有益的成功经验，大胆引进前景广阔、风格独特的国外体育旅游项目，提升我国体育旅游的国际化水平。

在“引进来”的同时，推动国内有实力的体育旅游企业“走出去”发展，到国外拓展业务，鼓励有条件、有实力的国内旅游企业到中国公民出境旅游目的地的主要国家和地区，投资收购、建设、管理宾馆饭店和景区景点等旅游设施。

借助体育旅游上的政策优势，体育旅游企业主动和旅游企业合作，重点推介本企业优势体育旅游产品，以品牌优势进入国外体育旅游市场，逐步推进、拓宽企业其他体育旅游产品的发展渠道。

（二）挖掘中国体育文化内涵

在开辟国内外体育旅游市场的过程中，在体育旅游的各个环节中植入中国文化元素，充分依托各民族创造的绚丽多姿、彰显特色的文化，从文化的角度增加对游客的吸引力，使民族文化与体育旅游有机融合在一起，提升体育旅游文化内涵的同时，进一步弘扬本民族文化，塑造中华民族形象。

五、发挥产业集群效益

产业集群是指在某特定领域中，在地理上靠近、有相互关联性的企业和相关机构，由于彼此具有共性和互补性而联系在一起。集群是特定产业中互有联系的公司或机构聚集在特定地理位置的一种现象，包括一连串上、中、下游产业以及其他企业或机构，这些产业、企业或是机构对于竞争都很重要，包括了零件、设备、服务等特殊原料品的供应商以及特殊基础建设的提供者。

集群会向下延伸到下游的通路和顾客上，也会延伸到互补性产品的制造商以及和本产业有关的技能、科技，或是共同原料等方面的公司上。集群还包括了政府和其他机构，如制定标准的机构、职业训练中心、大学等，提供专业的训练、教育、资讯、研究以及技术支援。

一个国家最主要的全球竞争性产业很可能集中于这个国家地理上的集群，将产业集群作为“本垒”培育所在国或地区的优势产业和优势企业，奠定了其在全球经济中不同寻常的竞争能力。

产业集群需要具备的要素有三个，第一，数量众多的企业处于同一区域，在地理上比较集中。第二，集群内不仅包括企业，还有其他相关支撑机构，如地方政府、教育培训机构和行业协会等。第三，在国际市场上具有竞争力的产业，其产业内的相关企业群居在一起，相互竞争和合作，对提高产业竞争力有显著促进作用。

（一）体育旅游产业有集群现象

从体育旅游产业的产业特性来看，体育旅游产品由不同行业的产品组成，随着游客需求不断变化，产生不同的行业和部门满足旅游者需求，体育旅游的生产过程具有可分性。

体育旅游产品本身不能运输，旅游者通过购买产品引起的移动和运输可以实现产品的集中消费。人们生活水平的提高以及消费意识的转变使体育旅游需求呈现出多样化现象，这种变化要求体育旅游相关产业适时做出战略调整并不断推出适宜产品，这带来了体育旅游产品丰富化、差异化的机会。

体育旅游产业自身具备了形成集群的必要条件，使得相关产业集聚在一起，形成产业集聚效应，产业集群的充分条件是针对特定的产业集聚现象而言，具备了较长的价值链、差异化、创新网络、多变的市场环境等条件的产业集聚才真正形成集群。

大部分研究者对旅游产业集群方面的研究做出了积极尝试并取得了丰硕的成果。基于体育旅游产业集群应具备的特征，体育旅游产业集群就是在一定空间范围内，以体育旅游核心吸引物为基础，由体育旅游企业及其相关支撑机构和部门共同组成具有竞争关系的集聚体，企业和部门密切联系、相互协作，提高整体竞争力(图 6-7)。

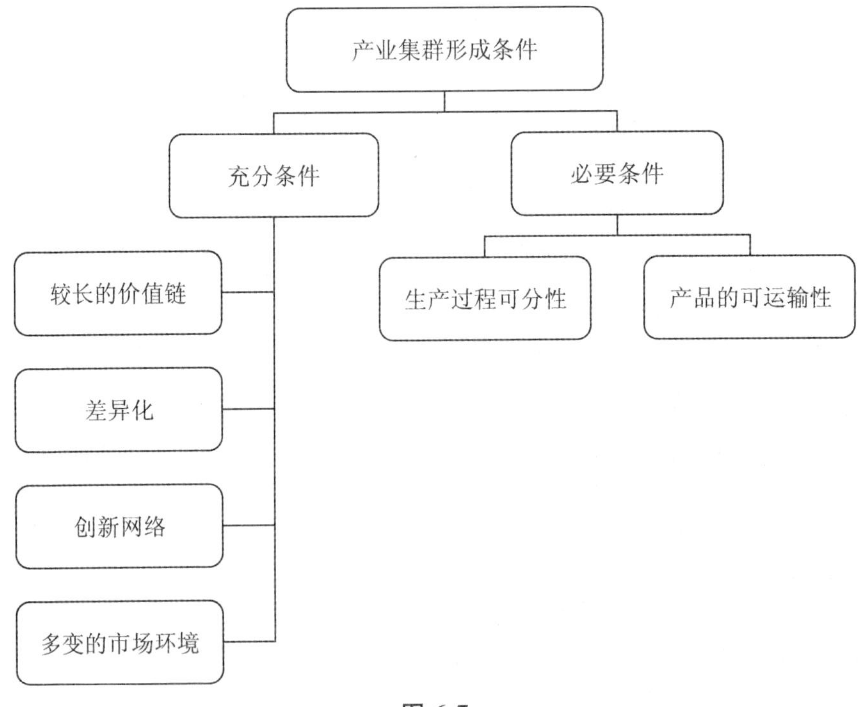

图 6-7

（二）发挥体育旅游产业集群效应

1.提高体育旅游产业竞争力

由于存在竞争压力和挑战，为了适应迅速变化的市场需求，体育旅游产业集群内各类企业不得不在产品设计、线路规划、组织管理等方面不断进行技术和管理创新。

在体育旅游产业集群中，地理位置接近，体育旅游企业彼此合作、交流频繁，企业通过创新获得管理方式、产品品牌、市场信息等知识，非常容易传播和扩散到集群内的其他企业，引起其他企业知识创新和技术改进，形成“知识的溢出效应”。在这样的环境下，企业之间相互作用，协同发展，竞争优势突显。企业的创新为体育旅游产业集群保持了旺盛的活力和生命力，体育旅游产业也拥有了巨大的发展动力。

2.形成区域品牌优势

体育旅游产业集群内企业围绕关联产业和支撑服务机构形成交互合作、协同发展的关系，逐步创造和培育地域特色鲜明的体育旅游产品和线路，形成该区域的体育旅游品牌。一个国家、一个地区、一个城市都应该有自己的品牌，如瑞士阿尔卑斯山滑雪旅游、海南高尔夫游、上海赛事游等。

区域体育旅游产业的主体形象是区域体育旅游品牌，体育旅游企业要建立自己的品牌，需要大量人才和资金支持，通过集群，依靠群体效应，不仅在资金筹措、人才培养方面，而且在宣传力度上更容易形成区域体育旅游品牌。

与单个体育旅游企业的品牌相比，区域体育旅游品牌的品牌效应更形象、更广泛、更持久，在开拓国内外市场、提升区域形象方面，区域体育旅游品牌效应具有促进作用，而区域品牌共享也进一步增强了体育旅游产业集群内企业的竞争优势。

六、体育产业集群发展模式

(一)龙头带动型

当前我国体育旅游企业规模小、市场集中度低,产品创新和营销能力不足,导致体育旅游企业间存在无序竞争和过度竞争的现象。为此,各地要深度挖掘,统筹运作,采用多种形式,积极培育规模较大、设施齐全、知名度较高、具有市场竞争力的大型体育旅行社,充分发挥其"龙头"带动作用促进产业集群的发展。

充分发挥龙头企业辐射面广、带动力强的作用,引导龙头企业与本地中小企业协同发展,通过不断延伸体育旅游产业链,提高体育旅游产品科技含量和服务质量,丰富体育旅游产品系列,实现龙头企业与中小企业的互动双赢。

宋城集团斥巨资开发龙泉山国家原始森林公园,积极容纳当地中小旅游企业,设置了登山、攀岩、攀冰、徒步穿越、漂流等体育旅游产品与线路,形成了体育旅游产业集群的发展态势。

(二)区域品牌型

体育旅游的开发以资源为基础,基于我国地形地貌多样、气候四季分明、民族特色显著的特点,未来我国体育旅游产业的发展,将紧紧围绕在区域特色鲜明、资源特色突出的格局之上。我国体育旅游产业在历经几十年发展后,日渐从景点竞争和线路竞争趋向区域联合竞争阶段。

在这个背景下,打造区域体育旅游品牌成为各地共谋发展的最佳选择,也是体育旅游产业集群发展的现实需要,在区域范围内需要形成一批规模较大、布局合理、特色鲜明的知名企业来引导体育旅游企业的集群化经营和发展。

目前,我国有些地方已经开始了这方面的探索和尝试,如观澜湖海口国际高尔夫度假区就是一个旅游目的地,它集赛事运动、旅游度假、休闲娱乐、环球美食和温泉疗养于一体,由高尔夫球场延伸出去的高尔夫学院、网球场、五星级骏豪酒店、健身房、壁球等设施,形成了一个完整的产业链。

只要政府相关政策到位,在现有基础上,形成区域特色鲜明的体育旅游产业集聚区。依托知名滑雪品牌声誉整合区域内的体育旅游企业形成集群。黑龙江的亚布力,开发休闲、度假、滑雪等旅游产品,丰富体育旅游产品体系,加快推进区域体育旅游产业集群化建设完全是值得期待的。

第三节 我国体育旅游产业可持续发展战略

可持续发展战略的提出最早是在1980年由联合国环境规划署等世界组织共同发布的《世界自然保护大纲》中提出,可持续发展是一种全新的价值观念,其实质是人类在对工业化运动带来的人口、资源、环境与经济社会之间不协调现象反思的基础上,协调人与自然的关系,协调人与人的关系,理性选择发展道路、模式,做到既能满足当代人的需要,又不损害后代人满足其需要的能力。

不是单纯的经济持续发展或社会持续发展,也不是单纯的自然生态持续发展,是以人为中心,复合系统的可持续发展,这是21世纪生命发展的主题。体育旅游产业作为社会经济的组成部分,必须遵循可持续发展的要求。

一、充分发挥体育资源优势

品牌效应是提高企业知名度,实现可持续发展的重要保障,相对于辽宁省体育旅游产业而言,打造名牌产品,提高品牌效应,是实现可持续发展的必要条件。按照地区条件建立总体开发策略,在对体育旅游资源的数量、质量、规模等因素进行综合评价的基础上确定出更加适合发展体育旅游业的区域,形成体育旅游的核心地带,达到资源、效益、品牌等方面的协调发展。

充分发挥区域内地理地貌、气候条件、文化底蕴等方面的优势,积极开发与利用地域资源,打造体育旅游名牌产品。例如,河南丰富的体育旅游资源大多数集中在郑州、开封、洛阳、三门峡等区域,充分利用郑州便利的交通、现代化的体育设施,积极开展和主办国内外大型体育比赛,建立观光、娱乐、休闲于一体的旅游活动。

体育旅游资源同样丰富的辽宁省,结合棋盘山冬季冰雪旅游项目的开发,关门山登山与赏枫叶相结合的体育旅游项目的开发,蒙古族体育旅游项目的开发等,开发独具地域特色的体育旅游项目,成为推动辽宁省体育旅游产业实现健康、持久发展的重要动力。

根据地域特点,因地制宜,积极开发参与类项目,稳步开发观赏类项目,但是目前的开发力度不够,资源浪费情况严重。旅游从业人员要有创新精神,开拓思路,多方位开发资源,使体育旅游形成规模。重点开发民族传统体育资源,在继续发展观赏性项目的同时,积极推广参与类项目,如骑射、打秋千等,形成有中国特色的体育旅游产品。

积极稳步发展观赏类项目,举办高水平体育赛事,吸引观众,根据各地自身条件,开发同基础服务设施的建设配套发展,保证旅游过程中各个旅游环节的合理衔接。

二、完善法律法规建设

体育旅游的一大特点是旅游者的参与度高,通过挑战自身极限而获得满足感,有的项目如登山、蹦极、滑雪等,具有一定的危险性和刺激性。

由于体育旅游市场还不完全成熟,与之相配套的管理法规与措施相对滞后，加上部分地方和企业急功近利，新兴体育旅游项目尚未纳入安全管理范畴，在投入运营的时候可能会出现体育旅游事故。

大部分体育旅游产品在消费过程中必须有专业人员陪护指导，像漂流这样危险性比较强的运动，还需要配备相应的救护医疗队伍及采取相应的安全保障措施。在组织大型观赏类体育旅游活动时，开发商和旅游企业要做好充分考虑，关注球场上球迷的骚乱、不法分子的破坏等安全问题，必要时能够通过行政干预的方式监督大型体育旅游的安全。

大部分体育旅游产品要排除安全隐患，也要提醒游客注意，做好医疗急救服务工作。安全问题已成为制约体育旅游发展的关键因素，完善相关的审批制度以及相应的法律法规，对体育旅游基础设施进行安全检查，对体育旅游导游进行相关培训，确保体育旅游者在旅游过程中的人身安全。

积极完善法律法规建设，加大对执行情况的监督是当前迫切的任务。只有依靠法律手段，加强管理，通过制定和执行有关法令才能保证体育旅游资源的合理开发与利用。

三、发展生态体育旅游

生态体育旅游作为一种对自然和文化旅游资源有着特别保护责任的可持续发展模式，通过减轻环境压力，实现体育旅游资源可持续利用，保护旅游景观资源和文化的完整性，平衡经济利益，实现相互间的利益共享和公平性，是实现体育旅游产业可持续发展的必然抉择。

在开发体育旅游资源的过程中，突出保护生态环境和风景名胜资源，合理开发建设和科学管理，把体育旅游经济发展稳定在生态持续性的范围内，保证体育旅游不破坏自然环境，使体育旅游经济效益与生态效益相协调。

四、开发体育旅游人才资源

我国体育旅游人才和体育产业人才匮乏，体育旅游高级人才的缺乏才是体育旅游业所面临的最主要问题。要尽快解决这一问题，就要多途径培养人才，我国高校体育旅游专业缺乏，可以在高校旅游专业和社会体育专业中增开体育旅游相关课程。

学校以及其他培养机构作为体育旅游产业人才的供给方，及时了解旅游市场变化动态以及旅游人才资源的需求情况，确定体育旅游人才的培养目标，实行学分制与学时制结合的课程设置，采取考试的测评方式，丰富课程设置，体育旅游人才在掌握体育基本知识的基础上，通过选修课拓展知识层面，引入旅游、数学、管理的相关知识，培养全面的复合型人才。

体育旅游人力资源用人单位对体育人才提出了高要求、严标准，但是却没有对体育旅游产业人力资源的培养模式进行开发，现有研究多集中于高等院校。政府需要发挥统筹协调的作用，营造良好的政策环境，保证政策充足供给并严格实施，集中利用企业、高校、科研机构三方优势，资源共享互补，创建具有中国特色的体育旅游产业人力资源培养模式。

当前，我国体育旅游产业人力资源存在供需矛盾以及区域不平衡的问题，加强体育旅游产业各分类人力资源培养的专业建设，开设新兴旅游专业以满足体育市场对相关体育旅游人力资源的需求，做好就业指导和职业生涯规划管理的课程，实现人才与用人单位的双赢，并且根据各个区域发展情况，因地制宜建立不同的体育旅游产业人力资源培养模式。

五、加强政府宏观调控

国家的体育旅游资源是体育旅游产业发展的基础，国家旅游业中包括体育旅游业这一重要的组成部分。所以要在规划整个国民经济的发展过程之中纳入体育旅游的发展规划，从而充分发挥体育旅游业对国家旅游业的积极作用，最终实现国民经济的整体发展。

通过宏观调控，有助于实现体育旅游资源的有效开发与全面整合，对于实现体育旅游产业发展布局的科学化与合理化具有重要的促进作用。加强政府的宏观调控，建立健全保障机制，确保体育旅游产业规范化、集群化发展的重要基础。

政府通过发挥宏观调控作用，加强对全省体育旅游产业发展的统筹规划，有效避免发展体育旅游产业过程中各自为战的现象，确保辽宁省体育旅游产业能够遵循科学化发展原则，为实现全省体育旅游产业的可持续发展，提供科学的引导与坚实的保障。

在全面实施振兴东北老工业基地战略决策背景下，加强政府对体育旅游产业发展的宏观调控作用，不仅是体育旅游产业实现可持续发展的必然诉求，同时，也是振兴体育经济的重要保障。

因为一些国外的体育旅游消费者来我国旅游不仅是为了娱乐与休闲，而且也是为了完成一些附带任务，如科学考察和测绘、收集资料与标本等。这些体育消费者在申请办理体育旅游的同时，也要申报科学考察和测绘的计划，而且要经过我国有关部门审核批准后才能准入。

如果我国有关部门没有批准附带科学考察和测绘计划任务的国外旅游爱好者进入我国旅游，则其不能够对旅游地的动植物、岩石、矿物等进行系统观测，也不能对标本进行采集，测绘活动也是不被允许的。

有政府的重视和社会各界的支持，有广大体育旅游爱好者的参与，预示着我国体育旅游业将进入一个全新的发展阶段。作为体验式的健康经济主题旅游交叉渗透所产生的新兴领域——体育旅游正在我国悄然兴起，成可持续发展态势。

第七章　体验经济下体育旅游产业发展的探索

随着社会经济与科学技术的不断发展，现代社会逐渐进入了休闲时代，人们的消费观念和消费行为发生了明显的变化，并在休闲时代对“体验”的需求不断增加，因此经济形态也逐渐从服务经济过渡到体验经济。了解体验经济与体育旅游产业的关系，对于围绕新型经济形态下体育旅游消费者的消费需求而设计独具特色的体育旅游消费产品，满足体育旅游者的个性化需求，促进体育旅游产业的发展具有重要的现实意义。本章主要就体验经济与体育旅游产业的关系进行解读，主要从体验经济在体育旅游中的作用、体验经济对体育旅游产业的影响以及体验经济与体育旅游的结合三个方面展开。

第一节　体验经济及其历史发展考查

体验经济是继农业经济、工业经济和服务经济之后的一种新的经济形态，是一个具有时代特征的新型经济范畴，是对原有经济发展形态的时代性超越。体验经济为人们规划和研究未来经济发展方式提供了一种崭新的思维视野，体验经济的现象和与其有关的想法在历史上早已存在，是一种未被清楚阐释的经济形态。在未来，体验经济将逐渐取代服务经济成为经济结构中的主导经济产出类型，融入经济生活的方方面面。体验经济时代的旅游消费呈现出情感和个性需求上升，旅游消费者的自主参与和文化、环保等意识增强的特点。为此，本章深入研究了体验经济的内涵和特点，分析了体验经济与非体验经济的区别，阐述了体验经济思想的历史考察，为体验经济时代下的体育旅游产业发展之路奠定理论基础。

一、体验经济的内涵与特征

（一）体验经济的内涵

体验经济是以消费者的某种身心感受或心理体验为经济提供物并为此提供个性化生产与服务而获取利润的经济模式，人类围绕“体验”的经济活动自古以来就有，一直存在于人类整个经济发展过程中。从本质上看，体验经济以创造“体验”为生产与服务的目的，以消费者的实际体验为消费产品，以体验状态为品质并据此获得报酬。

体验就是当一个人的情绪、体力、智力甚至是精神达到某一特定水平时，意识中所产生的美好感觉，当体验展示者的工作消失时，体验的价值却依然延续。当企业有意识地以服务为舞台，以商品为道具，使消费者融入其中时，体验经济也就产生了。

体验经济活动的存在，意味着存在着体验经济形态，体验作为经济的提供物并构成经济行为的主要目的和结果时才构成体验经济，体验经济的学者们有不同理解。

体验经济就是大的容器，任何内容都可以往里装，不能装的反而成为少数，休闲业可以放进去，世界杯可以放进去，但是随着体验经济的膨胀，人们反而不知道该如何理解体验经济，如果将体验经济看成是一个容器，那么就等于消解了体验经济本身的规定性。

因此，需要明确体验经济的内涵，对其外延进行划分，当企业有意识地以服务为舞台，以商品为道具，消费者融入其中时，体验经济就产生了。这种解释比较生动形象，但是缺少概括性，以至于给人一种只能意会不能言传的印象或感觉，容易造成不同人对体验经济的不同解释，需要进一步诠释。

体验经济是以商品为道具、以服务为舞台、以提供体验作为主要经济提供品的经济形态，体验经济的提出是从人类社会经济提供品或经济价值的演进过程来看的。从本质上来看，体验经济是以消费者的某种身心感受或心理体验为经济提供物并为此提供个性化生产与服务而获取利润的经济模式，可以将体验经济看作是一个时代的特征，与工业经济、服务经济等概念是平等且对应的。

体验经济是以创造体验为生产或服务目的，以体验感受或状态为品质，以消费者的实际体验为消费品，并以此获取报酬的有关经济增长方式、经济结构以及社会形态。从经济提供品的演进过程来看，人类社会基本上是沿着提供农矿产品→工业品→服务→体验的方向发展的。

体验经济是个庞大的概念以及内容的集合，不能简单地等同于一些经济现象，相对于前三个经济发展阶段——农业、工业、服务业，一些经济学家将其称为体验业或第四产业。

体验是第四种经济提供物，从服务中分离出来，像服务从商品中分离出来一样，体验是迄今为止尚未得到广泛认识的一种经济提供物，自始至终环绕着我们。顾客、商人和经济学家把它归并到服务业，与干洗服务、汽车修理、批发分销和电话接入混在一起。

体验经济来源于工业经济、服务经济，从服务产业中演化而来，为了深刻理解体验经济的内涵，需要将它和其他经济产业，特别是服务业进行比较。

体验经济的规定性具有以下要点：创造体验；以体验者的身心感受状态为品质；以“体验价值”获得经济报酬。

1. 体验经济属于动态概念

体验经济是一个动态的概念，也是一个相对概念，体验经济和服务经济一样，所包含的范围处于不断发展变化中，无论是服务经济还是体验经济都不能僵硬，所包含的范围处在不断发展变动的状态，不能按照一成不变的方式去理解。

在不同的国家和地区，体验经济模式都不同，主要由当地社会发展生产力水平决定，世界各国和地区不会有统一的体验发展期，从服务经济发展来看，生产力和社会文化发展水平高的国家，体验经济相对发达。如果这个国家生产力和文化发展水平低，那么体验经济的发展就相对缓慢。

体验经济的定义较为宽泛，经常和体验业混淆，有的学者将体验经济的概念界定为生产或提供各种体验的经济部门与企业的集合，或者将体验经营策略看作是体验经济，这都是不准确的。

2.体验经济属于抽象概念

体验经济既是一个抽象概念，又是一个具体的概念，体验经济更加注重消费者在精神方面的感受，与工业、农业所提供的“可触摸”的实物产品以及服务业提供的标准化服务相比，体验经济的概念显得更加抽象。

农业会产生食物，工业会产生机器，服务业为人们提供服务，那么体验业会产生什么，是一种个性化的服务还是精神产品，这些问题很难回答，容易让人在理解上出现偏差。

从具体的概念理解体验经济，包含了各类产业所生产的产品，无论采取什么样的形式，都是为了满足不同人的不同需要，表现形式不一样，可以进行分类，使表现形式变得具体。虽然具体的产业划分比较困难，缺乏统一的认识，但体验经济现象变得越来越多，表现形式也越发明显。

3.体验经济属于多层次概念

体验经济是一个多层次的概念，具有多样性，随着产业结构的调整，服务业逐渐成为一个最为庞大的产业系统，如果将体验业从服务业中分离出来，体验业将逐步成为一个门类复杂的产业。这种分离能够使原来在产业性质、产品功能、生产技术上有很大差别的多种行业组成的服务业有清晰的分类。

(1)发展初期

体验经济所涉及的行业将作为一个整体产业,即体验业与农业、工业、服务业形成并列关系,成为社会产业分工体系的重要组成部分,与其他经济类型互为条件,相互联系。

(2)发展中期

体验经济发展的第二个阶段是体验产业范围的扩大,一些隶属于农业、工业、服务业的行业开始细化出体验的部门,这些体验部门将被逐步纳入体验业中。当教育业属于传统的标准化教学时,可以属于服务业,如果能够通过网络技术拥有强大的教育资源,保证个性化"因材施教"得到普及,那么就可以把教育行业归入到体验业中。

随着网络技术的迅速普及,标准化的培养方式一定会发生转变,各类网络学校迅速发展表明个性化体验教育终将实现,在这个发展阶段,原有的体验产业不断深入发展,从业者在社会劳动中的表现将更加职业化,此阶段体验业各个部门将不断分化组合。

(3)发展后期

体验业处于发展的后期阶段,形态将更加成熟,产业形态相对更加稳定,伴随产业分类的明确,将促使一些新兴行业的出现,实现体验经济与其他经济形态更大规模的融合或结合。

(二)体验经济的特征

体验经济思想的提出,为研究与规划未来的经济发展模式提供了新的思维视角,作为一种新的经济发展模式,体验经济具有与产品经济或服务经济不同的特性。

从经济发展史来看,服务业与服务经济很早就存在,将其作为确切的概念进行系统的理论研究则是 20 世纪初才开始的,体验经济也是这样,受到关注只是最近十年以来的事情。引入体验经济,可以帮助进行产业分类,规划服务业,有利于产业经济的发展。

任何一种经济形态都具有质的规定性，奥地利经济学家曾将农业经济和工业经济定义为直接生产和迂回生产，认为在农业经济中，生产者与消费者直接面对，能够做到自给自足，而工业经济与农业经济的最大差别就在于，工业经济在消费者与生产者之间要有一个机器的生产者，还要以商人为中介。

体验经济共有五个方面的特征。

1.短周期性

体验经济中的生产过程具有短周期性的特征，但是消费过程却具有持久性的特点。通常情况下，受到自然气候的影响，农业经济的生产周期多以年为单位，即使使用现代技术，生产过程也至少要以季度为单位。工业经济时代，生产周期以季度和月份为单位，服务经济较短，多以天或小时为单位。

以网络为发展基础平台的体验经济以分钟甚至是秒作为生产周期单位，生产与消费过程同时发生是指体验经济不像其他经济形态需要有中间过程或是相对较长时间间隔，虽然服务经济在很多方面同样具有即时性，但是与体验经济不同，服务经济的生产与消费都是即时性，体验经济的生产具有即时性，但是消费却是连续不断的，其感受可以持续很长时间。

2.参与性

体验经济的生产过程具有消费者的直接参与性，农业经济、工业经济，其经济产品的产出过程都停留在消费者之外，没有和消费者发生联系，体验经济是消费者参与到生产或服务过程之中，是在消费者的消费体验中完成“产品”的生产与交换的。

农业经济、工业经济和服务经济产品的产出过程都停留在顾客之外，不与顾客直接发生关系。体验经济与服务经济最大的不同点在于体验经济的生产者与消费者之间进行充分的互动，消费者在某种意义上讲也是生产者。在体验经济中，企业的主要经济活动是为客户提供舞台，供客户进行体验消费，网络娱乐公司提供在线娱乐供网民消费体验等。在这种体验经济中，消费者有很大的主动权和能动性。

服务经济以生产者为价值创造主体，消费者处于被服务的地位，体验经济以消费者为价值创造的主体，将消费者作为中心，消费者在网络上处理信息、商务办公或是视听享乐，其在网络平台上所产生的价值是高于网站价值的。

体验经济的消费者参与到生产或服务过程之中，在消费体验中完成“产品”的生产与交换，消费者体验的结束表明一个经济活动周期的完成。其他产品经济与服务经济在产品和服务生产出来后价值就固定下来，体验经济则是在消费者体验后才获得相应的价值。

3. 存储性

体验产品属于无形产品，主要面向人类的精神层面，从某种意义上来看，具有存储性。工农业提供的是有形实物性产品，服务业和体验业提供的是无形产品。服务只能提供一般性满足的活动，对人类精神层面的影响很小。

服务具有不可存储的特点，不能像有形产品一样可以存放，体验作用于人类的精神层面，给人以“美好”“难忘”的感觉，会伴随着人的记忆而存在。体验产品具有存储性，生产无形产品不能储存，这是服务经济的本质特征，服务在诞生的同时就会消灭，不创造价值。

但是伴随着以计算机和互联网为基础的信息业的出现，无形产品不可储存性的传统特征受到了挑战，由此形成了服务经济与体验经济的重要区别。

4. 效果性

体验经济根据体验所获得的感受程度或体验效果形成体验价值，确定市场价格，在体验经济中，生产者创造的某种“特有的感觉”是一种独立的经济提供物，能够满足消费者情感和个性化的高层次需求。消费者为某种希望得到的“体验”而支付费用，生产者依据消费者的体验感受程度决定价格。

5.异质性

体验经济的产品具有异质性，体验经济的本质特征是大规模进行量身定制，产品经济和服务经济提供了大部分标准化产品，而体验经济为消费者提供的产品主要是一种心理感受，这种感受会因为消费者的不同而有所差异，体现了生产和消费的个性化。

体验的个性化是体验经济的核心，能够做到“大规模量身定制”，这是体验经济的本质，工业经济主要依靠的是蒸汽机，而体验经济则依靠的是网络技术。体验产业是以人为中心的产业，主要目的是满足人的精神需要，虽然产品需要因人而异，但是生产可以规模化。

(三)体验经济的类别

体验经济从不同的角度研究，可以分为不同的类别(图 7-1)。

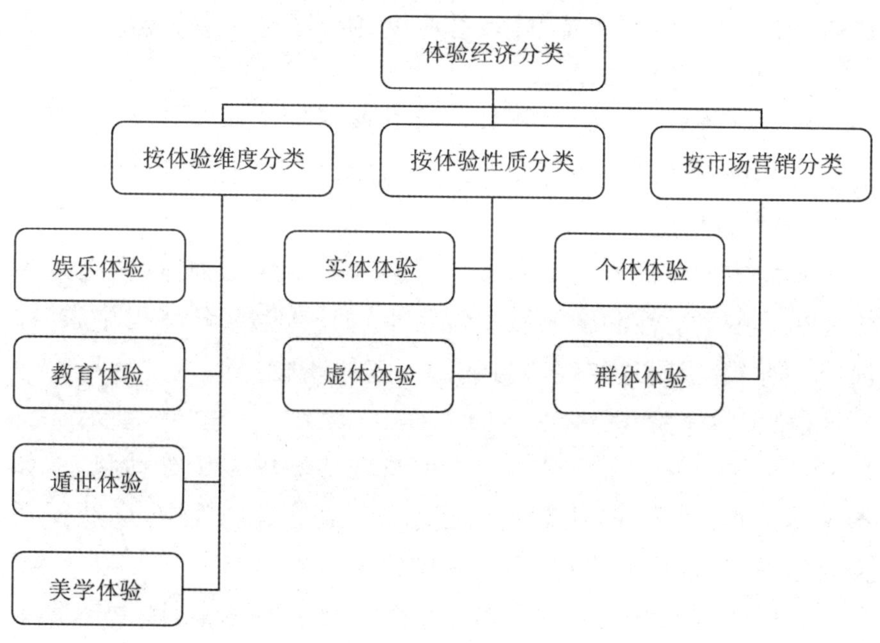

图 7-1

1.按体验维度分类

体验维度的参考标准有两点，一是顾客的参与程度，二是顾客与相关事件的关系。顾客的参与程度可以细分为主动参与和被动参与，主动参与是指顾客参与并直接影响体验的绩效，比如人们参与滑雪运动，会通过参与创造出自己的体验。被动参与就是顾客参与但不直接影响体验的绩效，如观看音乐会，顾客只是一个听众。

顾客与相关事件的关系可以分为两个部分，身心投入和身体融入，身心投入就是体验浸入身心而引起自己的注意，如看电视，人们很容易将自己的感情投入进去，把自己融入到故事情节中。身体融入就是顾客亲自参与到体验活动中，身体力行，全身心投入到活动中，如玩游戏，玩一段时间后就会非常投入。

参考体验维度的标准，可以将体验经济分为四大类。

(1)娱乐体验

娱乐体验就是人们被动参与并全身心投入的一种体验，主要是通过感官来实现，如看电影、看演出、听音乐会、读书等。

(2)教育体验

教育体验就是人们主动参与并全身心投入的一种体验，但是目前很多教育过程中，学生的参与度并不高。

(3)遁世体验

遁世体验就是人们主动参与并融入其中的一种体验，在这种体育活动中主动性和融入性非常突出，如游览公园、登山旅游、冲浪等，人们希望通过实践参与获得一定的体验。

(4)美学体验

美学体验就是人们融入其中但是在体验中处于被动状态，如参观博物馆、美术馆，听现场音乐会等，虽然身处其中，又获得了美的感受，但是只能欣赏，不能对体验品产生影响。

娱乐体验的特点主要是悟，教育体验主要是学，遁世体验主要是做，美学体验是赏。对体验经济的划分，为理解体验经济提供了一把重要的钥匙。

2.按体验性质分类

(1)实体体验

实体体验就是指对现实世界中真实性的商品和服务所经历的一种体验,如看电影、看话剧、逛公园等,都是对现实世界的一种体验。

(2)虚拟体验

虚拟体验,就是对现实世界和虚拟世界中的事物所进行的一种主观性的体验,如玩网络游戏,可以根据自己的意愿和能力开展游戏娱乐活动。尽管虚拟体验具有虚拟性,但是可以增强人们解决生活中各种问题的能力,即使会发生意想不到的事情,也会有灵活应对的策略和办法。

3.按市场营销分类

从市场营销的角度来看,根据生理学、心理学和社会学的理论,可以把体验分为五种:感觉、情感、思考、行动、亲近。前三种体验主要属于个体体验,最后一种体验是群体体验,行动体验是个体体验与群体体验共有的体验。

目前,体验式营销已经在全球营销界和企业界掀起了一股巨浪,给传统营销造成了巨大的打击。

二、体验经济与非体验经济的区别

体验经济是一种新的经济形态,和非体验传统经济具有不同的特点,从宏观角度看,体验经济为人类的经济发展提供了新的思路,制造业和服务业将会从目前经济利润的主导产业逐步变为经济利润的末端产业,体验业将成为人类未来经济增长的主要源泉。

（一）规模经济与非规模经济

随着工业革命的爆发，规模经济出现，并且开始主导人类社会的经济运行方式，成为促进经济发展的巨大力量，在服务经济的运行中发挥着巨大的推动作用。

西方经济学理论研究中，关于规模经济的研究占有重要地位，各个学派对规模经济的研究各有不同，但是都统一认为规模经济会给生产组织带来节约和效益。规模经济的积极作用在世界经济发展的历史长河中功不可没，在经济学的研究领域中大放光彩。

人们对规模经济不断进行追求，理论界也不断深入研究规模经济，超前的体验经济从其诞生之日起就瞄准了规模经济的薄弱之处，并且发起了猛烈的攻势，最终以其显著的效果向人们展示出，规模经济有积极作用，非规模经济也有积极作用。如果一个企业的经济运行沿着非规模经济的道路前进，则这个企业一定是一个先进的组织。

在产品经济、商品经济和服务经济时代，存在非规模经济，任何经济运行如果达不到一定的经济规模，要实现预期或理想的经济目标几乎是不可能的事情。在一定经济规模的基础上，实现了效益拐点，成本就会下降，才能实现经济目标。在体验经济中，现代企业管理所关注的质量和服务不再成为困扰企业发展的难题，而成为企业发展的基本条件和起点。

企业管理最核心的问题是创新。企业的经营重点将从关注产品和服务转向为顾客提供体验，这意味着创新将成为企业管理工作的核心。在体验经济条件下，简单的逻辑论证出现了悖论现象，体验经济中针对特定顾客的任何一次"体验"设置都是个性的，针对需求者个体，不可能达到规模的程度。但是如果存在体验经济，企业的经济效益一定会得到提升。体验经济在为每一位目标顾客定制商品与服务时，成本增加值都会远低于商品经济、产品经济和服务经济时代的个别运行成本。体验经济的特征之一,就在于它的经济提供品要给人们留下永久的记忆,而要达到这种效果,就必须要有好的主题和创意,唯有创新才是企业发展的根本出路。

消费者越来越看重消费的自我价值实现,体验之物随之备受青睐,由于体验之物能够带给消费者美好的感受以及值得回味的乐趣,其价值无法用单个产品、商品和单项服务的价值与价格进行比较。体验之物呈现出个性化特征,任何一种体验都不能按照规模经济来衡量。

现阶段出现非规模经济要归功于网络经济和信息技术的发展,非规模经济拥有巨大的劳动力市场和广阔的前景,但这并不意味着对规模经济的否定。规模经济、非规模经济乃至规模非经济等都属于经济自然发展的规律,体验经济的出现为非规模经济注入了新的动力和内涵。

(二)满足目标市场需求与满足特定市场需求

在非体验经济的环境中,企业虽然愿意为个别顾客提供特制品和特制服务项目,但由于成本过高而会失去应有的市场份额。体验经济使得企业为顾客量身打造成为可能,通过网络化的手段使其成为现实。这种定制化服务,是一种为满足特定市场的个性需求而确定的方案,满足特定市场的需求和满足整体目标市场的需求不同。体验经济来临前,企业确定了整体目标市场,明确了企业要服务的目标人群,对于这些目标人群,企业能够满足他们的共性要求,但是却不能满足个性化的要求。

在体验经济时代,企业可以将大部分精力用于关注特定市场需求的个性要求,企业所满足的是市场人群中每个个体的特殊要求,体验经济的宗旨在于满足这种个性化的要求。

企业竞争的焦点将成为品牌和顾客忠诚,在现有经济中,价格竞争基本是多数企业争夺市场份额最常见的武器,但是如果产品或服务以低于成本销售时,任何企业都难以长存,寻求非价格竞争的手段成为众多企业追求的方向。

在非价格竞争中，品牌和顾客忠诚将成为最主要的利器，在体验经济中，消费者已经不再关注产品和服务的质量，消费者将好的产品和服务看作是理所当然，强调以品牌为中心的体验式营销日益受到人们的青睐。体验经济能够为顾客提供感觉、情感、思考、行动或亲近的体验，能够提升顾客的忠诚度。但是产品却不具备这样的功效，当产品更新换代后，旧产品就会从市场上消失，传统营销在体验经济中失去应有的作用，人们将更加关注以品牌和顾客忠诚为中心的体验营销。

定制化服务的普遍意义在于定制化成本的多级化，大量定制最简单的形式就是接单生产，经过精心设计的 BTO 模式可能会比传统上大量生产的模式成本更加低廉。这样销售人员可以直观看到客户的订购量，避免庞大的库存成本。这里不存在原材料、半成品的库存和资金占用问题，不会出现成品市场方向的不确定性，不用大规模投入市场营销费用，简化了市场营销运作过程，实现了企业交易成本的降低。

定制化成本的多级化可以让更多的顾客消费得起定制服务，也包括高层级、次高层级等多级需求，使企业的服务对象呈现多级金字塔结构，位于塔尖的消费群体寻求的是极特殊的个性化服务。企业为了提供特殊服务，需要付出更多的智慧和技能，在操作层面上以极其细致、灵活、周到的行为作为自身发展的准则。因此，企业会付出更大的代价，顾客愿意为此承担这些代价，位于次高层级的顾客要求会有所回落，要求确定与自己的所获等值的费用，然后依次向下排序，推出定制服务的企业可能会放弃金字塔中的大众消费。

社会的总体经济结构不会达到统一的水平，而超前性的企业会更早地走上体验经济的运行之路，非超前性的企业或市场上的跟随者仍然会游离于体验经济之外，选择大众消费阶层作为自己的目标市场。

（三）规模目标市场与个人目标市场

在非体验经济的环境中，企业所针对的目标市场具有一定的规模性、潜在性、可进入性，将这些指标作为衡量标准，结果是企业在市场的选择中，更倾向于选择规模大、有发展潜力及容易进入的市场。在确定目标市场的性质方面，更多地考虑需求的共性，较少考虑顾客的个性化需求，这是企业在针对大众市场开展经济运营工作时所必须遵守的一个经济规则。

在体验经济环境中，企业经济运行首先考虑特定消费者的个性需求，在策划与提出体验运行的思路、方法与程序时，要保证消费者能够得到更大的想象与愿景的空间，企业提供的是舞台，真正的表演者是顾客。

企业更注重使消费者个性得到张扬，竭尽全力保证消费者个性需求的全面满足，体验经济的运行思路决定了企业提供的商品与服务乃至各种类型的消费不可能达到规模化和普及化的程度。举行生日活动和各种庆典活动，接受服务的顾客不能有完全统一的要求。消费者之所以选择体验的方式，是为了满足个性化的需求。

企业按照顾客的要求定制服饰、电器、用品等，不能为所有消费者提出相同的要求，消费者的个性差别大，需求也必然会显现出这种差别。在体验经济环境下的企业运营完全针对的是专属个人的市场，对于每一个需求者进行设计都必须满足其个性要求。因此，没有统一的大众市场，没有市场的统一化、规模化、模式化，只有差异化、个性化和情景化的市场环境。企业的管理将出现顾客参与的局面，在体验经济形成之前，顾客基本上都是纯粹的消费者，不会直接参与企业价值的形成过程。

然而在体验经济中，顾客将直接参与到企业价值的形成过程中。以体验经济最显眼的互联网为例，在互联网平台上，当顾客进入一个网站后，无论处于什么地理位置，都可以进行多种服务的体验。显然，在这个平台上所产生的价值，要比企业自身所提供的网站的价值大得多。顾客的体验会直接对企业价值的形成和发展产生重要影响。在体验经济中，能够吸引顾客参与企业管理显得非常必要。

企业经营必须遵循的基本指导思想就是以顾客为中心，在体验经济中，企业经营的思路主要考虑到顾客体验消费的环境，考虑到满足这种消费环境的产品和服务，这也是一种非常具有竞争力的经营思路。

(四)技术人员创新产品与需求者为自己创新产品

体验经济的发展，使得企业为消费者充分发挥想象力提供了巨大舞台，舞台上的表演者是顾客而不是企业成员，顾客是体验经济的主体，体验经济的运行始终以顾客为中心，顾客对体验事物的要求越高，企业品牌价值的实现程度也就越大。顾客在参与企业提供的“体验”事物的运行时，第一步就是为自己设计产品，针对不同的体验事物，设计的要求和表现形态不同。

1.顾客提出整体要求

顾客对自己想要体验的事物提出整体要求，这是顾客站在接受者和使用者的角度，设想自己体验之物的基本方面和所着重关注的方面，保证体验过程的愉快和对体验结果的满意。

2.顾客提出形式要求

顾客对商品提出形式上的要求，这是顾客参与实际商品设计的一种表现形态。顾客想要定制一台电脑，就会有自己的设计，比如希望电脑的外观是什么颜色，电脑的键盘是什么形状，可以增加具有个性化的小设计，满足顾客的个性化需求。

3.顾客提出功效要求

顾客对产品功效方面提出要求，主要是顾客希望产品能够满足自己的实际需要，既可以避免功能浪费，又可以避免功能不足的现象发生。顾客想要定制一套组合音响，对音响的音质、声音效果、配套设施等方面会有自己的要求和设想。期望能够得到满意的产品。

顾客对产品功效方面的要求与顾客对产品价格方面的要求是联系在一起的，定制产品可以减少不必要的功效，也就会相应减少成本，降低价格，顾客一般以必要、够用、符合要求为准则。

4.顾客提出内涵要求

顾客会对产品提出内涵方面的要求，这是顾客在接受各项服务时所提出的要求，顾客想要体验冒险旅行，就会选择合适的地点，确定旅游程序和冒险程度，提出饮食标准和风格，对所用时间与所要达到的目的等方面提出要求。

顾客参与到产品设计中，并不是考虑技术层面，而是从感受的层面考虑，技术层面的问题依然由企业中的技术人员来解决，顾客所能够参与到的是表象的、感知的和结果性方面的。这种参与本身就是一种体验，能够激发顾客的创造精神和参与意识，让顾客可以体验自己的创造物，留下美好的体验回忆。

（五）及时生产与即时设计

随着网络的发达，企业信息量增多，信息传播速度加快，企业处理信息的能力增强，企业为消费者推出体验思路后，对顾客需求的反应是即时的。企业所收到的市场信息没有受到任何外界的因素干扰，是真实的需求信息。

企业收到信息后就能够迅速做出反应，兑现其承诺。例如戴尔公司，以前是先收到订单，然后开始组装电脑，这种策略当初在市场上已经具有了强势引力，随后，他们推出了向个人用户提供定制服务的业务，仅这一项业务就使戴尔在市场上具有了急剧扩张的能力。

中国海尔24小时不间断地滚动信息服务，处理每一条信息和运行服务都是即时的，体验经济运行从定制开始，就已经让消费者知道自己所需要的和所获得的，企业经济运行的全过程对消费者来说都是透明的，是按照消费者的意愿进行的，消费者提出任何要求，企业都会及时调整。

在非体验经济条件下，即使在发达的市场经济环境中，企业的经济运行也要分环节、分步骤进行，在追求规模效应的前提下，企业接到了订单和了解到市场需求的变化以后，才能制订生产计划，安排生产。

尽管企业已经做到了及时生产，但是满足需求这个目标的实现仍然会带有一定的滞后性，及时生产，通过运输、商业储存、渠道运转后，才能满足需求。

体验经济使得企业不再是面对某一类人群，而是针对某一个个体，要求企业建立小额定制服务机制，这是适应体验经济要求所必须创建的机制。企业独立拥有这项能力，可以降低库存标准，满足消费者的需求，扩大市场影响力。

（六）企业封闭化与企业开放化

非体验经济条件下的企业运行，在思想上和行为上都被局限在企业的围墙之内，企业可以通过市场调查和预测，更多地了解消费者的需求和变化的趋势，为了满足消费者的需要，实施企业创新、产品设计。但是这些工作主要表现为主观色彩，几乎没有消费者参与到经济运行的过程中。

消费者掌握企业的相关信息，主要是通过企业自身制造出来的信息，通过选择传播媒体传播出来的。信息的真实性、可靠性、可信性都令人质疑，使消费者的消费选择茫然而且盲目，在形式化、盲从化的笼罩下选择品牌、选择消费，消费者并不了解企业的经济运行及企业的真实能量。

体验经济的发展促使企业不断提高自己的开放程度，各类企业都能在社会公众的关注与监督之下开展各项经济活动，这其中包含了上市公司和非上市公司，为拥有优质品牌的公司提供了更大的发展空间，对于劣质品牌的公司可以矫正其思想与行为。

在体验经济环境中，生产劣质品的企业没有市场可言，这样的企业创造不出良好的体验环境，消费者不会选择也不会参与劣质品牌企业的体验，更不会接受这类企业的产品和服务。体验经济可以保证企业建立良性的运行机制，完善其运行程序与行为，进而保证优良企业的持续健康发展。

体验经济的运行使得消费者的体验意识得到了增强。当进入体验模式后，消费者的体验意识就增强了，消费者更加热衷于参与企业的经济活动，去体验企业真实的一面。受到这种情况的影响，企业的开放程度会越来越高，保留方面也会越来越少。

企业的开放程度越高，消费者就会有更多的机会参与到工作中，对企业的信任程度也会越来越高。企业的品牌价值与品牌吸引力也会随之提升，如果是封闭性的企业，就不能制造出具有吸引力和创新力的体验之物，不愿意承受开放带来的压力和约束力。

优秀的企业有能力为消费者搭建舞台，接受消费者的检验，很多消费者更愿意相信自己所体验到的感受，通过了解、认识企业，亲身感受企业，确定自己的选择方向与品牌。

（七）市场竞争模式化与个性化

美国著名经济学家波特提出了三大市场竞争模式，标新立异战略、成本领先战略、目标积聚战略，任何一个企业团体参与市场竞争，都可以通过这三种基本模式做出选择。在非体验经济时代，企业按波特提出的竞争模式进行选择，发挥优势、除弊弃险，走上了一条理想的发展道路。

在体验经济条件下，尽管企业可以从这三种竞争战略中进行选择，但是企业制造出的体验能否被顾客接受，顾客在接受体验的过程中能否得到个性化的满足成为衡量其优劣的重要标准，企业参与市场竞争的关键是企业提供给顾客个性化的体验产品或服务，从而吸引顾客、赢得顾客信赖、满足顾客要求、不断扩大市场。

市场竞争化的表现和标新立异战略不同，标新立异战略主要表现为企业提供的产品与服务在全行业范围内与众不同，在满足顾客的需求和提供的产品与服务方面仍然具有统一性，表现为模式化的特征。立异所比较的对象是同行业中其他竞争对手,并不是顾客需求的个性化与一些特殊的要求。这种竞争模式对于企业来说,无论针对什么样的目标市场,在市场上的表现都是统一的,顾客选择这种企业的产品与服务,所拥有的品牌和其他品牌相比具有特殊性,不能满足顾客的个性化需要。企业很了解自身的优势项目,在竞争过程中会扬长避短。

体验经济的运行表现是无论企业具有什么样的优势,当它为顾客提供体验物并且实施体验程序的时候,都是按照顾客的要求进行。

对于企业运行的条件与程序,企业与顾客双方都非常清楚,体验经济的程序设定一定是企业先把握顾客的特殊要求。

(八)企业定价与消费者定价

在百年的经济社会发展过程中,企业定价成为经济运行中天经地义的法则,即使采取“需求定价法”,企业也只是依据目标市场的需求状况而制定让消费者满意的价格。只有在体验经济条件下,顾客定价才具有支撑力和可行性。顾客定价就是指顾客为自己体验的事物,包括商品、服务、感受等,确定自己能够承受并愿意接受的价格。

顾客定价的优势有以下几点。

第一,顾客根据体验的事物给出的价格,是在衡量自己的所获之后所愿意支付的,顾客会觉得质价相称,物有所值。

第二,顾客给出的价格一定是自己能够承受的价格,对所“体验”的任何事物都不会有价格的紧张感、压迫感。

第三,顾客给出的价格会高于企业支付体验的期望,这是顾客对企业提供满意体验的回报。

人们在接受服务时支付小费,并不是给对方提供劳动的一种回报,小费远远超出了劳动力的成本。但是很多人仍然愿意支付小费,主要由于人们在接受服务的过程中享受到了良好的体验感觉。小费只是这种好的“体验”和感受的转化形式,形成客人对劳动提供者的一种回报。

信息网络时代的发展为顾客定价提供了极其方便、快捷的路径，顾客可以通过网上选择并预定某种“体验”而传输自己愿意给出的价格信息，体验经济的发展依赖于信息网络手段的发达。顾客定价具有了可行性和可操作性，是顾客对其“体验”之物所给出的价格信息。企业可以通过这个信息和顾客共同协商体验清单，由顾客决定“体验”清单的内容与所愿意支付的价格。

（九）产品竞争与体验竞争

工业经济时代的市场竞争集中体现在产品竞争中，竞争的表现是技术水平、产品功效、产品质量、产品价格等。在服务经济时代，市场竞争的手段集中体现在服务的内涵、服务质量、服务速度等方面。无论是工业经济还是服务经济，所有活动都源于经济主体，即企业的思想与行为。消费者在其中扮演的是被动的角色，被动接受产品与服务，被动接受各项经济政策。在体验经济时代，企业参与竞争的手段集中体现在顾客的感受、顾客的满意程度及顾客对企业及其品牌进行体验的评价等方面。

企业通过对体验的策划与展示，吸引消费者前来感受与领略其中的内涵带给他们的那种快乐与难忘，当顾客的体验感受结束后，人们会记住体验的感觉，并且一直保存下来。

在体验经济活动中，大部分的经济活动都是企业策划运行实施的。在体验经济运行中，企业与消费者之间的心情互动与行为表现都是积极向上的，没有任何力量可以抹杀掉这种积极性。

工业经济时代的竞争是由产品或商品一根支柱所支撑的竞争，服务经济时代的竞争是由商品、服务两根支柱所支撑的竞争，体验经济时代则是由商品、服务、体验三根支柱所支撑的竞争。体验支柱粗大、挺拔，以商品与服务为基础，在此基础上得以提升，提升到满足消费者个性需求的程度，形成了更高的平台。企业与消费者之间的关系牢不可破，从而保证了体验经济的稳定与发展。

（十）市场运行无主题化与主题化

工业经济与服务经济时代，企业市场运作的目的在于把自己生产的产品与服务销售出去，换取市场价值的回报，保证企业的良性循环与发展。企业市场运行的手段以培育品牌入手，企业对品牌的培育要经过品牌概念、品牌文化等阶段，能够接受这种文化思想并能够按照这种程序运作的企业，在行业中都属于优秀领先的企业，值得同行学习。

企业在发展过程中需要对品牌进行定位，为提升品牌价值，需要从基础层面开始，不断向更高层面迈进，思想与内涵都反映出企业的主观色彩，其设定的品牌概念、品牌理念、品牌文化等对消费者是否有吸引力，还要通过企业市场运作的各项工作进行检验。

企业的市场运作与品牌发展相互促进、共同提高，企业的市场运作与品牌内涵是不同的系统，企业市场运作的主题很难明确，以消费者为核心的主题是企业的主观创造，表现出了企业的主观色彩，两者在运行中很难融合。

企业可以根据市场营销运作中的某一项活动规定明确的主题，这并不等于企业市场运行的主题化，不能统领企业的市场营销运行整体。企业市场运行的主题化是指将企业为消费者制作的体验物以明确的主线串起来，形成一个整体。企业的任何行为和任何活动都表现出了这一条主线，更加突出了企业的思想内涵，将企业的市场运行和品牌定位融为一体，带给消费者整体感和统一性，产生感应和联想的效应。走上体验经济道路的企业在经济运行中按照主题化的要求界定市场运行规则。

体验经济要求企业推出的体验产品内涵清晰、思路明确，能够启迪或引导消费者的消费倾向，企业的市场运行给消费者以明确的主题，使这一主题贯穿于企业的经济活动之中。

三、体验经济思想的历史考察

（一）近代经济思想中的体验经济

尽管体验经济是一个全新的概念，但是自古以来就存在体验经济的现象，其思想也由来已久。农业经济时代，关于体验的观点多属于朴素的哲学思想，到了工业经济时代，这些思想发生了很大的变化，很多经济学家认为休闲与娱乐是没有价值的，体验活动是对价值的一种消耗，这是现代行为经济学一直批判的观点。

从古代的行业分类来看，休闲娱乐行业是体验业的典型形态，要了解古代的体验思想，须从古代思想家对休闲娱乐的态度中发掘。一种理论的兴起，必有其理论基础和时代背景，体验经济的产生也同样如此。

1. 古典主义经济时期

在近代经济学的发展历程中，经济学经历了三次大的“革命性”变革。近代经济学之父亚当·斯密创立了比较完整的古典政治经济学理论体系，《国富论》的出版开启了近代经济学说史上的第一次革命，为当时的经济学研究开辟了新的方向。

亚当·斯密的时代尽管没有谈论到体验，但是提到了服务，他认为服务是非生产性的劳动，服务自身不是一种经济产出，服务不能完全用清点的方式来衡量，因而不能像其他任何工作那样创造出可以触摸到的物品。

在经济学传统中，人们不习惯将服务作为纯经济范畴来进行分析，很多学者认为这都与亚当·斯密有着重要联系。因为一直以来他只认为工业和商业才是生产性产业。在亚当·斯密之前，不论是重商主义还是重农学派，研究的重点都是生产与供给方面，直到亚当·斯密提出的经济学理论才开始将关注点从对“物”

的研究转向对“人”的研究。

亚当·斯密将人性的分析首次引入经济学，但在某种程度上限制了对人们心理及其社会环境的研究，对于人及其行为的研究似乎也简单化了，引发了经济学对此的争论，并一直延续至今。随着经济学研究不断地从“物”向“人”转变，内在地提供了一个机会，对经济活动的深层土壤——体验进行研究。

古典经济学认为，劳动力是同质的，不认为人可以作为一种资本，因而也就认为一个人经历的体验、经验对于劳动力的提高和经济的发展并不重要。尽管如此，在亚当·斯密的思想中却充满了“以人为中心”的思想。认为人通过“体验”，可以提高各种能力，并且这种能力也是可贵的资本之一。

后来意大利等国家的经济学家提出效用是价值的源泉，效用决定价值的内容，而稀少性决定价值的大小，只要能创造效用，不一定非要有“可触摸”的实物出现，才算创造了价值。服务与体验都能够创造价值，都属于生产性劳动。

古典主义时期的经济学家已经意识到有一种经济活动与物质生产部门有着本质差别，但产生这些差别的本质到底是什么，并没有明确的结论。但在古典主义后期，效用价值论等经济思想的提出，事实上已经具有了一些体验思想元素，而与“体验”连接的经济“接口”正是效用。

效用是经济学的基本范畴，是现代以需求主导经济运行的理论基础。效用事实上是个体的一种心理满足状态，也可直接说是一种体验感受，是依靠感觉来描述的。在经济思想史上，有关效用的思想在某种意义上也是现代体验经济思想在历史上的表达。

2.新古典主义经济时期

经济学家在19世纪70年代初提出的边际主义理论对古典经济学的劳动价值论提出了质疑和否定，在经济思想史上被称为“边际革命”。边际革命的影响一直持续到20世纪初，最终形成了“新古典经济学”,这一经济学革命被认为是西方近代经济学说史上的第二次革命。

此时的经济学研究已经正式和人类情感、日常生活联系起来,人们从产品消费中都可以直接体验苦乐,而这种体验是随着对物品消费数量的增加而边际效用递减的,当代体验经济中的体验观点和这个是一样的。

体验的产生正是来源于人们的主观欲望,新古典主义经济时期,以效用作为价值衡量标准的研究使经济学的理论更具有浓厚的主观色彩。正因为如此,很多人对效用的度量一直存在质疑,认为其具有主观随意性和不可测量性。

从英国经济学家马歇尔开始,效用概念减少了幸福的内涵,简化为用金钱来衡量欲望的满足程度,基数效用逐步演化为序数效用,逐渐发展为偏好与选择等观点。

对于人的培养应当分为多个层次,如普通、技术等,选择培养方式应贯彻因材施教原则。普通培养主要在于适应中等阶级群体,目的是提高彼此的工作情绪;技术培养在于培养劳动阶级,旨在激发最大的生产能力,而选择性的培养在于培养能力强的人,用以适应高层人力的需要。

从重商主义时期到古典主义时期,已经从对物的研究转向对人的研究,从古典主义到新古典主义,从对人行为的研究进一步扩展到对人欲望的研究。从现代经济学的发展来看,行为经济学和实验经济学开展的对有关人类感受进行科学计量的研究更是对人类体验的测度。

此时西方经济学也开始了思想体系和表现形式上的变革。在这个变革中,从对服务价值的判断推进到体验效用的研究上。从现代角度看,随着社会经济的进步,现代体验经济理论的体验效用研究已经从注重生理和功能上的效用转向心理上和精神上的效用,体验经济是一种新的经济发展观。

3.现代经济时期

在当今时代,凯恩斯所说的“经济问题”已经不完全是人们当前所考虑的唯一的经济问题，而幸福感和生活质量则越发成为人们所关注的更重要的问题。这说明凯恩斯很早就意识到未来经济发展的方向将逐渐转向“人性化”“个性化”。体验经济思想认为，人们在经济发展到一定程度后，就会不断增加对体验的需求，从而经济将以体验经济的模式运行。

体验经济的发展表明现代人们消费需求层次的上升，人类早期的产品经济只注重产品形态本身的质量，满足消费者的生理或安全需求，服务经济则注重服务行为或流程，部分地满足消费者的消费心理。

经济学研究中曾经认为人的情感、审美等因素是非经济因素，是外生变量，现代经济研究证明，这些因素在经济活动中起着非常重要的作用，体验经济在近十年来得到了更多的关注。

随着消费支付能力的提升，人们的消费观念与审美观念都发生了变化，现代消费已进入文化消费时代，消费者注重消费的文化品位和个性化需求的满足，追求个体的审美体验，体验经济正是与这种不断增长的有效需求相伴随的经济模式。

（二）现代经济思想中的体验经济

在现代体验经济发展早期，主要是从现实性基础和未来经济发展走势方面讨论体验经济思想，论证体验经济产生的现实性和可能性。

1.关注生成基础

20世纪70年代，托夫勒提出体验制造者的概念，体验工业会成为超工业化支柱之一，甚至成为服务业后的经济基础，来自消费者的压力和希望经济继续上升的人的压力，将推动技术社会朝着未来体验生产的方向发展，服务业最终还会超过制造业，体验生产又会超过服务业。

虽然托夫勒对体验经济的认识存在局限性，但应该肯定其思想对体验经济的后续发展起到了奠基作用。娱乐产业是体验经济的重要组成部分。

在文化和经济不断结合的过程中，新的经济形态正在成长，随着人们对体验的需求的不断增加而成长起来，通过创造新的产品或为传统的产品赋予创意而获得增值，文化产业和体验经济已经成为焦点。

体验经济的产业化恰恰是借助于科学与复利的力量提高人们的幸福感受和生活质量的经济运行方式。应该看到，在生产力发展水平不高，资源相对匮乏的背景下，传统经济关注的焦点是如何最大限度地满足人们最基本的生存需要，而当代经济关注的焦点正在转向休闲产业或体验经济。

事实上科技带给人类物质文明增长的同时，也改变了经济运行的模式，经济发展使农业和商品制造业变为死气沉沉的经济领域，雇用的人越来越少，具备高度自动化装置，制造和培植商品将相对简单化。

服务经济中蕴含了体验经济的萌芽，即客户要求提高服务质量而促使高档次服务业的发展。一旦网络革命把“量身定制”的费用降低到允许大规模经营的程度，社会便进入了大规模定制的体验经济时代。

体验经济“既是社会发展到今天的必然结果，又是今天科学技术高度发展的时代产物”。判断是否为体验经济的重要标志就是消费者是否为体验而付费。

2.注重经营模式探索

美国哥伦比亚大学的施密特教授提出了体验价值的概念，并将体验价值分为五类：感觉性、情绪性、知性、行动性和关联性。施密特是将体验作为市场营销体系进行研究的第一人，他将美学引入营销体系，后来关注有关体验问题的特质，把他开创的营销美学发展为体验式营销，创建了体验经济中的营销体系。

美国年轻的行为经济学家运用行为经济学对以理性经济人为基础的服务经济与非理性的体验经济进行比较，经济活动并非总是理性的。

美国教授提出了著名的创意阶级的理论，指出在经济发展中创意的重要性。当代的经济发展，不再是简单依赖于劳动力密集、资本密集或是知识的密集，而在很大程度上依赖创意的力量。能够对经济发展起决定作用的三个因素是科技、才能与宽容。虽然谈的是创意，而不是体验，但其思想却在体验经济理论的发展中起到了重要的作用。

体验出现在越来越多的行业与背景中，而不再限制在某个特定的领域。各行各业都会在自己的主要产品中融入体验因素，消费者将为体验支付金钱，融入体验元素将成为产品竞争的有效策略工具。

随着科学技术的迅速普及、现代传媒的推进以及企业生产能力的提高，各种商品在外表、性能、售后服务等方面的差异越来越小。不仅实体产品如此，服务行业也面临因标准化而带来的类似局面。在产品与服务不断同质化或标准化的情况下，对消费者消费心理需求的把握已成为企业决策的重要因素。

在社会经济的发展中，“体验”越来越起到关键性的作用，而由创意产业、文化和体验所推动的社会经济结构的变化，可以统称为体验经济。在这个经济模式下，企业主要以提供体验为生产目的，但在商品和服务中附加体验，可以认为是向体验经济的转型。

人类的经济行为会发生很大变化，从原先的物易物转变为物易情，体验经济使人们的感性得到了整合，抽象的数学计算和逻辑在现实经济活动中不会起到什么作用。

体验经济的研究不仅是体验经济本身的研究，体验经济开始与其他概念进行结合研究，体验经济思想不仅涉及服务业领域，而且向更多领域发展，不仅包括农业、制造业，还包含了建筑业。体验经济是经济学研究的新动向，而效用是体验经济的重要维度。

发达国家的人们越来越富裕，除满足基本的物质需要，发达国家人们的关注点都越发集中在个人发展与自我实现上。

体验经济思想在其演进过程中完成了核心范畴的确定，初步建立了经济运行的产业模式，开始了经济思想的体系建构，人们对这一经济形态未来的成长性或趋势以及经营价值有了较深刻的认识。

（三）马克思经济理论与体验经济

1.人的全面发展

马克思是劳动价值论者，在效用价值方面无法与体验经济思想产生任何联系，体验经济被称为“人性经济”，马克思经济理论充满了对人本身的研究，如马克思提出的休闲价值、人类的全面发展观等都和体验经济思想存在相同点。

（1）自主化和个性化

自主性是马克思的人类全面发展思想的特征之一，而体验经济的思想认为，在体验经济时代，人们将凭借个人的兴趣来生活，生产消费都越发个性化。马克思把全面而自由的有个性的人看作是人类必然要达到的理想状态，而体验经济满足了人类的个性化需求，马克思所说的自由人联合体与体验经济中提出的体验人的思想非常接近。

（2）创造性和创造力

人有别于动物的显著标志就是人有精神追求，人的理想、希望、情感等主体体验使人获得了超越于具体活动的人生意义和美感。现代体验经济思想强调在体验经济中，人类的生产与生活都需要通过知识资本与创意的设计来实现，“体验”也要通过创意力来完成。

人有自我实现的内在需要，所以人不仅要通过社会的、文化的方式使自己得到物质上的满足，而且还要有精神文化上的需要。体验经济正是要在生产生活中满足人类这种本质上的需要，人的创造本性使人拥有丰富与无限的创意力。

同时，体验经济思想以人的自我实现为目的，体验经济思想提出的创造力实际上是马克思提出的人类全面发展的创造性在现实生活中的具体表现。

当前的西方主流经济学大多认为经济过程的本质是物质的，很多方面仍然带有资本主义工业化时期的味道，而马克思的研究重点是经济活动中人与人之间的关系，认为经济活动的本质是价值的。

农业经济是一种自然经济，生产者与消费者合一，经济思想以现实的经验作为依据；进入工业经济时期后，生产者与消费者对立，是经济人理性领导的经济，可以说是一种异化的经济。

体验是一种回归经济，生产者与消费者再次合一，人们崇尚自由，体验人生。从发展关系上看，这也符合马克思哲学理论中的否定之否定规律。

2.现代服务经济思想

一个具体事物的判断，往往都受到时代背景的限制，对某一事物的评价要考虑该事物所处的社会背景，在不同背景下对同一个事物的评判结论不同。在经济思想上，社会出现新现象的时候，许多不被当时主流思想所容纳的理论观点能够给出合理的解释，得到社会认同，很多主流思想在新的历史条件下不具有说服力。

马克思所处的历史背景中服务和体验的情况不同，马克思时代的服务业是一种“家仆式”的服务业，不能以马克思当时的认定来判断服务业乃至体验业的价值。

服务是现代市场经济的重要组成部分，是西方发达国家当前经济发展的主体，任何人都不能将服务分离在生产部门之外。对于体验经济的研究，结合当前的社会经济背景，运用马克思所总结的规律来进行分析。体验隐藏在服务中，体验业大多存在于离平民生产、生活较远的奢侈性活动之中，在宏观经济活动中的作用微小。

马克思在某种程度上肯定了服务所具有的使用价值，认为是可以投入市场进行交换的。同时也说明了服务同其他商品的差别也只是形式上的，工业、农业生产的商品是实物形式的，而服务则体现为各类活动的形式。

马克思认为商品的价值是凝结在商品中的无差别的人类劳动，劳动的“物化”并不是指劳动一定要固定或凝结在特定的、可以触摸的物品上。所谓劳动的“物化”“凝结”，事实上是他在分析商品价值形成时的一种比喻性的形象说法，泛指劳动应体现在某种使用价值中，无论这种使用价值是可触摸的物质性物品，还是不可触摸的物品。

体验经济需要以服务和商品作为“舞台”或者是“道具”，围绕着消费者，以提供体验作为主要经济提供物的经济形式。马克思认为价值的唯一源泉是人类劳动，体验的创造需要通过人类的劳动来完成，绝不是天然形成的，这种劳动就凝结在物质性的产品或者是“服务这种商品”之中，所以无论这种服务是否创造价值，只要其拥有使用价值，凝结于其中的“体验劳动”就是创造价值的。

马克思对流通服务是创造价值的劳动的观点是持肯定态度的，通过马克思对商品价值的定义可以断定，体验是创造价值的。马克思时代从业人数最多的服务行业是家仆业。当时，服务业只是一种专业技术性很低，收入很少，同时拥有大量极为廉价的劳动力的落后产业。

在体验经济视角下，舞台演出是一种体验业，文艺家演出的目的一定是满足人们精神层面的需要，这种精神层面的满足有助于其他部门的劳动者恢复和增强体力和脑力。

依照马克思的观点，交换的基础是价值，体验产品可以同其他商品进行交换，它的体验价值具有客观性，体验产品和服务产品一样同其他产业的商品进行交换，彼此在物质形式和价值形式上得以补偿，体验也创造了价值。

第二节　体验经济在体育旅游中的作用

一、体验经济与旅游、体育旅游的关系

体验经济的主要特征表现在，企业并不是将传统的物质形态商品或一些无形服务提供给消费者，而是在自己搭建的舞台上，要求消费者能够参与生产，把生产与消费过程结合起来，用货币换来深刻的感受、无尽的快乐或其他体验。体验要求人亲身参与，参与结果能够增强消费者的感受，企业与消费者共同创造的体验在产品中能够充分反映出来。所以消费者的参与性、产品生产消费的互动性与同步性是体验产品的最大特征，而这又是旅游产品本身就有的特质。

（一）体验经济与旅游

从体验的角度来看，旅游属于异地体验，人们为了达到某种特定目的离开常住环境，去异地停留并完成满足目的的活动。在这一过程中，游客的收获是非常大的，这不仅体现在其购买的产品、纪念品，使用的旅游设施、设备，获得的旅游服务等，还包括其在景点现场观看景点，亲自参与游乐活动后留下的深刻印象、感受和体验，相对来说，印象、感受和体验等这些收获延续的时间较长，所以最终来说，游客在旅游中主要获得的是经历和感受，回忆这段经历，回味这些感受，能够给旅游者带来美好的享受。

（二）体验经济与体育旅游

体育参与者能够在参与各种形式的体育活动的过程中获得流畅体验。心理学家克珍特米哈依在其名著《畅：最佳体验

的心理学》中提出，“畅”是最优的体验标准，即“具有适当的挑战性而能让一个人深深沉浸于其中，以至忘记了时间的流逝、意识不到自己的存在”。对于任何一个体验者来说，最优的体验都是“流畅体验”，人们在体育旅游中追求的最佳体验也是“流畅体验”。

体育旅游是娱乐、教育、遁世和美学四类体验的交叉地带。体育活动具有休闲娱乐功能，人们可以从中获得快乐的体验。在参加各种类型体育活动的过程中，人们暂时脱离了繁忙的工作状态，身体慢慢得到休整和恢复，在工作中造成的紧张情绪会慢慢得到缓解甚至消除，人们的身心健康水平会得到提高。体育运动可以使人际关系变得融洽，可促进人们社会适应能力的提高。体育项目蕴含着不同的美的元素，其中健康美具有非常突出的观赏价值，每个体育活动参与者都将健康美作为自己追求的目标。流畅体验是一种全身心投入而忘我的境界，体育运动之所以能够吸引人，主要就是因为其能够使人获得这一最优体验。

体育旅游是人们离开永久居住地，进行以休闲度假、娱乐消遣为目的，以从事体育娱乐、健身、参观为内容的旅游消费活动。它是一个综合性的经营项目群，可以为旅游者提供健身、休闲、娱乐、交际等各种服务，从而使旅游者在旅行游览过程中获得最优体验。

人类社会发展到一定时期，为了满足日益增长的自我实现需求而创造了体育旅游。随着生产力水平的不断提高、经济的快速发展、个人收入和生活质量的大幅上升、余暇时间的增多以及消费能力的增强，人们在身心健康、享受等方面的需求不断增加，追求的享受档次也不断提升，并积极参与一些健康文明的文化娱乐活动来满足自己的需要，体育旅游就是其中备受人们青睐的一种文娱活动，这一活动可以满足人们不断增长的高层次需求。参与体育旅游的个体，其消费是一种文化生活方式，而不是物质生活方式。在旅游过程中，他们追求的主要是消费的个性，自己的全面发展以及新鲜刺激、独一无二和难以忘怀的经历与感受，即追求最大的体验满足。

二、体验经济与体育旅游的双向促进作用

(一)体验经济催生体育旅游

在市场需求方面,体验经济发展中观察问题的视角是“顾客能获得什么”,从而得出结论,争取使顾客获得最佳体验,从而扩大体验经济的市场。体验经济作为一种经济发展新形式出现后,其不同程度地影响了社会政治、经济、文化各领域的发展,许多事物中的“体验”色彩慢慢呈现,“体验”类新生事物不断被创造,其中比较有代表性且发展较好的新生事物中就包括体育旅游。

体育旅游作为一种健身方式和旅游方式是非常健康、文明、科学的,它能够提高个体的生命健康水平,满足个体的高层次体验需求。而在体验经济时代,体育旅游作为一种文化生活方式深入人们的生活中,营造了良好的生活氛围,创建了健康文明的社会风气,促进了人们生活质量的改善与提高,成为一种服务性经济内容,经济与体育的关系是双向促进的。一方面,人们通过经济的参与将体育旅游产品“买来”;另一方面,作为娱乐和消费方式的体育旅游能大力支持人们进行有效的经济参与,通过这种消费的“再创造”性反过来又可以推动体育旅游的发展。

对于体育旅游活动的参与者来说,他们参与旅游活动并不是免费的,在参与的过程中人们需要付费才能获得美好的、振奋人心的文化体验。奥运会对于经济的推动意义就是一个典型个案,而且推动作用越来越强,这充分表明体验经济时代背景下体育旅游的发展势头强劲,发展前景光明。

(二)体育旅游成为经济增长新亮点

体育旅游活动中伴随着旅游者的消费行为,消费又能够带来

更多的商业机会和经济效益。从近年来数届奥运会和世界杯足球赛等大型国际体育赛事来看，在体验经济发展中，体育旅游这一内容所占的比重非常大。开发体育旅游为旅游企业及所在地带来了可观的经济收益。可以说体育旅游促进经济发展是必然趋势。

一般来说，旅游城市对本地体育旅游的发展十分重视，有关部门为了创新旅游业，不断引入大型体育赛事，争取大赛主办权，从而创造丰厚的经济效益，创造就业机会，促进本地的整体发展。世锦赛、世界杯等大型体育赛事创造的经济效益数以亿计，因此围绕这些赛事发展体育旅游更是备受关注。

第三节　体验经济对体育旅游产业的影响

一、体验经济对体育产业和旅游产业的影响

（一）体验经济下体育产业的发展

体验经济时代背景下，人们的消费需求有了一些新变化，体育产业的发展也因此呈现出新态势。体育竞赛表演产业、体育健身休闲业是体育产业的本体产业，这些产业为消费者提供参与、观赏的服务产品，消费者从中达到身心愉悦、精神享受的目的；消费者对这类体育产品的消费一般与生产同步，也就是说生产和消费具有即时性。

体育竞赛表演业中最重要的产品就是竞赛产品，这一产品最吸引人的是竞赛结果，这是不可预测的，比赛的悬念使每个消费者的神经紧绷，他们观看体育赛事时可能会有喜怒哀乐的情绪体验，这正是体育竞赛魅力的体现，也是吸引消费者的地方。

体育健身休闲和体育竞赛表演带给消费者的体验除了即时性体验外，还有溢出效应，意思是消费者通过参加健身活动或观

看比赛活动，其意志品质、团队精神、拼搏精神等都会得到不同程度的增强或提升，这是体育旅游的教育意义，这一教育意义又会衍生出很多社会效应和文化效应。因此，体验经济之下对体育产业进行开发，应以提升消费者的体验价值为导向，基于体验对体育产业价值链进行构建，促进产业发展方式的优化。

（二）体验经济下旅游产业的发展

体验经济之下，旅游活动应该与消费者寻求独特体验的需求保持高度的适应性，以提高消费者体验质量为目标而开发产品。谢彦君认为，旅游者心理与旅游对象之间发生相互作用的结果就是旅游体验过程，旅游体验是综合性体验，这个过程中旅游者以追求旅游愉悦为目标。也有学者认为旅游体验是一种个人的、主观的且异质性非常强的内心感受。

对于旅游者来说，旅游只是他们达到体验目的的一种有效媒介。感官体验、身体体验、心灵体验、精神体验、情感体验等都是这种体验的深层次结构内容。

体验经济之下，旅游企业只有将服务的核心定位为提升顾客的体验感受，才能实现持续的更好的发展，同样，旅游产业的核心也是开发并提供体验性服务和产品，使顾客的个性化体验需求得到最大化的满足。

二、体验经济与体育旅游产业的发展

（一）体验经济与体育旅游项目

在休闲时代，传统的"有物可看，有话可说"的旅游已经无法满足旅游者的体验需求，他们现在追求全方位参与或体验，希望对旅游项目和产品的内涵、特色等有全面且深入的认识与理解。体育旅游活动春夏秋冬四季都可以进行，不同地域环境下开发的旅游项目更是独特、精彩。体育旅游以其丰富多彩的内容为不同旅游者提供张扬个性、自由发挥的广阔空间。

从世界范围来看，体验经济最成功的体育旅游场所莫过于美国的迪士尼乐园，当然这只是其中之一，该场所模仿动画片的情景，运用色彩、刺激、魔幻等表现手法创造出一个童话般的世界。另外，当今体育赛事火爆，网络游戏发达，这都是体验经济魅力的重要体现。

（二）体验经济与体育旅游产品

体验经济中，在消费中获得难忘的体验是消费者不断购买产品的主要动机，他们在这个难忘的体验中会发现自己内心深处所有的需要只有在成功购买这种产品后才可以得到满足。旅游者购买这类旅游产品，从中获得的经历与精神体验都是不可重复的，这对他们来说是值得永久保留的美好回忆，所以他们才会购买体育旅游产品，尤其是有形纪念品。

体验经济从旅游者表象需求和潜在需求出发，当成功挖掘旅游者的需求后，引导他们为体验消费，这主要体现在以下几方面。

第一，旅游者有美妙体验感觉后，非理性因素支配其消费行为，这时，旅游者自愿通过消费来获得高级体验。

第二，和服务经济下开发的体育旅游产品相比，在体验经济下开发的体育旅游产品更加多样化、个性化。

第三，体验经济中，旅游者对产品的消费过程可亲身经历，也可通过网络或者电视转播来进行消费，这无疑大大提升了经济效益。例如，作为体育旅游赛事产品，奥运会将体验经济的某些理念在无形中发扬光大。奥运会本身就是最佳体验载体，主办方通过媒体的广泛宣传营造活跃的气氛，引导人们做出对吉祥物、纪念品的消费行为，从而使原有的体验更加充实。如此一来，产品价值得到提升，强体验性品牌逐渐形成，该产品向消费者提供体验的同时可创造良好的经济效益。

三、体验经济融入体育旅游对体育旅游产业的积极影响

(一)提升体育旅游产业的社会效益

体验可分为遁世体验、教育体验、娱乐体验和审美体验,体育旅游产品可使旅游者的四种体验同时得到满足。旅游者在一个设计水平较高的活动上消费,可以获得丰富经历、学习知识、完善自我等众多收获,这都是体育旅游的社会效益在无形中的充分发挥。

例如,大型国内、国际体育赛事将大量外地甚至外国游客吸引到赛事举办地,游客亲身参与赛事的各项相关活动,对举办地的城市文化身临其境地进行体验,他们会发现这个城市的闪光之处,从而喜欢这所城市,这就大大提高了举办地的美誉度;另一方面,举办赛事也可以增强当地人的归属感、荣誉感和凝聚力,当地人会更乐于为自己的城市做出贡献。

(二)提升体育旅游产业的文化效益

体验可以使人的精神需求得到很大程度的满足,使人的品味和格调不断提高。例如,奥运会期间举办城市组织的奥林匹克文化艺术节,重点考虑为人民群众提供文化服务,对奥林匹克精神进行宣传和推广,将奥林匹克的世界影响力充分利用起来对民族文化进行传播。在文化的引导下,旅游者获得的体验会上升到较高的层次,而不仅仅只是浅显的感官体验。

从旅游者的角度来分析,如果他们可以得到精神的启迪,就说明活动的文化效益已经切实影响了受众。

从社区角度看,如果社区居民经常参与体验型体育旅游消费,那么就会提升整个社区的文化氛围。

以上都反映了体育旅游文化效益的提升。在体验经济指导下对体育旅游产品进行开发,必然要将区域的文脉牢牢加以把握,将其文化底蕴充分展现出来,从而能够围绕特定主题顺利展

开各个活动项目。

第四节　体验经济与体育旅游的结合

一、体验经济与旅游的结合——体验式旅游

（一）体验式旅游提出的背景与依据

1. 国家倡导

《关于加快发展旅游业的意见》（以下简称《意见》）于2009年12月由国务院下发，《意见》强调："转变发展方式，提升发展质量，把旅游业培育成国民经济的战略性支柱产业和人民群众更加满意的现代服务业"和"坚持合理利用资源，实现旅游业可持续发展"。这表明当前我国旅游业发展的当务之急是转变发展方式，旅游要走的主线定位为内涵式发展、转型升级。将健康旅游、文化旅游、绿色旅游在全社会倡导，在保护自然生态系统、原生环境和历史文化遗存的基础上开发更多类型的旅游产品，培育新的旅游消费热点。这使我国旅游业迎来了前所未有的重要战略机遇和黄金发展机遇，也为体验式旅游提供了有利的政策支持。

2. 游客需求转变

当代人的旅游与过去那种花最少的钱，看最多的景点，"上车睡觉，下车看庙，景点拍照"的传统"抢市场"的旅游模式完全不同，传统旅游模式已不能满足当代旅游者的需求，愿意以背包客的形式来体验旅游的游客越来越多。这充分表明游客对个性化的体验旅游产品、对真实与差异有着较为强烈的追求。当前，旅游者的旅游需求发生了转变，如从"观看"到"参与"，从"领受"到"体验"，从"被动"到"主动"，游客更愿意

为体验旅游付费。

3.景区旅游业持续发展的必然趋势

在现代旅游业发展中,人工、管理等成本不断增加,游客人数明显增加,但景区的经营利润却没有得到大幅提高;多数景区在节假日接待大量游客,这就增加了交通运输的压力,超出了旅游接待设施的承载力,景点容量超负荷,因此游客拥堵、投诉增多、景点周边环境受破坏等不利于景区保护与发展的不良现象层出不穷。我们应充分认识到,景区的发展是一个动态过程,基本规律是不进则退,景点观光的辉煌已经成为过去,科学转变发展方式才能获得持续健康的发展,尤其是在各地对旅游业越来越关注的今天,市场竞争愈发激烈,游客需求发生重大转变,必须从战略高度采用与市场需求相符的发展理念和手段,紧紧围绕旅游者的需求来精心谋划发展策略,积极创新,科学开发体验式旅游,将发展与保护的矛盾处理好,实现从门票经济向产业经济的顺利转变,将旅游产业链条拉长,促进旅游业的进一步发展。

（二）体验式旅游推动旅游业发展的特点

1.重临体验目的地几率高

本质上来说,体验旅游是人们离开平常环境到其他地方寻求某种活动的体验,在差异化体验中寻求精神享受,这远远超过了观光旅游所带来的视觉体验。这种体验的经历与回忆以及精心策划的体验式旅游产品大多以当地独特的文化与内涵为基础,不易被复制,将会吸引越来越多的旅游者,也会赢得更多的“回头客”。

2.消费能级高

从世界旅游的发展规律来看,体验旅游最初在高收入群体中逐渐兴起,高端旅游消费者不满足走马观花地浏览风景名胜,而对自己的旅游经历更重视，对旅游的需求从物质层面转移到精神层面。现在，越来越多的大众旅游消费者正在慢慢接受这种兴起于高端人群的体验式旅游方式。这说明在旅游地消费能级增高的体验式旅游者是非常值得深入开发的市场。

3.旅游产业链条得以拉长

发展体验旅游可以加速旅游产业向旅游消费阶段的拓展，追求质量，综合效益相并，带动相关产业发展，为经济稳定增长提供巨大容量。从制度建设行业角度来看，通过体验式旅游延伸产业链，加快实现由“经济入场券”向“产业经济”的转变，使旅游经济向消费领域（餐饮、购物、娱乐等）发展，从而使旅客在景点区域的旅游消费适当增加。

二、体育旅游所能提供的体验需求

体育旅游能给消费者提供很多体验需求，下面就常见的几种进行分析。

（一）健身体验

目前，很多老百姓都逐渐接受了大众健身体育旅游。体育旅游活动项目丰富，如网球、篮球、健美、溜冰、潜水、登山等。旅游者在参与体育活动的过程中追求身心健康，同时也丰富了旅游感受。

（二）休闲体验

随着现代社会的不断发展，人们的生活质量显著提高，物质需求基本可以得到满足，但与此同时，人们内心空虚，走出自我生活、工作的狭小空间，进入广袤的大自然成为人们的共同追求，而且这种愿望非常强烈。

在旅游中参与登山、钓鱼、跳舞、骑马、打高尔夫球等轻松愉悦的体育活动，能使现代快节奏生活给人带来的紧张情绪得到有效缓解；团队合作，融洽的人际关系始终贯穿于活动中，这又可以化解人们内心的冷漠感、孤独感，进而得到高层次的休闲体验。

（三）观战体验

旅游者跨越千山万水前往异地现场观摩体育比赛，主要是基于对特定的运动项目的兴趣，而不是对比赛场地本身的兴趣。例如，美国 NBA 联赛、欧洲足球联赛及奥运会等大型比赛的吸引力都很强，众多异地观众纷纷前往举办城市观战。观看集强竞争性、艺术性、不可预测性等于一体的高水平体育比赛被旅游者当作非常宝贵的旅游经历，并从中获得难以忘怀的精神享受。

（四）竞技体验

现代人的生活节奏越来越快，工作压力也在不断增加，而生存空间却在渐渐缩小，这就导致人们的兴趣发生了转移，帆船、射箭、滑翔伞等富有挑战性的竞技体育项目对人们具有极大的吸引力。在国外，越来越多的人参与这些项目。人们在亲身参与的过程中深入体会体育旺盛的生命力和创造力，从而享受竞技体育给其带来的愉悦感和刺激感。

（五）刺激体验

漂流、蹦极、跳伞、攀岩、沙漠旅游、海底探险等体育活动具有冒险性、挑战性，既标新立异又振奋人心，旅游者参与这些惊心动魄的体育运动时，会获得强烈的刺激感受，人们的好奇心理和挑战欲望会因此而得到一定程度的满足，从而激发其从事其他刺激性体育旅游活动的欲望与激情。

（六）其他体验

旅游者在不同的活动项目中会获得不同的体验，而且即使相同的项目，不同的旅游者参与其中也会获得不同的体验，主要是因为他们在性别、年龄、职业、性格等方面存在个体差异。从体验经济的角度来看，这与“生产与消费合一”的观点也是相符的。

三、体验经济与体育旅游相结合的思考

现在，旅游者的消费心理在不断成熟，传统的旅游经历已经逐渐被他们抛在脑后。而全方位的参与或体验、充分理解旅游地的文化特色已成为其新的追求。作为一种精神享受产品，体育旅游如果没有体验过程，那么消费完后就不会留下什么痕迹或难忘的记忆。体育旅游产品是一种最能体现和适应体验经济时代的旅游活动。

(一)体育旅游产品体系庞大，能让旅游者选择符合个性的产品

目前来看，自然条件、硬件设施等对体育旅游活动的限制比较小，旅游者一年四季都可以参加体育旅游活动，随时都可以在各种体育旅游活动中获得惊险、刺激、欢快等感受。不同地域环境下孕育了不同的旅游资源，利用这些资源可开发独特的体育旅游项目，如平原地区的球类运动；内陆水域的垂钓、漂流等；海洋中潜水、出海、海滨的沙滩排球；山地探险、滑雪等。

体育旅游产品体系庞大，这是其他旅游产品无法企及的，惊险刺激的体育旅游活动为精力充沛的青年人展现自己旺盛的生命力和创造力提供了重要的平台，娱乐休闲的体育旅游活动又为青少年好奇心的满足提供了可能。总之，多种多样的体育旅游产品满足了不同旅游者的不同需求。

(二)体育旅游活动过程能让旅游者经历和感受各种各样的、属于自己的体验

体育旅游活动的参与性很强，在不同类型的旅游活动中，旅游者能够获得各种各样的经历和各种不同的体验，这些经历与体

验都是独一无二的，都属于旅游者个人所有。

例如，在垂钓过程中，要让鱼儿上钩，必须要有强大的耐性，还要做好多次失败的准备，做好被打击的准备，当坐在餐桌上享受一天的成果时，垂钓过程就会不自觉地出现在脑海中，这样享用成果才更有滋味，而且这个经历和体验会很难忘。

再如，在漂流过程中，人们获得了刺激的感受，从而有更大的勇气从事其他刺激性体育旅游活动，使旅游活动得以延伸，久久不能忘记。

即使参与同一项运动，旅游者也会因为个体差异而产生愉快、惊险、刺激、成就感、挫折感等不同的体验，这些体验被旅游者藏在记忆深处，以后每次回忆起来都会有不同的感受。

参考文献

[1]赵放.体验经济思想及其实践方式研究[D].吉林大学，2011.

[2]祝合良，Bernd H. Schmitt.如何认识体验经济[J].首都经济贸易大学学报，2002(5).

[3]汪秀英.体验经济与非体验经济的比较分析[J].中国工业经济，2003(9).

[4]赵放.体验经济的本质及其成长性分析[J].社会科学战线，2010(3).

[5]王玉珍.中国体育旅游产业竞争力研究[D].北京体育大学，2013.

[6]刘小铁.产业竞争力的决定因素[D].江西财经大学，2004.

[7]张瑞林，王会宗.体育经济学概论[M].北京：高等教育出版社，2015.

[8]刘敏，徐艳玲.论体育旅游产业可持续发展战略[J].特区经济，2005(12).

[9]谌静.后奥运时代河南省体育旅游产业可持续发展的战略研究[J].德州学院学报，2009，25(6).

[10]王维东.辽宁省体育旅游产业可持续发展的研究[J].佳木斯职业学院学报，2018(3).

[11]闫立亮，李琳琳.环渤海体育旅游带的构建与大型体育赛事互动的研究[M].济南：山东人民出版社，2010.

[12]李宇.基于SCP分析框架下大理州体育旅游产业发展策

略研究[D].成都体育学院,2015.

[13]马宏霞.浅谈体验经济中的体育旅游定位[J].中州大学学报,2008(5).

[14]郑旭东.体验经济对体育旅游产业的发展影响研究[J].商场现代化,2008(2).

[15]陈瑜.体验经济与体育旅游的新发展[J].辽宁师范大学学报(自然科学版),2004(4).

[16]赵晓瑜,赵瑾瑜.体验经济时代体育旅游的新发展[J].贵州体育科技,2010(2).

[17]冯欣欣,林勇虎.基于体验经济的体育产业与旅游产业融合模式及其实现机制[J].体育文化导刊,2017(9).

[18]曹可强,席玉宝.体育产业经营管理[M].北京:高等教育出版社,2017.

[19]吴国清.旅游资源开发与管理[M].上海:上海人民出版社,2010.

[20]马宏霞,汤丽萍.体育营销学[M].北京:航空工业出版社,2010.

[21]刘勇.体育市场营销[M].北京:高等教育出版社,2007.

[22]周兵,蔡理.体育市场营销与策划[M].南京:南京师范大学出版社,2004.

[23]杨东明.我国体育旅游市场的开发策略研究[J].中国商贸,2009(9).

[24]张云生.我国体育旅游市场开发现状与对策研究[J].新西部,2010(9).

[25]潘宏伟,钟堂武.体验经济时代体育旅游产品开发创新研究[J].商场现代化,2016(11).

[26]刘甲爽.体验经济时代体育旅游产品开发创新初探[J].当代体育科技,2016(6).

[27]赵承磊.我国城市体育旅游资源与产品的理论和实证研究[D].上海体育学院,2012.

[28]夏敏慧，田晓玉，王辉等.体育旅游者行为特征的研究——以海南为例[J].沈阳体育学院学报，2015(1).

[29]李晓通，张予云，张成胜.资源生态化开发作为西南少数民族传统体育旅游政策的人类学思辨[J].河北体育学院学报，2015(1).

[30]王建.旅游人类学理论在中国旅游发展中的应用[J].旅游科学，2007(5).

[31]陶宇平.体育旅游学概论[M].北京：人民体育出版社，2012.

[32]于素梅.中国体育旅游研究[M].北京：中国水利水电出版社，2006.

[33]于素梅.体育旅游资源开发研究[D].河南大学，2005.

[34]潘月顺，穆瑞杰.体育旅游资源分类、评价与开发研究[M].北京：北京体育大学出版社，2014.

[35]于素梅.小康社会的体育旅游资源开发研究[J].体育科学，2007(5).

[36]周道平，张小林，周运瑜.西部民族地区体育旅游开发研究[M].北京：北京体育大学，2006.

[37]李广学，赵嘉宜.我国西部体育旅游产业的发展问题研究[J].科技创新导报，2016(10).

[38]董宏伟，赵丽光.长江三角洲地区体育旅游产业的现状及可持续发展对策的研究[J].吉林体育学院学报，2005(21).

[39]杨明.中国体育用品制造产业集群发展模式研究[M].杭州：浙江大学出版社，2016.

[40]尤振来，刘应宗.产业集群的概念综述及辨析[J].科技管理研究，2008(10).

[41]王缉慈.超越集群——中国产业集群的理论探索[M].北京：科学出版社，2010.

[42]牛艳云.基于GEM模型的旅游产业集群竞争力研究[D].山东大学，2007.

[43]刘中艳，李明生. 旅游产业集群竞争力测度的 GEMS 模型构建及应用[J]. 经济地理，2013，33(11).

[44]高志娟. 旅游产业集群的 GEM 模型竞争力分析——以北京市为例[D]. 北京交通大学，2011.

[45]贺彩玲. 产业集群的效应及其形成探讨[J]. 陕西工业学院学报，2003(3).

[46]徐林. 山东半岛蓝色经济区休闲体育产业集群发展研究[D]. 哈尔滨工业大学，2013.

[47]刘国新，闫俊周. 评价产业集群竞争力的 GEMS 模型构建研究[J]. 科技进步与对策，2010(2).